« QU'AURIEZ-VOUS FAIT À MA PLACE ? »

Ouvrage publié sous la direction
de Léna Mauger

« *Qu'auriez-vous fait à ma place ?* »
se prolonge sur www.arenes.fr

Éditions des Arènes
27, rue Jacob, 75006 Paris
Tél : 01 42 17 47 80
arenes@arenes.fr

« QU'AURIEZ-VOUS FAIT À MA PLACE ? »

DES JOURNALISTES RACONTENT LES REPORTAGES QUI LES ONT MARQUÉS

LES ARÈNES – AFP

PRÉFACE

Cinq ans ont passé depuis le lancement, en avril 2012, du blog Making-of de l'Agence France-Presse. Cinq ans et environ un millier d'histoires dans lesquelles les journalistes de notre agence, dans le monde entier, ont raconté à la première personne et avec leurs mots les grands et petits événements dont ils ont été les témoins.

L'AFP, doyenne des agences de presse mondiales, est présente dans 150 pays et sur tous les supports (texte, photo, vidéo, infographie). On trouve, parmi nos quelque 1 500 journalistes, des spécialistes de tous les domaines, de tous les continents. Tous sont soumis à un carcan de règles de style et de concision strictes, essentielles pour garantir notre neutralité d'agence internationale. Ce formatage était parfois frustrant pour le reporter qui vivait des choses extraordinaires sans avoir les moyens de les raconter comme il l'aurait voulu.

C'est pour combler ce manque qu'est né, sur notre site internet, Making-of, en français et en anglais. Ici, au-delà des normes de rigueur et d'honnêteté, les deux seules règles sont d'être intéressant et d'écrire « avec son cœur et ses tripes ». Raconter à la première personne les coulisses d'un événement permet de sortir du journalisme conventionnel, d'introduire dans une histoire l'émotion qui fait trop souvent défaut dans les dépêches ou les articles « classiques ». Le lecteur s'identifie au journaliste et « vit » l'histoire de façon plus intense.

Making-of redonne une humanité aux journalistes. Le public prend conscience des interrogations, des doutes, des dilemmes, des erreurs et difficultés qui surgissent dans l'exercice d'un métier qui n'a rien d'une science exacte. Les histoires exceptionnelles de reporters rassemblées dans ce livre prouvent qu'il est possible d'intéresser un grand nombre de lecteurs avec des sujets lointains ou difficiles. Pour nous, il n'y a pas de sujet négligé, de conflit oublié.

EMMANUEL HOOG, président de l'Agence France-Presse

« QU'EST-CE QUI TE PREND DE ME POSER CETTE QUESTION ? »

L'homme qui prononce ces mots est le président Hugo Chávez et c'est à moi qu'il s'adresse.

Caracas, Venezuela, 17 avril 2012

« Qu'est-ce qui te prend de me poser cette question ? Vraiment, je n'arrive pas à croire que ce problème t'intéresse plus que la faim dans le monde, par exemple. Je parie qu'on t'a forcée à me demander ça. C'est affligeant. »

C'est à moi que s'adresse le président Hugo Chávez. Je suis assise depuis des heures au premier rang de la salle de presse du palais présidentiel de Miraflores. Je sens la caméra de la télévision officielle braquée sur moi. Malgré la climatisation poussée à fond, mes mains commencent à transpirer.

C'est mon premier face-à-face avec le chef de l'État depuis mon arrivée à Caracas. Nos chemins se sont déjà croisés et nous nous sommes parlé à plusieurs reprises dans le passé, mais toujours dans d'autres pays. Cette fois, Chávez est sur son territoire. Il a tout le temps devant lui et il contrôle la situation à la perfection. L'homme impose le respect. On dirait un professeur, assis derrière une table qui surplombe légèrement le parterre de journalistes. Il est entouré de cartes, de livres, de stylos et de notes sur des feuilles de papier volantes.

Ma question, qui a l'air de le mettre en colère, est en fait celle qu'il voulait qu'on lui pose ce jour-là, ni plus ni moins. Celle en prévision de laquelle il a convoqué un important groupe de journalistes étrangers. Il mettra une heure et demie à y répondre. La conférence de presse durera plus de quatre heures. En ajoutant les trois heures d'attente, nous passerons au total sept heures dans le palais présidentiel. Une éternité pour une mentalité européenne. Une durée classique selon les paramètres vénézuéliens. Bienvenue dans la patrie d'Hugo Chávez.

Politiquement, le Venezuela est coupé en deux. Deux camps qui ne s'écoutent pas, ne se regardent pas : ceux qui sont pour le président et ceux qui sont contre lui. Chávez, au pouvoir depuis 1999, a favorisé ce clivage. Mais pour ce qui est de semer la haine et la discorde, ses adversaires n'ont pas été en reste. Sous les yeux du monde entier, ils ont usé de méthodes peu démocratiques, dont une tentative ratée de coup d'État en 2002.

Le président Chávez avec des journalistes avant une conférence de presse à Cumaná, le 29 octobre 2008.

La presse est un acteur de plus dans ce pays écartelé. Et une des armes de guerre politiques les plus utilisées. La rigueur, la mesure dans les opinions, le respect de la vie privée, le sérieux des enquêtes et la recherche de sources fiables sont rares. « *Le journalisme factuel et objectif n'existe presque pas au Venezuela*, m'a dit à plusieurs reprises le ministre de la Communication et de l'Information, Andrés Izarra. *Les médias sont partie prenante de la bataille idéologique.* »

Les médias internationaux doivent péniblement cheminer à travers un terrain truffé d'intérêts politiques, de pièges, de manipulations habiles, de pressions désagréables, et dans lequel l'accès à l'information est difficile. Chávez entretient avec la presse étrangère une relation d'amour-haine. Le président a besoin de nous, mais son mépris à notre égard s'est accru de jour en jour.

« *J'espère ne pas t'avoir incommodée* », m'a dit ce jour-là le président, tout sourires, une fois les caméras éteintes. Son geste voulait dire : c'est tombé sur toi, mais ça aurait pu tout aussi bien tomber sur quelqu'un d'autre. Une minute plus tard, il parlait de tout et de rien, chantait une chanson traditionnelle, racontait une blague, adressait des compliments appuyés aux femmes… Ainsi est Chávez : séducteur, puissant, habile, charismatique, avec une haute estime de lui-même, habitué à être respecté par les autres. Un monstre politique.

À mon arrivée au Venezuela, fin 2007, approcher le président était encore relativement facile. Mais au fil des années, il a semblé se lasser des questions embarrassantes. Il est devenu plus hermétique, réduisant au maximum les conférences de presse et les déplacements avec les journalistes. *« Tu es vénézuélienne, tu connais bien la Constitution ? Je ne crois pas. Ta question prouve que tu ignores tout un tas de choses. Cette question est sans fondement. On dirait que tu vis sur la lune et que tu ignores tout de ce qui se passe ici […] Maintenant ne viens pas me dire que je suis en train de te manquer de respect. Vous autres, vous vous prêtez au mensonge et à la manipulation pour tromper les peuples […] Tu n'es même pas en train de prendre des notes ! Pourquoi ? J'ai l'impression que ce que je dis ne t'intéresse pas ! »* Ainsi répondait un Chávez fatigué et d'humeur massacrante à une journaliste vénézuélienne qui évoquait la baisse du soutien populaire à son gouvernement après les législatives de 2010.

SON GESTE VOULAIT DIRE : C'EST TOMBÉ SUR TOI, MAIS ÇA AURAIT PU TOUT AUSSI BIEN TOMBER SUR QUELQU'UN D'AUTRE.

Le cancer diagnostiqué au président vénézuélien en 2011 n'a fait que renforcer la barrière de protection qui l'entoure. Paradoxalement, Hugo Chávez est un des chefs d'État les plus communicatifs du monde. Il est omniprésent dans la presse. Sur son agenda figurent un nombre impressionnant d'apparitions publiques. Mais pour nous, journalistes, les occasions d'accéder directement à lui sont égales à zéro. Chávez est le « téléprésident ». Nous sommes devenus les « téléjournalistes ». Des êtres collés à l'écran à toute heure du jour et de la nuit pour écouter le chef de l'État, qui à n'importe quel moment peut surprendre, lâcher une déclaration politique importante, annoncer un accord international ou une nationalisation. Ses interventions durent deux, trois heures, et jusqu'à huit ou neuf heures chaque jour si des élections sont en vue.

En 2012, Chávez est pratiquement la seule source d'information du gouvernement vénézuélien. Et ce, pour n'importe quel sujet. Obtenir une donnée officielle, un démenti ou une réaction à une question d'actualité de la part d'un ministre ou d'un haut fonctionnaire est une tâche difficile.

Parallèlement, le travail des agences internationales est observé à la loupe. En l'espace de quelques heures, la même dépêche peut être critiquée par un média vénézuélien à tendance antigouvernementale, et être lue de bout en bout à la télévision d'État pour prouver que la presse étrangère fait campagne contre la révolution bolivarienne. Le pire des scénarios – je ne parle pas ici d'une possibilité théorique, mais de quelque chose qui arrive vraiment – est que Chávez en personne décortique en direct à la télévision une information que nous venons d'envoyer. *« Agence France-Presse. Voyons voir ce que dit ce média à propos du Venezuela »*, lance le chef de l'État en se plongeant dans la dépêche avec un air grave. De l'autre côté de l'écran, dans le bureau de l'AFP, le silence est sépulcral. Tout le monde a l'estomac noué jusqu'à ce que, finalement, le président change de sujet.

Dans le vocabulaire du gouvernement vénézuélien, le mot « agenda » est une rareté. Nous avons traversé le pays pour assister à des rendez-vous politiques auxquels Chávez ne s'est jamais rendu. Nous avons passé des week-ends interminables au bureau en attendant des annonces importantes qui n'ont jamais eu lieu. Nous avons envoyé hors du Venezuela des reporters pour couvrir des sommets auxquels le président n'a jamais assisté. *« Ne te plains pas. Moi, il m'est arrivé de redescendre de l'avion après minuit alors que les réacteurs étaient presque déjà en marche, parce que le patron avait finalement décidé qu'il ne voyageait pas »*, m'a raconté un proche collaborateur du président. On finit par s'habituer à cette façon de travailler.

Le président provoque des réactions si contrastées qu'on me demande souvent : *« Mais toi, qu'est-ce que tu penses d'Hugo Chávez ? »* Au bureau de l'AFP à Caracas, composé majoritairement de Vénézuéliens, le défi quotidien est de bien ouvrir les yeux et de travailler sans jamais laisser transparaître la moindre opinion, le moindre sentiment. La complexité de Chávez, son poids politique dans la région et au-delà grâce à ses relations stratégiques avec la Russie, la Chine ou l'Iran font que notre bureau pèse un certain poids au sein de l'AFP.

De toute façon, définir le président vénézuélien est un exercice ardu, une tentative vaine. Dans les nombreux portraits de Chávez que j'ai écrits, la liste des adjectifs est toujours interminable. Provocateur, exclusif, populiste, populaire, méfiant, increvable, autoritaire, sentimental, solitaire, implacable avec ses adversaires, doté d'un grand flair politique, charmeur de serpents, amoureux du pouvoir, déterminé à occuper la place qu'il souhaite dans l'histoire, drogué au travail, drôle, insomniaque, pratiquant un mélange complexe de socialisme et de militarisme… L'énumération restera toujours incomplète, s'agissant de décrire un homme qui fait beaucoup parler de lui mais que peu de gens connaissent vraiment.

« Qui est Hugo Chávez ? », se demandent aussi Cristina Marcano et Alberto Barrera à la fin de leur livre, *Hugo Chávez sin uniforme* (« Chávez sans uniforme », non traduit en français), à mon avis la meilleure biographie du président vénézuélien. Ils écrivent : *« Chaque jour, Hugo Chávez s'approche un peu plus du mythe. Plus il s'expose dans la vie publique, plus son intimité paraît lointaine et protégée. »*

BEATRIZ LECUMBERRI, journaliste espagnole, a été directrice du bureau de Caracas de 2007 à 2011.

DES BANANES, DU GIBIER DE BROUSSE ET DES VÉLOS

Avant de travailler au Gabon, je n'avais jamais entendu parler de l'Amissa Bongo. C'est pourtant l'une des plus importantes courses cyclistes d'Afrique.

PATRICK FORT

Libreville, Gabon, 29 avril 2012

Une course cycliste en Afrique, au Gabon… Avec des pros, dont Thomas Voeckler, et des équipes africaines. C'est l'Amissa Bongo.

Je pars à Lambaréné, dans le Centre, pour assister au départ de la course. Lambaréné, c'est la ville où le docteur Albert Schweitzer, prix Nobel de la paix, a construit son hôpital au début du XXe siècle. La course, c'est 90 coureurs et des dizaines de voitures qui se déplacent tous les jours à travers un pays qui ne compte que très peu de routes goudronnées. Depuis sa création en 2006, l'Amissa se déroule souvent dans l'Est, le Haut-Ogooué, la région natale d'Omar Bongo, président pendant quarante-deux ans et décédé en 2009. Le réseau routier y est d'une qualité incomparable avec le reste du pays. Amissa Bongo, c'est le nom d'une de ses filles, décédée en 1993 avant ses 30 ans.

Créée en 2006, la course porte le nom de l'une des filles de l'ancien président, Omar Bongo.

« Il y a des routes merveilleuses dans le Haut-Ogooué, alors qu'il n'y a personne. Et moi, je me tape la piste défoncée entre Tchibanga et Libreville », me confiait il y a quelques années un camionneur. Petit à petit, le Gabon goudronne ses routes. Des parties sont flambant neuves. Un vrai billard.
L'année dernière, la course est allée au Cameroun et a circulé dans le Nord.

XAVIER BOURGEOIS

QUELQUES KILOMÈTRES AVANT LA LIGNE D'ARRIVÉE.

Là, elle se rend pour la première fois à Fougamou, au sud…

Sur le bord de la route, dans chaque village, on dispose sur des tonneaux rouillés ce que l'on a à vendre: vin de palme, bananes, piments, bananes, citrouilles, bananes, gas-oil, bananes, manioc, bananes. C'est la terre de la banane, avec des régimes en veux-tu en voilà.

Il y a aussi, accroché à des bâtons, le gibier de brousse dont se régalent les Gabonais: rats musqués, hérissons, porcs-épics et même des singes

noirs. Ils sont exposés au soleil et on comprend mieux ici l'expression « viande faisandée »...

Je repère un ou deux coins en me disant que cela fera une bonne photo, le peloton devant un ragondin pendu par la queue. Il y a

20 kilomètres de piste, je décide de faire un détour. Je prends un jeune armé de sa machette en stop, il me guide jusqu'à la « chute d'eau » de Tsamba, qui s'avère un simple rapide... Il n'a pas de travail, vit au jour le jour, de la pêche, de la chasse, de la cueillette ou de petits travaux. Il a voulu passer le permis voiture mais m'explique que ce n'est pas possible, on lui demande trop d'argent. « *Pas facile, la vie* », conclut-il.

À Fougamou, la ville du départ, c'est ambiance et cagnard sur la ligne. Le speaker fait danser le coupé-décalé aux coureurs ivoiriens avant de demander aux Gabonais et aux Camerounais de se déhancher également. La foule applaudit.

Je décide de devancer les coureurs, histoire de les voir passer et de sentir l'ambiance. Je m'arrête pour faire le plein de super : il n'y en a plus... Heureusement que j'ai toujours un bidon dans le coffre. Quand on sort de Libreville, c'est la loi du gas-oil. « *Un 4x4 qui marche avec de l'essence, ça sert à rien. Tu fais un peu de brousse et après t'es en panne sèche* », me dit-on souvent.

Je traverse les villages. Cases en bois avec toits en tôle. Sur les toits, des cailloux ou de grosses branches pour qu'ils ne s'envolent pas. Ça donne l'impression qu'il a plu des cailloux et des branches...

Il y a aussi d'innombrables gens à pied. La plupart rentrent de brousse où ils ont récolté citrouilles, bananes, bois. Ce sont surtout les femmes, souvent vieilles, qui sont chargées. Il n'est pas rare de voir un homme avec une machette et un sac en plastique et sa femme derrière lui portant une hotte très lourde. Je fais part de ma réflexion à deux jeunes filles prises en stop: *« Les hommes, c'est des fainéants »*, commente l'une d'entre elles.

L'autre vend des bananes. *« Ça donne de quoi vivre un peu, un peu. »* Elle a 27 ans. Ses parents sont morts en même temps dans un accident de voiture ; depuis, elle se débrouille toute seule. Gênée, elle avoue avoir quitté l'école tôt.

ÇA NE ME GÊNE PLUS QU'ON M'APPELLE LE BLANC, LE WHITE, LE BLANCO...

Au bord de la route, je vois un tonneau sur lequel sont posés une bouteille de vin de palme et des piments rouges et jaunes. Je demande l'autorisation de m'installer à son propriétaire qui me toise. *« C'est 5 000 francs CFA, tu vas t'enrichir avec la photo. »* Je refuse et m'en vais.

J'achète à des dames une bouteille de jus de citron mélangé à du piment. L'une d'elles rigole: *« Tu vas voir, le Blanc, ça va te nettoyer de l'intérieur. »* L'odeur de piment est très forte et je pressens que ce cocktail doit mettre le feu à la bouche.

Depuis quatre ans que je suis au Gabon, ça ne me gêne plus qu'on m'appelle « le Blanc », « le White », « le Blanco »... Au début, je montais sur mes grands chevaux et répondais aux gens: *« Ne m'appelez pas "Blanc", est-ce que moi je vous appelle "Noirs" ? »* Aujourd'hui, je ne m'offusque plus, j'ai compris que la plupart du temps c'est amical.

À un bar, une demi-douzaine de personnes attendent l'Amissa. Elles boivent de la bière et du *mussungu*, du vin de canne. Un homme est éméché. La bonne humeur règne. La journée est chômée en raison de la course qu'ils n'ont jamais vue, puisqu'elle passe pour la première fois dans le village. *« Vous êtes forts, les Européens, en vélo. Plus forts que nous. Mais c'est normal, nous, ici, on n'a pas de vélo ! »*, souligne un spectateur.

Je ne sais pas pourquoi, ça me rappelle la scène du film *Noirs et Blancs en couleurs*, de Jean-Jacques Annaud, où les missionnaires, qui ne se refusaient pas un mensonge dans leur prosélytisme, font croire à des villageois africains n'ayant jamais vu de vélo que c'est la foi qui permet de tenir en équilibre sur une bicyclette.

Un motard de la gendarmerie passe, se lève sur sa moto sans tenir le guidon pour faire le show. Il récolte les applaudissements. Partout, les gens aux vêtements usés demandent des T-shirts de l'Amissa. La course s'approche. Je prends ma position derrière mes bouteilles... mais les échappés passent de l'autre côté de la route ! Au lieu de les avoir en gros plan, je les ai de loin. Heureusement

PATRICK FORT

Le long de la route, du gibier de brousse.

que je ne suis pas payé à la photo réussie…

Le peloton passe quelques instants plus tard sous les vivats ! Le tout dure quelques secondes. *« C'est tout ? C'est fini ? Déjà ? C'est ça l'Amissa ? »*, s'interroge un spectateur. Tout le monde rigole. Je paie une tournée de bière et je m'en vais…

Pendant que je monte dans la voiture, un dernier cycliste gabonais passe. Je roule derrière lui avant de pouvoir le doubler et j'entends les badauds qui l'insultent au lieu de l'encourager : *« Paresseux ! Vagabond ! »*, *« C'est ça : les Gabonais derrière ! Comme toujours… »*, *« Pitié, quelle honte ! Vraiment ! »*.

C'est Yohann Gène, le Français, qui s'impose devant l'Algérien Abdelmalek Madani et l'Allemand Fabian Schnaidt… acclamé par une foule en liesse.

En attendant la remise des maillots, le speaker improvise un concours de danse lascive entre une belle Gabonaise et un Français du comité organisateur. La Gabonaise l'emporte. Les spectateurs exultent.

PATRICK FORT, journaliste, dirige depuis 2008 le bureau de Libreville.

MA CORRESPONDANCE

MANDEL NGAN

BARACK OBAMA FACE À DES SUPPORTERS DANS LE COLORADO LE 27 SEPTEMBRE 2011.

TORRIDE AVEC OBAMA

En trois ans, Barack Obama m'a écrit plus de 250 fois. À tel point qu'au bout de quelques jours de silence je me faisais du souci…

Paris, France, 9 mai 2012

« *Laurence, je vais prendre la parole à Grant Park, mais je voulais t'écrire d'abord. Nous avons fait l'histoire […] mais je veux être très clair… Tout est arrivé grâce à toi. Merci, Barack.* » Voici l'e-mail que m'a envoyé Barack (je me permets de l'appeler ainsi, vu notre intimité épistolaire) le 4 novembre 2008, juste avant son premier discours en tant que président élu des États-Unis. En poste à l'époque au bureau AFP de New York, je m'étais inscrite quelques mois plus tôt sur la *mailing list* du site officiel du candidat. Et j'ai eu toutes les peines du monde à m'abstenir de lui répondre : « *Mais de rien, cher Barack. Voyons, c'est tout naturel.* » François Hollande aussi a envoyé le 6 mai un SMS à ses supporters, mais avec un sobre « *cette victoire c'est la vôtre* » – le frisson n'y était pas. Il est vrai que la familiarité du « *you* » anglais est difficile à traduire. Et que je n'aimerais peut-être pas que Hollande me tutoie. Barack, lui, m'a écrit plus de 250 fois ces trois dernières années, au moins une fois par semaine, souvent bien plus. À tel point qu'au bout de quelques jours de silence je me fais du souci.

Fidèlement, il m'a raconté son quotidien : ses négociations avec les républicains, ses difficultés sur certains dossiers, comme l'assurance maladie ou le contrôle des banques, son indignation sur certaines déclarations de ses adversaires. Il s'est réjoui avec moi de ses succès, comme celui de la loi sur les homosexuels dans l'armée américaine. Et presque toujours en m'adjurant de verser un peu d'argent pour sa campagne – pas grand-chose, 15 ou 25 dollars. Ou de signer des pétitions, comme celle pour la « loi Buffett » de taxation des plus riches. Ou encore d'appeler mes amis ou connaissances pour soutenir ses idées.

DIVINE SURPRISE : BARACK M'A INVITÉE À DÎNER !

Parfois, c'est Michelle qui m'écrit, en me demandant d'aider son Barack. Parfois, le vice-président Joe Biden, et même une fois, Jill Biden, pour me demander de signer la carte d'anniversaire de son mari, en s'excusant délicatement de ne pas avoir l'habitude de m'envoyer des e-mails.

Un de mes préférés a été l'e-mail tout en confidences que m'a envoyé Michelle pour le 50e anniversaire de Barack, le 4 août 2011, tendrement intitulé « *Gray hair* ». Le voici :

« *Laurence, chaque jour je vois*

SAUL LOEB

BARACK ET MICHELLE OBAMA DANS UN RESTAURANT À WASHINGTON LE 8 MARS 2012.

Barack faire des choix qu'il sait [déterminants] sur chaque famille américaine. Ce n'est pas une mince affaire, et il a mérité chacun de ses cheveux gris. Cette semaine a été difficile à Washington, mais aujourd'hui c'est son 50e anniversaire. Je t'écris parce que cette année les filles et moi voudrions faire quelque chose d'un peu différent. J'ai demandé à des amis et des supporters de lui souhaiter un joyeux anniversaire en signant cette carte [...]. Ton nom et tes commentaires seront inscrits dans un livre qui racontera l'histoire de cette campagne, nous en donnerons une copie à Barack. [...] Je connais Barack depuis plus de trente de ces cinquante années et nous avons traversé bien des choses ensemble. Cela me stupéfie encore de voir qu'en dépit des décisions et occupations auxquelles il est confronté chaque jour il reste concentré sur une vision plus vaste. [...] Cette

JEWEL SAMAD

Barack Obama dans l'Air Force One après une conférence à Atlanta, le 2 août 2010.

année nous obligera à travailler tous encore davantage, mais l'essentiel est que tu es ici, maintenant, à nous aider à bâtir cette campagne. Merci d'être partie prenante de tout ceci, Michelle. »

Comment aurais-je réagi si Carla m'avait écrit pour fêter Nicolas ? J'imagine : *« Chère Laurence, on voulait faire une fête spéciale pour Nicolas… »*

Et puis, le 14 septembre 2011, divine surprise : Barack m'a invitée à dîner ! Son e-mail (« Expéditeur : Barack Obama », comme d'habitude) titrait *« Pouvons-nous nous voir à dîner ? »* Pouvais-je ne pas l'ouvrir ?

Bref, il me demandait de verser 15 dollars (minimum) pour participer à un grand tirage au sort afin de choisir quatre heureux donateurs qui dîneraient avec lui. Rebelote en novembre 2011, pour dîner avec cette fois non seulement Barack mais aussi Michelle. Mais le 24 avril, ce fut le summum : Barack m'a invitée à dîner chez… George Clooney, à Los Angeles, ce 10 mai, tous frais payés. Il me suffisait, là encore, de verser 15 dollars pour tenter ma chance. Ou jusqu'à 2 500 dollars (le maximum pour les dons des particuliers aux partis politiques).

Dommage qu'il faille être résident américain…

Barack souligne à chaque fois qu'il refuse, lui, d'être soutenu par les lobbies de Washington. Autre surprise, l'unique don (15 dollars) que je lui ai fait au début, pour être sur la *mailing list* (parfaitement illégal puisque je ne suis pas américaine), est bien visible sur Internet pour quiconque farfouille un peu : tout est public outre-Atlantique.

Reste que je n'ai jamais eu le cœur de me désabonner de Barack, bien que ses e-mails se fassent un peu trop fréquents avec la nouvelle campagne. C'est décidé, je garde ses lettres.

LAURENCE BENHAMOU, journaliste, a été correspondante à New York de 2006 à 2008.

DANS LA VILLE DE SYRTE, LE 16 OCTOBRE 2011. PHILIPPE DESMAZES

LA PHOTO DE L'ARRESTATION DE KADHAFI

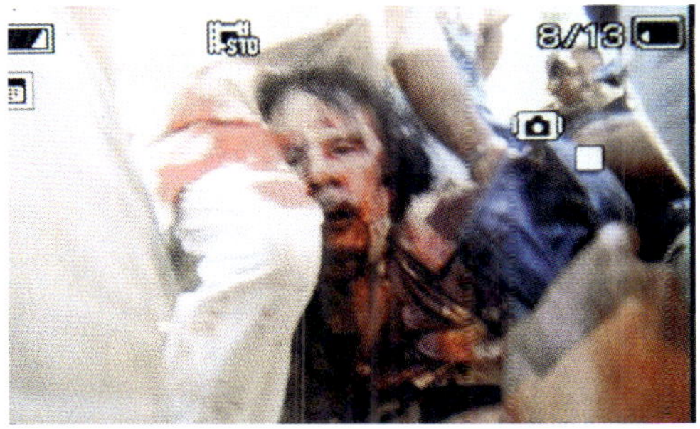

La première image de Kadhafi, blessé, capturé par les rebelles.

Sans le savoir, j'ai fait les premières images annonçant au monde la fin de la dictature en Libye.

Lyon, France, 19 octobre 2012

À 6 heures, le 20 octobre 2011, je quitte Misrata pour rallier Syrte, à 250 kilomètres de là. Dans la voiture conduite par un jeune Libyen, je suis en compagnie d'une des envoyées spéciales de l'AFP et d'une journaliste américaine. C'est mon cinquième jour de reportage en Libye.

Depuis quatre jours, nous faisons des allers-retours entre notre base arrière à Misrata et Syrte, où se déroulent les derniers combats de libération de la Libye. Quelques centaines de combattants pro-Kadhafi résistent toujours dans le centre. Ils sont soumis à des bombardements incessants et aux assauts des rebelles qui progressent maison par maison. Avant de partir, une dépêche a retenu notre attention. Un groupe de combattants pro-Kadhafi a tenté de s'enfuir de la ville en fin de nuit. Pas d'autres détails.

La route qui longe par endroits la Méditerranée est en bon état mais reste dangereuse car nous roulons vite et des obstacles peuvent surgir à tout moment: une carcasse de véhicule, un trou d'obus. Arrivés dans les faubourgs de Syrte, nous comprenons que la ville est tombée. Dans les rues, des rebelles se félicitent et se serrent dans les bras. D'autres, accrochés à des pick-up hérissés de mitrailleuses ou de canons antiaériens, brandissent le nouveau drapeau national. Un groupe de

PHILIPPE DESMAZES

Le tuyau de béton où, selon les rebelles libyens, Kadhafi a été capturé le 20 octobre 2011.

combattants hurlent leur joie en vidant leurs chargeurs de kalachnikov en l'air. Laissant mes confrères à leurs reportages, je sillonne les rues. Je prends beaucoup de photos. Ces premières images sont importantes. Je dois les diffuser rapidement grâce à ma station satellitaire.

J'entends soudain des coups de feu au loin, ce sont des tirs d'armes automatiques provenant de la partie ouest de la ville. Je grimpe sur un pick-up. Au bout de 3 à 4 kilomètres, les véhicules sont arrêtés à un rond-point. Il règne une étrange atmosphère d'excitation.

Les combats sont tout près. Des secouristes donnent les premiers soins à un homme blessé à la cuisse. Avec d'autres photographes et journalistes, je repars accroché, cette fois, à un pick-up qui fonce à une

PHILIPPE DESMAZES

Des combattants du Conseil national de transition libyen exultent après la prise de Syrte et l'arrestation de Kadhafi.

vitesse folle. Les pneus crissent, le véhicule fait des embardées.

Un tas de terre coupe la route. Nous sautons du véhicule, trop dangereux. Nous trouvons une ambulance, et, entassés à l'arrière, nous arrivons sur une route à plusieurs voies qui traverse des champs où sont stationnés des dizaines de véhicules.

Sitôt descendu, je suis assailli par une horde de personnes, criant, gesticulant et m'indiquant un endroit à une cinquantaine de mètres où de nombreux individus sont rassemblés. Je me précipite en contrebas de la route, dans le lit d'une rivière asséchée. Des rebelles armés sont positionnés devant deux cylindres en béton qui servent d'évacuation des eaux. Ils nous interpellent en arabe, mais un mot se détache : *« Kadhafi, Kadhafi… »*

Devant l'un des deux tuyaux, un combattant gît dans une drôle de posture, mort. Près de lui, d'autres corps sans vie. Plus loin, un homme blessé, allongé sur le dos. Il a le visage peint en bleu. Des rebelles sont penchés sur lui.

Il y a beaucoup de monde, je fais des photos de tout ce que je vois, en tentant de comprendre. Puis, tandis que je m'approche de l'entrée d'un des cylindres, un combattant me montre l'intérieur et prononce le nom de Kadhafi. Il ne parle que l'arabe, je lui demande de me confirmer si c'est bien Kadhafi qui se trouve à l'intérieur: *« Kadhafi, Kadhafi... »*, me répondent d'autres combattants en me désignant le trou.

TOUT À COUP LE VISAGE DE KADHAFI AU MILIEU DE LA MÊLÉE, COMME UNE APPARITION.

C'est à cet instant que je comprends. Et l'information est incroyable. Kadhafi a été capturé et caché ici, dans une des canalisations de béton.

Non loin de là, une dizaine de personnes se bousculent pour essayer d'apercevoir ou d'attraper quelque chose. Je me rapproche, tout le monde se pousse, crie, bref, une belle pagaille. Brusquement, l'homme qui tient la chose convoitée s'accroupit, suivi du reste de la troupe qui se retrouve à mes pieds.

Je tente de me faire une place, mais je suis gêné par mon gilet pare-balles, mon casque et mes boîtiers photographiques. Finalement, je me faufile et découvre ce qui les fascine: un écran de téléphone cellulaire où est diffusée une vidéo. Les premières images sont floues et imprécises, on devine une bousculade, beaucoup de personnes courent, toujours des cris, tout à coup le visage de Kadhafi au milieu de la mêlée, moment bref, comme une apparition.

Je n'ai plus de doute, c'est l'arrestation du dictateur. Je place mon appareil photo au-dessus de l'écran du téléphone. Visiblement agacé, l'homme me repasse la vidéo, toutes les personnes agglutinées sur moi m'écrasent le dos, j'étouffe. Les images défilent, Kadhafi apparaît, je fais quatre photos de l'écran en rafale, le groupe se disloque et le propriétaire des images s'en va en courant, refusant de les montrer à nouveau.

Je me redresse et vérifie la qualité des images sur l'écran de mon boîtier.

J'ai réussi à prendre Kadhafi en gros plan, gravement blessé, avec le visage et les vêtements en sang.

Tout est allé si vite. Mais où donc est Kadhafi? Je cherche un hôpital et en trouve un à la sortie de Syrte. Plusieurs dizaines de combattants portent en triomphe un jeune homme qui brandit un pistolet doré. Un groupe de journalistes se trouvant là, les rebelles en profitent pour se donner en spectacle avec cette arme, prise au dictateur.

Une équipe de journalistes anglais me confirme l'arrestation de Kadhafi et son transfert vers Misrata. Trop tard pour le suivre. Il faut que je transmette les photos, et mon matériel se trouve dans la voiture de mon chauffeur à une dizaine de kilomètres. Le temps presse.

J'arrête un véhicule. Encore une fois, c'est une ambulance. Lorsque j'arrive dans les faubourgs de la ville, la chance me sourit, je croise mon chauffeur, venu à ma rencontre. Nous nous arrêtons sur le bord de la route, je déballe mon matériel et commence mon travail d'édition. Sur les quatre photos prises de la vidéo, deux sont exploitables. Je les transmets immédiatement. N'ayant aucun moyen direct de parler avec le bureau photo basé à Nicosie, j'envoie un courrier électronique pour leur expliquer les circonstances de ces prises de vue.

Je l'apprendrai plus tard, ce seront les premiers documents qui informeront le monde de la fin de Kadhafi.

PHILIPPE DESMAZES est responsable photo de la région Centre-Est. Il a été envoyé spécial sur plusieurs conflits et catastrophes naturelles, dont la Palestine, la Côte d'Ivoire et le tsunami à Sumatra.

PHILIPPE DESMAZES

Le 22 octobre 2011, Kadhafi, mort, gît à côté de son fils Mutassem dans une chambre froide près de Misrata.

SPRINT DE LA MORT DANS L'ALLÉE DES SNIPERS

JAVIER MANZANO

À Alep, un homme doit traverser une rue. Planté au-dessus d'un immeuble, un tireur de l'armée de Bachar el-Assad le vise.

Alep, Syrie, 29 octobre 2012

Un homme traversait une rue d'Alep quand, du haut d'un immeuble, un *sniper* de l'armée de Bachar el-Assad lui a tiré une balle dans l'épaule. Sa blessure n'est pas mortelle. Mais s'il se lève et court, le tireur le visera à nouveau. S'il reste couché sur le trottoir, il se videra lentement de son sang. Depuis sa tanière, le chasseur surveille sa proie.

J'ai photographié cette scène dans le quartier de Bustan al-Basha, le 20 octobre. Je suis alors en reportage auprès de la *katiba* Al-Baraa Bin Malek, un groupe d'opposition appartenant à la brigade Al-Fatah de l'Armée syrienne libre (ASL). Pour rejoindre cette *katiba* – une unité militaire plus ou moins de la taille d'un peloton –, j'ai dû traverser en courant un terrain à découvert d'une

Après une première balle dans l'épaule, le blessé se relève.

quinzaine de mètres de large. Un *sniper* de l'armée de Bachar el-Assad le surplombe, embusqué dans un immeuble, au sud d'une rue reliant deux quartiers d'Alep que se disputent âprement la rébellion et les forces loyales au président.

Un haut mur de pierre permet d'avancer hors de la ligne de mire du tireur. Nous pouvons ainsi rejoindre en toute sécurité le quartier général de la *katiba*, situé dans un immeuble à moitié détruit par les tirs de mortier. Alors que nous marchons, un combattant montre du doigt une forme sur le côté de la route. *« Un homme mort »*, dit-il.

À l'aide du viseur de mon appareil photo, je regarde dans cette direction. Je vois un corps qui gît face contre terre sur le trottoir, à environ 70 mètres de nous, de l'autre

JAVIER MANZANO

Le blessé court se mettre à l'abri.

JAVIER MANZANO

Il est atteint d'une deuxième balle, dans l'abdomen.

côté de la rue. Le *sniper* a abattu cet homme alors qu'il traversait. Plusieurs véhicules passent près de lui. Aucun ne s'arrête. À Alep, les cadavres sont souvent abandonnés sur place : les récupérer s'avère trop dangereux.

Soudain, alors que je suis en train de changer d'objectif pour pouvoir photographier la scène de plus près, je vois l'homme bouger une jambe. Quelques secondes plus tard, il esquisse encore un mouvement. À notre grande surprise, il tourne lentement la tête vers nous. Il est vivant !

QUICONQUE AIDERA CET HOMME SE CONDAMNERA LUI-MÊME À MORT.

Les soldats de l'Armée syrienne libre autour de moi lui disent de baisser la tête et d'attendre. Ils improvisent un plan : un véhicule s'approchera et s'interposera entre le *sniper* et sa victime, laquelle rampera ou courra jusqu'à la voiture pour se mettre à l'abri.

Las. Un taxi s'approche du blessé, ralentit et fait marche arrière. Immédiatement, le *sniper* tire trois coups de feu. Il a visé haut, mais son message est clair : quiconque aidera cet homme se condamnera lui-même à mort.

Le taxi déguerpit à toute vitesse. Un second véhicule, un pick-up avec six hommes à son bord, arrive dans l'autre sens. Alors qu'il ralentit, le *sniper* tire une nouvelle rafale. Le pick-up détale dans un crissement de pneus.

C'est à ce moment-là, je crois, que l'homme blessé prend vraiment conscience du pétrin dans lequel il se trouve. À en juger par la faible quantité de sang qui macule son épaule droite, sa blessure n'est pas mortelle. Il peut s'en sortir. Sauf que c'est le *sniper*, le maître du jeu. Si le blessé demeure là, couché sur le sol, le tireur se contentera d'attendre et de le regarder, dans une sorte de jeu pervers entre un chasseur et sa proie. Il peut faire le mort jusqu'à la tombée de la nuit, ou bien tenter le tout pour le tout et fuir à découvert.

Il choisit la seconde solution.

Il faut peu de temps pour que la

JAVIER MANZANO

Des combattants de l'ASL s'efforcent de tracter le blessé à couvert, en faisant une chaîne.

katiba au grand complet descende dans la rue pour encourager le blessé. Soudain, l'homme se lève. Il tourne la tête à droite, puis à gauche, comme s'il ne savait pas où aller. Finalement, son regard s'arrête sur nous. Il a décidé que la meilleure chose à faire, c'était de courir vers nous. Mais il se trouve que courir vers nous, c'est aussi courir tout droit dans la direction du *sniper*…

Il s'élance. Pendant qu'il descend du trottoir et commence à avancer sur la chaussée, toutes les cordes vocales autour de moi se mettent à crier: *« Allah akbar ! »*, *« Allah akbar ! »*. Il réussit à gagner le milieu de la rue. Dix mètres seulement le séparent du mur de pierre derrière lequel il pourrait définitivement trouver refuge. Un sprint final diabolique avec, comme ligne d'arrivée, la survie ou la mort.

Il n'est qu'à un mètre du salut lorsque trois coups de feu claquent. L'homme s'effondre. À quelques pas de nous, il se roule par terre, agonisant. Il tire sa chemise vers le bas, comme si cela pouvait atténuer sa douleur. Apparemment, une balle l'a touché à l'abdomen.

En silence, il tourne la tête vers nous et nous regarde. C'est un regard désespéré. Le regard d'un homme vaincu. Il ne peut pas aller plus loin.

Trois hommes rampent vers lui. Les balles recommencent à siffler. Le *sniper* n'entend pas laisser faire. Plusieurs autres gars se joignent à l'opération de sauvetage, couverts par les combattants de l'ASL qui, pour empêcher le franc-tireur de sévir à nouveau, vident chargeur après chargeur dans sa direction.

Les sauveteurs entreprennent de tracter le blessé. Ceux qui sont devant poussent ses pieds. Ceux qui sont derrière tirent ses bras. Une chaîne humaine lente mais suffisamment efficace pour amener l'homme à couvert. Quand ils arrivent près de nous, un confrère et moi-même tirons par les aisselles le dernier homme de la chaîne, bientôt rejoint par des combattants.

J'ai pu photographier les derniers instants du sauvetage, quand la victime est arrivée à l'abri derrière le mur. Elle a aussitôt été mise à bord d'un véhicule qui a démarré en trombe.

J'ignore ce qu'est devenu cet homme.

Photojournaliste d'origine mexicaine, JAVIER MANZANO vit aux États-Unis.

« TOUT AURAIT ÉTÉ SI CALME SI... »

J'ai annoncé au monde entier l'invasion soviétique en Afghanistan.

Islamabad, Pakistan, 4 juillet 2013

Ce fut à la fois mon premier scoop, le plus grand de ma carrière et le début d'une des plus belles histoires de ma vie, celle de l'AFP à Islamabad.

On était en 1979, à la veille de Noël, j'étais pigiste pour l'AFP depuis moins d'un an, et le chef français du bureau était en vacances au Sri Lanka.

Tout aurait été si calme si l'Union soviétique n'avait pas décidé d'envahir l'Afghanistan ce jour-là...

L'AFP n'avait à l'époque personne en Afghanistan, j'étais donc seul au Pakistan lorsque nous parvinrent les premières rumeurs de bottes rouges claquant sur le sol.

C'était le temps d'avant Internet et les transmissions satellite. Sur la vieille ligne téléphonique fixe prise de hoquets et de grésillements, j'ai

JOËL ROBINE

L'OPPOSITION AFGHANE LIBÈRE LA VILLE D'AMAM SAHIP,

PRÈS DE KUNDUZ, LE 13 NOVEMBRE 2001.

AFP PHOTO

Un groupe de résistants antisoviétiques afghans au début des années 1980.

fini par joindre plusieurs réfugiés et groupes de combattants anticommunistes afghans qui m'ont tous dit que, oui, l'Armée rouge avait bien pénétré en Afghanistan en franchissant le fleuve Amou-Daria depuis le port de Tirmiz, au nord.

Après avoir vérifié, revérifié, fait répéter trois fois chacune de mes sources, j'ai fini par m'asseoir. Je pouvais annoncer au monde ce qui allait être l'un des derniers chapitres de la guerre froide, et l'un des plus sanglants.

J'ai tapé quelques lignes à toute vitesse sur une machine à écrire et me suis précipité au bureau de poste le plus proche, où je suis entré comme un fou pour aller tendre mes premières lignes à l'opérateur de télex, qui les a envoyées à l'AFP à Paris. Quel soulagement quand le télex nous est ensuite revenu, confirmant l'envoi !

FAROOQ NAEEM

L'hôtel Marriott d'Islamabad en flammes après l'attentat du 20 septembre 2008.

C'est ainsi que l'AFP apprit au monde entier l'invasion soviétique de l'Afghanistan, avec une confortable avance sur la concurrence. Quand je l'ai envoyée, je savais que c'était une histoire importante pour la région, mais je n'imaginais pas que ça ferait la une dans le monde entier.

Dans les heures qui ont suivi l'annonce de l'invasion, j'ai continué à glaner des informations et à envoyer d'autres télex. À l'époque, on n'envoyait jamais plus de 200 ou 300 mots, le « background » était ajouté à Paris. J'ai à peine dormi les jours suivants, passant mon temps à canaliser la cascade d'événements en provenance de Kaboul. Destruction du palais présidentiel, assassinat du président Hafizullah Amin…

Quelques mois plus tard, Paris me nommait correspondant permanent. Ce fut le tournant de ma carrière. Je devins le tout premier journaliste pakistanais à travailler à plein temps pour un média étranger.

Au cours des trente-cinq années suivantes, j'ai écrit sur tous les grands événements qui ont secoué la région, et vécu en parallèle des changements technologiques qui ont radicalement transformé et accéléré notre travail. Aujourd'hui, chaque journaliste peut taper une alerte et envoyer dans la foulée ce qui fera en quelques secondes la une des médias et des réseaux sociaux.

À MES DÉBUTS, ON DONNAIT LES HISTOIRES URGENTES AU JARDINIER, QUI ENFOURCHAIT AUSSITÔT SON VÉLO POUR LE BUREAU DE POSTE.

À mes débuts, on donnait les histoires urgentes au jardinier, qui enfourchait aussitôt son vélo pour le bureau de poste, qu'il ne quittait qu'une fois l'envoi du télex confirmé.

Quand le Pakistan a confirmé la peine de mort de l'ancien Premier ministre Zulfikar Ali Bhutto en 1979, nous avions échafaudé une stratégie de pointe – pour l'époque – avec le chef de bureau, Jean-François Le Mounier. Lui était parti écouter la sentence au tribunal, pendant que je me plantais au bureau de poste le plus proche, à côté de l'opérateur des télex, que je m'étais mis dans la poche en lui offrant des tasses de thé et des cigarettes. J'avais en main la bande perforée annonçant la confirmation de la peine, prête à être avalée par le télex. Lorsque Le Mounier est arrivé aux portes du bureau de poste, au coude-à-coude avec des dizaines d'autres correspondants étrangers, il a crié: « *Rejeté!* » et j'ai pressé le bouton. On a battu tout le monde.

En 1985, révolution: le bureau d'Islamabad reçoit son tout premier ordinateur, une machine qui n'avait pas de mémoire. Je me rappelle ce chef de bureau qui venait de terminer un papier de 500 mots quand survint une panne d'électricité: il avait tout perdu. De rage, il cria et frappa du poing sur sa table de verre, qui se brisa. On dut bander sa main blessée. Peu après arrivèrent de nouveaux ordinateurs pourvus, eux, d'une modeste mémoire.

Les couvertures de terrain restaient elles aussi artisanales. Comme en 1986 à l'aéroport de Karachi, dans le sud du Pakistan, lorsqu'un avion de la Pan Am à destination de New York fut détourné par un commando palestinien. J'ai dû ramper sur le tapis à bagages pour aller jeter un coup d'œil sur le tarmac à travers les rabats de caoutchouc au moment où les Palestiniens ont pris l'avion d'assaut. Puis j'ai rampé en sens inverse avant de courir jusqu'à la première cabine téléphonique pour donner les infos. Les pirates de l'air furent neutralisés dans un assaut sanglant qui fit une vingtaine de morts.

Jusqu'en 1990, j'ai été le seul journaliste pakistanais au bureau de l'AFP, travaillant toute la semaine, à l'exception de quelques rares jours de relâche.

En 1988, j'ai fini par me programmer des premières vacances, car j'avais promis à ma femme de l'emmener voir sa famille à Lahore, à près de 400 kilomètres d'Islamabad. Mais lorsque nous y sommes arrivés, la télévision locale annonçait que le président Zia ul-Haq avait disparu dans un accident d'avion.

J'ai juste eu le temps de boire un verre d'eau et de reprendre le même taxi qui nous avait amenés d'Islamabad pour y retourner fissa. Il faisait nuit lorsque je suis arrivé au bureau, où le chef m'a dit : *« Tu te charges du papier général de 3 heures du matin. »* Et je suis resté au bureau trente-six heures d'affilée.

Je suis allé de nombreuses fois en Afghanistan, notamment pour couvrir la sanglante guerre civile de 1992-1996. En 1996, les taliban ont pris le pouvoir et le monde s'est de nouveau intéressé au pays. Cette nuit-là, au bureau, j'ai repris la cigarette, que j'avais arrêtée depuis huit mois.

Pas de relâche non plus côté pakistanais, où j'ai couvert ces années-là les élections et les chutes de Benazir Bhutto et de Nawaz Sharif, les essais nucléaires de 1998 et le coup d'État du général Musharraf l'année d'après. À la fin 2001, quand les États-Unis ont envahi l'Afghanistan, je suis resté à la frontière afghane pendant deux semaines, en duo avec le reporter Chris Otton.

La dernière décennie n'a pas été plus calme au Pakistan, entre les tirs de drones américains, le siège sanglant de la mosquée Rouge d'Islamabad, l'assassinat de Benazir Bhutto, la montée de l'extrémisme et l'émergence des taliban locaux, le départ de Musharraf, la mort d'Oussama Ben Laden…

Côté technique, les appareils photo numériques, les ordinateurs plus puissants et mobiles, les téléphones satellitaires sont venus nous aider à supporter une charge de travail toujours plus lourde et exigeante.

Nous avons engagé des journalistes supplémentaires et loué une maison plus grande pour le bureau, dans un quartier central proche du Parlement.

Mais en septembre 2008, les taliban pakistanais, proches d'Al-Qaïda, ont précipité un camion chargé de plus de 500 kilos d'explosifs contre le Marriott, un hôtel cinq étoiles situé à quelques centaines de mètres de là, tuant au moins soixante personnes.

L'explosion, sourde et massive, a secoué une partie de la ville et fait éclater les vitres du bureau, qui a déménagé les mois suivants dans un autre quartier moins exposé.

Aujourd'hui, l'AFP d'Islamabad est un gros bureau qui comprend cinq journalistes expatriés et plus d'une vingtaine de permanents et de pigistes locaux, sans compter l'antenne de Kaboul qui lui est rattachée. Jamais je n'aurais imaginé voir un jour une agence si importante, et pourvue d'un tel équipement multimédia. Quelle aventure !

SAMI ZUBEIRI, journaliste à Islamabad, a pris sa retraite début juillet 2013.

ET SOUDAIN, LA GUERRE SURGIT

NICHOLE SOBECKI

AU PREMIER ÉTAGE DU CENTRE COMMERCIAL, UNE FEMME PROTÈGE SES DEUX ENFANTS EN ATTENDANT LES SECOURS.

L'une des attaques les plus sanglantes de l'histoire de l'Afrique s'est déroulée au pied de ma maison, au Kenya.

Nairobi, Kenya, 23 septembre 2013

J'ai couvert plusieurs conflits dans ma carrière et je suis habituée aux scènes de violence. J'ai entendu des coups de feu et vu des cadavres en Libye, en Somalie, en Afghanistan… Mais c'est une tout autre impression, totalement surréaliste, que de couvrir une scène de guerre qui éclate brusquement à quelques minutes de sa maison, dans un grand centre commercial connu pour ses boutiques de luxe et ses cafés à l'ambiance décontractée où l'on a l'habitude de flâner, de faire ses courses, ou de dîner au restaurant le week-end...

Le Westgate Mall de Nairobi est un des symboles de la prospérité croissante du Kenya. Je suis chez moi en train de travailler, ce samedi matin, lorsque j'apprends par un voisin que quelque chose de terrible est en train de s'y produire. J'appelle le directeur du bureau de l'AFP qui me dit de me rendre immédiatement sur place. Puis mon mari, le photographe du *New York Times* Tyler Hicks. Au moment où l'attaque a éclaté, il était chez un encadreur à deux pas du centre commercial, en train de récupérer des photos de notre mariage, et il a pu tout de suite courir sur les lieux. Il n'a qu'un petit appareil photo sur lui et me demande de lui apporter tout son matériel. C'est ce que je fais, en emportant mon propre équipement vidéo, mon gilet pare-balles et mon casque en Kevlar. Sur place, je débarque en pleine débandade. Des dizaines de gens fuient désespérément, se tenant par la main, en larmes. Ceux qui sont indemnes aident à porter les blessés. De simples voitures qui passaient par là se transforment en ambulances improvisées. Devant l'entrée principale du centre commercial, un petit groupe de journalistes s'est formé à côté des équipes de secours.

Mon mari et moi nous apercevons vite que rester à l'entrée n'est pas suffisant. Nous comprenons que quelque chose de très grave est en train de se passer, mais nous n'avons aucune idée précise des événements en cours à l'intérieur. Alors, après avoir pesé le pour et le contre, nous décidons d'entrer dans ce centre commercial où un commando d'islamistes somaliens chebab, nous n'allons pas tarder à l'apprendre, est en train de perpétrer une des attaques terroristes les plus sanglantes de l'histoire de l'Afrique.

DES VOITURES QUI PASSAIENT PAR LÀ SE TRANSFORMENT EN AMBULANCES.

Nous choisissons une rampe d'accès qui mène directement au troisième étage du complexe. Des ambulances y sont stationnées et évacuent des blessés par dizaines. Peu de temps plus tard, l'accès au centre sera bouclé par la police, mais pour l'heure, dans le feu de l'action, personne ne songe à nous barrer le chemin. Nous rejoignons une équipe de la police qui s'affaire à bloquer les ascenseurs pour empêcher les attaquants de les utiliser. Juste avant qu'ils ne les désactivent,

TYLER HICKS

UN POLICIER KENYAN ET MOI, PHOTOGRAPHIÉS PAR MON MARI.

les portes d'une des cabines s'ouvrent et une femme d'une cinquantaine d'années en jaillit en rampant. Elle pousse un long cri avant d'être rapidement escortée à l'extérieur par un policier.

L'ODEUR DU DANGER EXTRÊME EST OMNIPRÉSENTE.

Depuis l'endroit où nous nous trouvons, je peux voir les étages inférieurs du centre commercial. Le sol est parsemé de cadavres. Au premier étage, une femme s'est aplatie derrière le comptoir d'un café. Elle attend qu'on vienne la secourir, enveloppant dans ses bras deux jeunes enfants. Tous trois seront secourus par la police quelques instants plus tard.

L'équipe d'intervention que nous suivons commence à avancer prudemment à travers les magasins, les salons de beauté et les allées, à la recherche des assaillants qui pourraient s'y terrer. L'ambiance est irréelle. La sono du centre commercial continue à émettre ses chansons pop fatiguées. De temps en temps, une rafale d'arme automatique éclate. Une rumeur invérifiable se propage : certains des assaillants porteraient des ceintures d'explosifs. Les policiers sécurisent les accès vers les sorties de secours et évacuent les survivants terrifiés. Dans un restaurant de sushis, une jeune serveuse et deux hommes ont échappé au massacre en se cachant dans une bouche d'aération. Dans un magasin de jouets, un téléviseur allumé diffuse les dernières nouvelles de l'attaque. Dans un cinéma, les agents lourdement armés prennent position sous une affiche du dernier film d'action avec Matt Damon. Étrange juxtaposition de la réalité et de la fiction…

Nous restons environ trois heures dans le centre commercial. Jamais je ne verrai les attaquants. Les seules armes que j'apercevrai sont celles de la police. Mais l'odeur du danger extrême est omniprésente, obsédante. Dans cette situation de stress, je m'efforce de rester calme, de garder l'esprit clair, de ne prendre que des décisions rationnelles.

Nous parvenons au rez-de-chaussée où les attaquants se sont retranchés avec des otages, dans le supermarché Nakumatt. Je vois les jambes d'une autre victime du massacre émerger de derrière la statue d'un éléphant. Les renforts des forces de sécurité continuent à affluer massivement. C'est alors que d'autres journalistes et moi-même sommes priés d'évacuer les lieux. Près de l'entrée principale, j'aperçois une pile de cadavres. Ce sont les auteurs du massacre qui les ont disposés là pour essayer de bloquer l'accès au complexe.

Je ressors éprouvée par ces scènes d'horreur. Mais comme souvent dans ce genre de situation, la générosité et la solidarité côtoient le drame. J'ai vu des inconnus s'aider mutuellement à fuir le danger. J'ai observé de près le courage des membres des forces de l'ordre. J'ai vu des foules faire la queue pour donner leur sang. De cette journée noire, dans ce pays souvent ensanglanté par ses divisions, j'espère au moins retenir ces quelques lueurs d'espérance.

NICHOLE SOBECKI, journaliste, est basée à Nairobi.

NICHOLE SOBECKI

UN POLICIER AVANCE PRUDEMMENT À TRAVERS LES MAGASINS ET LES ALLÉES À LA RECHERCHE DES ASSAILLANTS.

LUIS ROBAYO

Échauffourée entre militaires colombiens et indigènes au sommet du mont Berlín.

JE N'AVAIS JAMAIS VU UN MILITAIRE PLEURER

Ce jour-là, j'ai assisté à un face-à-face entre des indigènes et des soldats colombiens.

Cali, Colombie, 29 octobre 2013

C'était il y a plus d'un an, en plein été. Je couvrais la *minga*. Chez les indigènes colombiens, ce mot signifie un travail collectif. Il désigne aussi une révolte. Je viens de passer plusieurs nuits à Toribío, au centre-ouest du pays. Toribío porte encore les séquelles des attaques de la guérilla qui, quelques jours plus tôt, ont fait huit blessés. Les indigènes nasa, excédés, ont demandé publiquement le départ de leur territoire aussi bien des forces de l'État que des guérilleros des Forces armées révolutionnaires de Colombie (Farc). Ils n'en peuvent plus d'être pris en tenaille entre deux

factions qui, depuis cinquante ans, s'affrontent en Colombie. Un conflit qui a fait des centaines de milliers de morts. Ils veulent assurer eux-mêmes leur sécurité.
Les indigènes ont lancé un ultimatum. Ils ont commencé par détruire les tranchées situées dans les rues du village, pendant qu'un autre groupe encerclait le mont Berlín, au sommet duquel se trouvent des antennes de télécommunications surveillées par l'armée. Ce 17 juillet 2012, vers 6 heures du matin, je me mets en marche vers le sommet du mont Berlín, 2250 mètres. Je l'atteins en deux heures, à bout de souffle. Les indigènes nasa affluent massivement. Ils n'ont, pour toute arme, que leurs bâtons de marche mais ils ordonnent aux militaires de quitter les lieux, ou bien ils les expulsent par la force.

LE SOLDAT A ÉTÉ LE DERNIER À QUITTER LES LIEUX EN REGARDANT EN ARRIÈRE.

LUIS ROBAYO

Voulant éviter l'affrontement, les militaires commencent à rassembler leurs affaires quand ils reçoivent l'ordre de rester sur place. Une échauffourée éclate. Les indigènes poussent les militaires pour les chasser. Quelques soldats tirent en l'air. Les indigènes ripostent en leur lançant des pierres. Un sergent, Rodrigo García, résiste tant bien que mal aux manifestants qui tentent de le déloger. Soudain, je le vois s'asseoir, porter les mains à son casque et éclater en sanglots.
Je n'ai jamais vu un militaire pleurer et je pense aussitôt que cela peut faire une bonne photo. Je reste près de lui pendant que les manifestants le poussent et le tirent. Il est le dernier à quitter les lieux, en regardant en arrière…
Quand je suis rentré au village de Toribío, au coucher du soleil, un groupe de collègues m'attendait. Déjà, ma photo était devenue virale sur les réseaux sociaux.
Devenu célèbre grâce à mon image, le sergent Rodrigo García s'est par la suite expliqué dans les colonnes

Le sergent Rodrigo García pleure après avoir été délogé de son poste par des indigènes en colère.

du quotidien *Tiempo*: *« Ce n'était pas de la rage, ni de la peur. C'était de l'honneur. Je pleurais parce que je ne comprenais pas pourquoi une communauté que je protégeais, pour laquelle je risquais ma vie, m'humiliait de cette façon, en nous expulsant ainsi, mes hommes et moi. »*
Dès le lendemain, les militaires ont repris le mont Berlín et, depuis, ils y restent. Au cours de ces journées de révolte, les Nasa ont aussi capturé quatre membres indigènes de la guérilla des Farc et les ont châtiés publiquement à coups de fouet, pour avoir *« brisé l'harmonie et les énergies »* et avoir mis en danger leur propre peuple. Dans les trois mois qui ont suivi, au moins vingt-quatre membres de la communauté nasa ont été assassinés dans la région.

LUIS ROBAYO, photographe, est basé dans la vallée du Cauca, région tumultueuse du sud-ouest de la Colombie.

MUNIR UZ ZAMAN

UN EX-SOLDAT, PEU APRÈS AVOIR APPRIS SA CONDAMNATION À MORT POUR SA PARTICIPATION À LA SANGLANTE

AU PROCÈS DE LA DÉMESURE

Un tribunal du Bangladesh a prononcé 152 condamnations à mort.

Dacca, Bangladesh, 7 novembre 2013

Le tribunal spécial de Dacca ressemble à ces écoles typiques que l'on trouve un peu partout dans les campagnes du Bangladesh, avec sa longue structure en béton et son toit en tôle. À l'origine, le bâtiment a été construit pour héberger une conférence islamique. Il a finalement été réquisitionné pour accueillir le plus important procès depuis l'indépendance du pays en 1971. Les

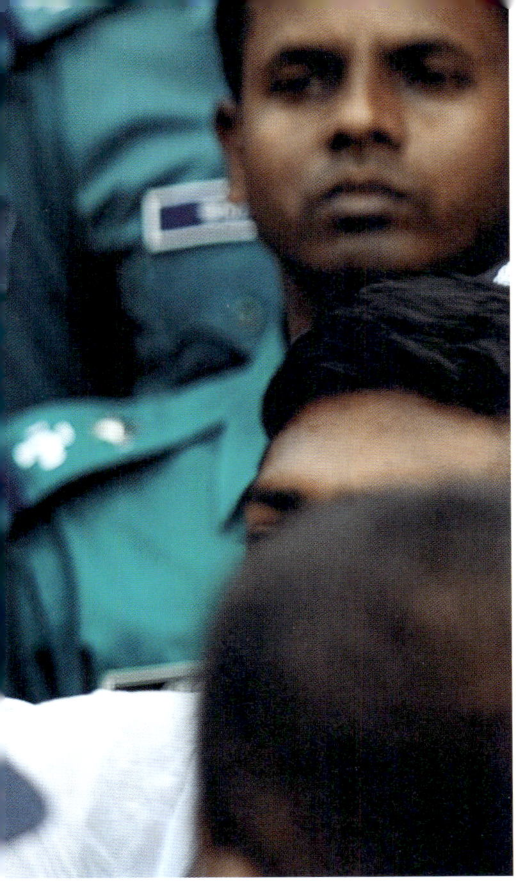

MUTINERIE DE 2009.

audiences ont duré presque trois ans. Au total, 846 anciens soldats comparaissent. Ils sont accusés d'avoir participé à une sanglante mutinerie en 2009. Furieux de leurs mauvaises conditions de vie et de la faiblesse de leur solde, des militaires des Bangladesh Rifles, un corps principalement chargé de surveiller les frontières du pays, s'étaient emparés de centaines d'armes et avaient massacré leurs officiers supérieurs. Soixante-quatorze personnes avaient péri par balles, à coups de hache ou brûlées vives. Leurs cadavres avaient été jetés dans les égouts ou sommairement enterrés.

En ce 5 novembre, jour du verdict, les fourgons cellulaires bondés font leur arrivée au milieu d'un impressionnant dispositif de sécurité. Les détenus, menottés et les fers aux pieds, sont entassés dans la salle d'audience. Ils sont répartis en groupes et installés sur des bancs face au prétoire. Chaque groupe est séparé des autres par d'épaisses barres de fer.

Le juge, Mohammad Akhtaruzzaman, arrive avec trois heures de retard. Devant lui se trouve un dossier de plus de 4 000 pages. L'ambiance est chaotique, la salle pleine à craquer de procureurs, d'avocats, de proches des victimes et de journalistes, lesquels spéculent sur le nombre de condamnations à mort qui seront prononcées.

Le juge décide de ne pas lire l'intégralité du jugement et de passer directement à l'annonce du verdict, ce qui lui prendra tout de même deux heures.

« Ces atrocités ont été commises avec une telle haine que même les droits des morts ont été bafoués », assène-t-il en guise d'introduction. Il appelle un premier groupe d'accusés par leurs numéros de dossier. Il a décidé de commencer par les acquittements : 271. Les innocentés explosent de joie. Bizarrement, leurs hurlements me font penser à ceux des supporters

MUNIR UZ ZAMAN

LE BÂTIMENT OÙ SIÈGE, POUR CE PROCÈS, LE TRIBUNAL SPÉCIAL DE DACCA.

de football acclamant un but de leur équipe. « *Allahou akbar !* » (« Dieu est grand »), ne cessent-ils de crier en tombant dans les bras les uns des autres.

Arrive le moment des premières condamnations. Des plus légères aux plus sévères. J'assiste à une véritable escalade de peines. Dès que le juge en a fini avec un groupe, ce dernier est conduit jusqu'aux fourgons cellulaires et retourne vers la prison.

Tout ceci se déroule dans le désordre le plus absolu. Le juge est constamment interrompu par les questions soulevées par les avocats et par les vociférations de leurs clients. Dans ce brouhaha et cette confusion, il est difficile pour moi de tenir le décompte précis des condamnations. J'y parviens en improvisant un système de marques et en procédant à des vérifications systématiques auprès des procureurs à côté de moi. Je communique par SMS avec le chef du bureau de l'AFP à Dacca.

Les premières condamnations à la prison à vie tombent. Il y en aura 161. Hurlements terribles. « *Je suis innocent ! Tu affronteras la colère d'Allah !* », clame un vieil homme. « *Je ne veux pas passer ma vie en prison. Pendez-moi ! Pendez-moi !* », implore un autre.

Le dernier groupe est enfin appelé : 152 peines capitales. « *Condamné à être pendu jusqu'à ce que mort s'ensuive* », répète le juge.

Les mains agrippées à la barre de fer devant lui, un jeune soldat le supplie de le laisser parler. Une minute. Une seule !

MUNIR UZ ZAMAN

UN FOURGON CELLULAIRE REMPLI D'ACCUSÉS ARRIVE AU TRIBUNAL LE JOUR DU VERDICT.

Requête rejetée, le condamné est fermement remis à sa place par les gardiens. Un cri de lamentation aussi strident qu'interminable s'échappe de sa gorge. Cet incident achève de semer le chaos dans le prétoire. Les autres condamnés à mort se mettent à hurler de colère, beaucoup fondent en larmes. Sitôt la dernière peine prononcée, le juge s'éclipse en vitesse.

Que voulait ce jeune soldat qui, alors qu'il se savait sur le point d'être envoyé à la potence, insistait tant pour s'exprimer ? Implorer la clémence ? S'excuser devant la nation ? Clamer son innocence et dire qu'il avait été brutalement torturé en prison ?

Tous les condamnés pourront faire appel, une procédure qui durera longtemps. Des années s'écouleront sans doute avant que les premières pendaisons aient éventuellement lieu. Plusieurs organisations de défense des droits de l'homme ont durement critiqué le procès, trop massif selon elles pour offrir à chaque accusé de réelles possibilités de défense. Human Rights Watch soutient par ailleurs que de nombreux aveux ont été arrachés sous la torture, ce que le gouvernement du Bangladesh nie.

Couvrir cet énorme procès a constitué une expérience hors du commun. Mais en sortant du tribunal, la complainte du jeune soldat réduit au silence résonne encore dans ma tête, comme si ce jeune homme m'avait lancé une question qui met mal à l'aise : justice a-t-elle été faite ?

KAMRUL HASAN KHAN, journaliste, est basé à Dacca.

APRÈS LE TYPHON

Aux Philippines, je découvre en même temps que les premiers secouristes les ravages du typhon.

NOËL CELIS

Tacloban, Philippines, 15 novembre 2013

La scène se répète des dizaines de fois. J'allume ma caméra et la personne que j'interroge commence par me gratifier de ce doux sourire qui, même dans les moments les plus durs, illumine le visage des Philippins. Mais il survient toujours un instant où, dans la conversation, les traits de mon interlocuteur se décomposent et où il finit par fondre en larmes. Alors, je pose ma caméra. Et bien souvent, je finis par serrer la personne dans mes bras.

J'arrive à Tacloban le samedi 9 novembre, au lendemain du passage du typhon Haiyan. Avec le photographe philippin Noël Celis, nous avons réussi à monter à 8 heures du matin à bord d'un des premiers avions militaires philippins à pouvoir se poser dans la région ravagée la veille par des vents de plus de 300 kilomètres/heure et par des

Tacloban, aux Philippines, trois jours après le passage du typhon Haiyan.

NOËL CELIS

Un navire projeté à terre par le typhon près de Tacloban.

vagues démentes. Tacloban ne tardera pas à voir débarquer des centaines de militaires, sauveteurs et journalistes, mais pour l'instant, nous sommes quasiment les seuls personnes du monde extérieur à nous rendre sur place. Nous découvrons l'étendue du désastre en même temps que les premiers secouristes.

L'aéroport a été pulvérisé par le typhon. Il n'en reste que quelques bâtiments éventrés et une pancarte de Philippine Airlines. Partout, des arbres arrachés, des câbles emmêlés. En atterrissant dans ce paysage de fin du monde, quelques heures après avoir quitté ma vie confortable à Hongkong, où je suis basée, j'ai l'impression d'être dans un film. Mais je ne tarde pas à être prise à la gorge par la réalité.

NOUS SOMMES AU MILIEU DU NÉANT ABSOLU.

La première image marquante est celle d'une femme qui hurle de douleur au-dessus du cadavre de son petit garçon de 5 ans. Cela se passe dans une église où sept corps sont alignés.

Il n'y a plus d'électricité, toutes les lignes de téléphone sont par terre, les portables ne fonctionnent pas et il est impossible que cela s'arrange à court terme. Nous sommes au milieu du néant absolu.

Nous avons emporté un appareil de transmission satellitaire, mais son autonomie, tout comme celle de mon ordinateur, est limitée. Alors que je suis en train de monter ma première vidéo, au milieu de cette ville dont il ne reste plus rien, je constate que

NICOLAS ASFOURI

Des sinistrés devant leur maison détruite à Palo, près de Tacloban.

Une jeune femme accouche dans un hôpital de fortune près de l'aéroport de Tacloban.

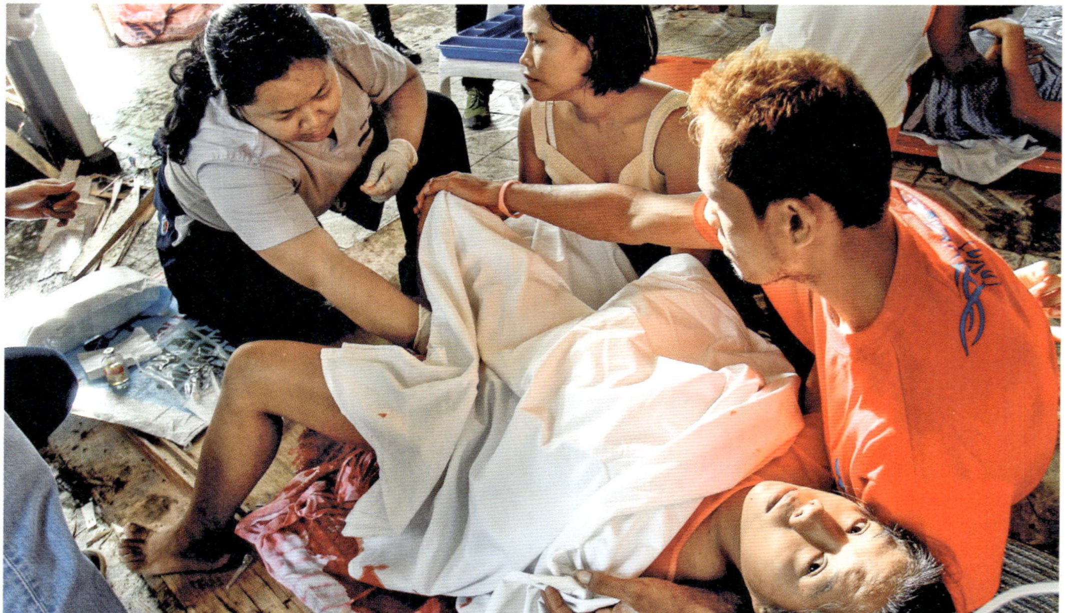

JASON GUTIERREZ

le niveau de la batterie de mon ordinateur diminue à une vitesse vertigineuse. Je me dépêche de terminer et je commence à envoyer les images. Mais cela me prend des heures. Quand la batterie de mon ordinateur n'est plus chargée qu'à 10 %, je réalise que je ne vais jamais y arriver.

Ces problèmes techniques peuvent paraître dérisoires à côté du malheur des dizaines de milliers de Philippins victimes du plus violent typhon de l'histoire. Mais pour une reporter, transmettre ses informations est primordial. Je ne suis pas militaire, ni médecin, ni sauveteur. Je suis journaliste. Montrer ce qui se passe est l'unique raison pour laquelle je me trouve ici. Si je ne peux pas envoyer mes images, je ne sers à rien. Alors, les problèmes d'électricité et de téléphone me font bien plus paniquer que la faim, la soif et les conditions d'hygiène épouvantables auxquelles je serai confrontée pendant mon séjour.

Finalement, nous découvrons un poste de commandement de l'armée, dressé dans un bâtiment en ruine. Il y a là l'objet de nos rêves: un générateur. Je persuade un militaire de nous laisser recharger notre matériel. Cette bicoque défoncée devient notre quartier général. Nous y passons les premières nuits avec des soldats, des secouristes, puis d'autres journalistes, entassés à quinze sur des planches en bois, des tables ou à même le sol boueux grouillant d'insectes. L'odeur d'urine (il n'y a plus de toilettes en état de marche) se mêle à celle des cadavres qui, sous le soleil de plomb, se décomposent dans les alentours.

L'aéroport de Tacloban est le lieu vers lequel convergent les sinistrés. On y fait la queue pendant des heures pour un peu d'eau, pour un comprimé contre la diarrhée. J'y passe une nuit avec une famille qui a tout perdu. Un couple avec un bébé de 6 mois et le fils de voisins. La femme me raconte qu'elle ne sait pas nager. Alors, quand leur maison a été emportée par une vague gigantesque, elle a supplié son mari de l'abandonner pour sauver le bébé. Tous trois ont survécu. Ce n'est qu'après des heures de conversation que je réalise que cela ferait une bonne interview. Durant ces moments de proximité, que nous vivons dans la même faim, dans la même soif et dans le même dénuement, j'en oublie presque de faire mon travail.

ELLE A SUPPLIÉ SON MARI DE L'ABANDONNER POUR SAUVER LE BÉBÉ.

C'est aussi à l'aéroport de Tacloban, dans l'hôpital de fortune dressé par les militaires, que j'assiste à l'accouchement d'une femme qui vient, avec son mari, de survivre miraculeusement. Je n'ai jamais assisté à un accouchement auparavant, et là je me surprends à le filmer… Puis je commence à monter ma vidéo par terre, au milieu du sang, des débris et des cris du nouveau-né. J'aurais pu m'éloigner mais je ressens comme une sorte de devoir à l'égard de cette toute jeune mère de 21 ans. Je ne veux pas l'abandonner une minute. J'ai peur qu'elle ne meure dès que j'aurai le dos tourné. Heureusement, la famille, ainsi qu'une autre femme qui accouchera juste après, sera évacuée vers Cebu par hélicoptère. Cette histoire, depuis, a fait le tour de la planète. C'est exactement le genre de choses que les gens ont envie de voir et d'entendre au milieu d'un cauchemar.

Mais les belles histoires sont rares à Tacloban. Des milliers de désespérés de la région accourent à l'aéroport pour fuir. On en voit même courir comme des possédés après les appareils qui décollent. Il y a des pillages. La ville sent la mort. À chaque fois que je repasse au même endroit, je me rends compte que les cadavres ont changé de couleur, qu'ils ont gonflé…

J'AI PEUR QU'ELLE NE MEURE DÈS QUE J'AURAI LE DOS TOURNÉ.

Je suis frappée par le nombre de gens qui, sous la pluie battante, se tiennent toute la journée au milieu des ruines au côté d'un cadavre, protégés par un parapluie, parce qu'ils n'ont rien d'autre à faire que de veiller leurs défunts. Les routes sont encombrées de gens errant à la recherche de familles disparues, ou portant dans leurs bras leurs jeunes enfants déshydratés et grelottant de fièvre dans le mince espoir que quelqu'un, quelque part, les sauvera d'une mort certaine.

À un moment donné, j'entraperçois, dépassant d'un panier en osier, le front d'un bébé, mort. Je pose ma caméra.

Un camion transporte les cadavres vers un endroit où des médecins légistes tenteront de les identifier. Je prends place dans la cabine, à côté du chauffeur. Mes collègues sont contraints de voyager à l'arrière, au milieu des corps en décomposition… Ce sont des instants où l'on hésite, où l'on se demande si l'on doit continuer ou battre en retraite.

Pendant ces six jours, je suis impressionnée par l'endurance, la générosité, la fierté aussi des Philippins.

TED ALJIBE

Quelques jours après la catastrophe, les enfants

MEURENT DE SOIF, LEURS PARENTS COURENT PARTOUT POUR TROUVER DE L'AIDE.

Partout, les gens sourient devant la caméra, me demandent de quel pays je viens, se soucient de moi. À Palo Leyte, un village totalement balayé par le typhon, et alors que les premiers secours ne sont même pas encore arrivés, on me propose même à manger !

Très souvent, des gens me demandent de les filmer, dans le fol espoir que je les aiderai à faire passer leur message. *« Maman, je suis vivant ! »*, disent-ils devant ma caméra. Il m'est impossible de relayer la totalité de ces appels désespérés. Mais comment le leur faire comprendre ? Comment refuser leurs requêtes ? Alors je m'exécute. Ils me remercient avec effusion. Je me sens coupable, faible…

AGNÈS BUN, journaliste reporter d'images, est basée à Honkong.

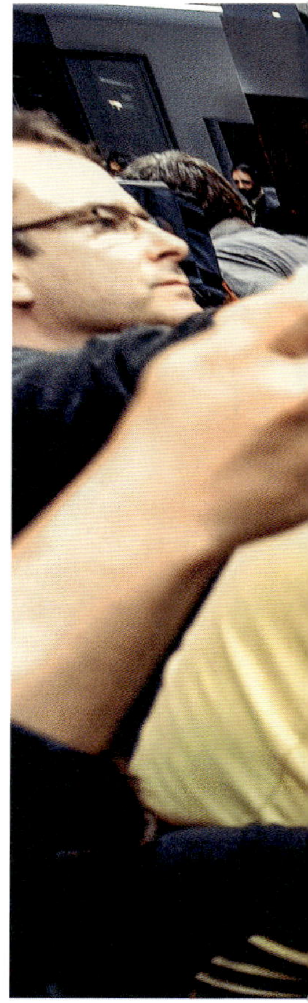

« GANG-BANG » CHEZ LES ROIS DU PÉTROLE

Deux fois par an, les politiques du monde entier se réunissent pour fixer les prix de l'or noir. Des réunions durant lesquelles les journalistes oublient toute règle de civilité.

Vienne, Autriche, 9 décembre 2013

Un « gang-bang », dans le langage courant, c'est une forme violente de sexualité de groupe. Mais pour nous, journalistes chargés de couvrir les réunions de l'Organisation des pays exportateurs de pétrole (Opep), ce terme a une signification tout autre. Moins salace, certes, mais pas forcément moins brutale…

JOE KLAMAR

Les journalistes bondissent sur les ministres du Pétrole en septembre 2009, à Vienne.

Nous désignons par «gang-bang» le bref instant de frénésie, de « chacun pour soi » et d'oubli total de toute règle de civilité au cours duquel une meute de reporters en furie est lâchée sur les ministres du Pétrole. Cela se passe deux fois par an, pendant la conférence bisannuelle de l'Opep à Vienne. C'est pendant ces réunions que les ministres décident combien d'or noir le cartel est prêt à produire pour satisfaire le marché mondial, tout en maintenant les prix suffisamment élevés pour que les États membres continuent à s'enrichir.

J'ai couvert ma première conférence ministérielle de l'Opep en mars 2007. Avant mon baptême du feu, une collègue m'avait envoyé un e-mail de recommandations interminable, qui comportait au moins une vingtaine de points à ne pas oublier. C'était à la fois amusant et très intimidant. Malgré tous ces conseils, j'étais loin d'être préparée à ce qui m'attendait.

Les ministres du Pétrole ne viennent pas à Vienne uniquement pour assister à la réunion. Ils débarquent avec un ou deux jours d'avance, prennent leurs quartiers dans différents hôtels de luxe et se promènent dans leurs limousines. Alors commence un jeu du chat et de la souris avec les reporters assoiffés d'infos.

COUVRIR L'OPEP, C'EST CONNAÎTRE SUR LE BOUT DES DOIGTS TOUTES LES SORTIES DE TOUS LES HÔTELS.

Les douze pays membres de l'Opep (Algérie, Angola, Arabie saoudite, Émirats arabes unis, Équateur, Irak, Iran, Koweït, Libye, Nigeria, Qatar, Venezuela) produisent environ 35 % du pétrole brut mondial. Chaque mot s'échappant de la bouche d'un de leurs ministres peut affoler le marché, faire bondir ou chuter les cours, mettre à genoux l'économie mondiale. C'est la raison pour laquelle les agences de presse envoient des bataillons de journalistes depuis Londres, Singapour ou Dubaï pour suivre leurs réunions sans rien laisser au hasard. Généralement, l'AFP dépêche sur place trois ou quatre personnes depuis Paris ou Londres pour couvrir la rencontre en français, en anglais et en espagnol. Je leur prête main-forte depuis le bureau de Vienne, où je suis basée.

Nous surveillons les ascenseurs, les parkings souterrains, les sorties des centres commerciaux, tous ces endroits par lesquels les ministres pourraient être tentés de s'échapper sans nous parler. Couvrir l'Opep, c'est connaître sur le bout des doigts toutes les sorties de tous les hôtels.

Ici on réalise vraiment à quel point les journalistes peuvent se transformer en quelques secondes en une meute de chiens sauvages. Dès qu'un ministre pointe le bout de son nez, plus personne n'est en sécurité.

J'ai vu, une fois, un malheureux touriste, venu réclamer sa note d'hôtel au mauvais moment, se faire littéralement crucifier contre le comptoir de la réception pendant qu'un quelconque ministre du Pétrole, ses gardes du corps et une douzaine de reporters déboulaient dans le hall comme des barbares en renversant tout sur leur passage, y compris la valise du touriste en question. Je ne compte plus les fois où, dans ces circonstances, j'ai été à moitié assommée par un coin de caméra. Et je reste marquée par le souvenir d'un groupe de journalistes surexcités s'engouffrant tous à la fois dans une porte tambour aux trousses du ministre saoudien Ali al-Naïmi. Bien sûr, tout le monde est resté coincé.

Se retrouver au milieu de tout cela n'a rien de drôle. Mais il suffit de prendre un peu de recul et d'observer la scène qui se déroule sous vos yeux pour que tout à coup elle devienne hilarante.

Le ministre saoudien Ali al-Naïmi, par exemple, est un homme de petite taille. Quand il est entouré de ses gardes du corps taillés comme des rondins, il devient pratiquement invisible. Ajoutez la dizaine de reporters sur ses talons, et vous ne verrez plus qu'une espèce d'essaim d'abeilles.

L'Arabie saoudite est le plus gros producteur de l'Opep. Tout ce que dit Naïmi revêt donc une importance particulière. Et comme il faut que ses paroles soient transmises le plus vite possible aux marchés, les reporters financiers ne se contentent pas d'enregistrer ses propos. Pendant que le ministre parle, ils sont collés à leurs téléphones portables et répètent tout ce qu'il dit comme des perroquets à l'intention de leurs éditeurs à Londres ou ailleurs, afin qu'une « alerte » soit envoyée sur les fils avant même que Naïmi n'ait atteint l'ascenseur. Il en résulte une sorte d'écho surréaliste. *« Satisfait des prix »*, dit le ministre. *« Il dit qu'il est satisfait des prix »*, répète un reporter. *« Naïmi dit qu'il est satisfait des prix du pétrole »*, dit un autre au même moment. Et ainsi de suite.

Le jour J, les journalistes ont le droit de rester quinze minutes dans la salle avec les ministres avant le début de la conférence. C'est le « gang-bang » proprement dit. Personne ne sait qui a eu l'idée de baptiser cette séance d'un nom aussi explicite. Imaginez une mêlée pendant un match de rugby. Il n'existe pas d'image plus proche.

J'ai entendu parler d'accidents qui ont fait des blessés pendant la course dans l'escalier. J'ai vu, une fois, un journaliste se casser la figure dans les marches et, dopé par l'adrénaline, reprendre son chemin à quatre pattes. Chaussures à talons plats recommandées.

« Pour votre propre sécurité, nous vous demandons de ne pas courir dans l'escalier », conseille, en vain, l'Opep aux reporters avant chaque réunion. Contrairement aux scènes de frénésie médiatique dans les halls d'hôtel, qui ne rassemblent tout au plus qu'une bonne douzaine de journalistes, le « gang-bang » se pratique à plus de cent : des journalistes financiers, des cameramen, des analystes…

Le 4 décembre, l'Opep a décidé de maintenir son plafond de production à 30 millions de barils par jour. Le mandat de l'actuel secrétaire général de l'organisation, le Libyen Abdallah el-Badri, a été prolongé d'un an pour la deuxième fois d'affilée faute de consensus pour lui désigner un successeur. Des décisions largement attendues, avons-nous écrit tous en chœur, après avoir publié au cours des jours précédents des dizaines d'articles sur le sujet.

Bref, rien n'a changé.

Mais ce n'est pas grave : en juin, ça recommence !

SIM SIM WISSGOTT, journaliste, est basée à Vienne.

La Première ministre du Danemark, Helle Thorning-Schmidt, se prend en photo avec Barack Obama et David Cameron pendant la cérémonie funèbre en l'honneur de Nelson Mandela, le 10 décembre, à Johannesburg.

LE SELFIE

Aux funérailles de Nelson Mandela, trois leaders mondiaux se prennent en photo. Et les réseaux sociaux s'emballent…

Johannesburg, Afrique du Sud, 11 décembre 2013

Voici donc la photo, ma photo, qui a fait le tour du monde. Le « selfie » de trois leaders mondiaux qui, pendant le dernier hommage du peuple sud-africain à Nelson Mandela, se seraient amusés comme des gamins au lieu de prendre la mine endeuillée que les circonstances, selon les canons du monde occidental, exigeaient d'eux… Une photo de gens qui se prennent en photo. Et qui acquiert tout à coup plus d'importance que l'événement lui-même. Allez comprendre…

Nous sommes dans le stade de Soccer City à Soweto, sous une pluie battante, depuis les premières heures du matin. Quand je prends cette image, la cérémonie funèbre a commencé depuis plus de deux heures. À la tribune, Barack Obama vient de qualifier Mandela de *« géant de l'histoire qui a conduit une nation vers la justice »*. Après ce vibrant éloge, le premier président noir de l'histoire de l'Amérique a regagné sa place dans les gradins, à environ 150 mètres en face de là où je suis posté. Je suis chacun de ses mouvements à l'aide de mon téléobjectif.

Barack Obama est entouré de ses semblables venus des quatre coins de la planète. Parmi eux, le Premier ministre britannique David Cameron, ainsi qu'une femme que je n'arrive pas immédiatement à identifier. J'apprendrai, plus tard, qu'il s'agit de la Première ministre danoise Helle Thorning-Schmidt. Je pense, sur le moment, qu'il s'agit d'une collaboratrice d'Obama.

Tout à coup, cette dame sort son téléphone portable et se prend en photo en rigolant avec Cameron et le président des États-Unis. Je capture la scène sans aucune arrière-pensée. Autour de moi, dans le stade de Soweto, les Sud-Africains dansent, chantent et rient en l'honneur de leur leader décédé. L'atmosphère est à la fête. Je ne trouve rien de choquant dans ce que je vois à travers mon viseur. Pour moi, le comportement de ces dirigeants qui prennent ce « selfie » est parfaitement naturel. J'ai lu, plus tard, sur les réseaux sociaux, que l'épouse du président américain, Michelle Obama, aurait eu l'air *« figée »* ou bien encore *« contrariée »* en voyant la Première ministre danoise prendre la pose avec son mari et Cameron. Mais les photos peuvent mentir. En réalité, quelques secondes plus tôt, la première dame des États-Unis riait et plaisantait elle aussi avec tous ceux qui l'entouraient, Cameron et Schmidt compris. Son air sérieux sur ma photo n'est que le pur fruit du hasard.

Mes collègues photographes et moi, venus du monde entier pour couvrir l'adieu à Nelson Mandela, avons publié plus de 500 photos ce jour-là. Mais mon « selfie » d'Obama, Cameron et Schmidt, saisi un peu par hasard à plus de 150 mètres de distance, semble avoir éclipsé une grande partie de notre travail collectif. Cela fait réfléchir. J'ai pensé que si les professionnels de la communication ne contrôlaient pas autant l'image des chefs d'État, une image spontanée comme celle-ci n'aurait sûrement jamais eu un tel retentissement.

ROBERTO SCHMIDT est le responsable de la photo AFP pour l'Asie du Sud, à New Delhi.

LE DERNIER JOUR D'UN DICTATEUR

Bête noire du président tunisien Ben Ali pendant vingt ans, j'ai eu la chance d'annoncer au monde sa chute.

Tunis, Tunisie, 18 décembre 2013

« B*en Ali s'est enfui, gloire aux martyrs, gloire au peuple, gloire à la Tunisie !* » Un grand cri retentit au beau milieu de la nuit du 14 au 15 janvier 2011, brisant soudain le silence du couvre-feu. Il est environ 1 heure du matin. Je sors sur le balcon du bureau de l'AFP, en surplomb de la grande avenue Habib-Bourguiba, et j'aperçois un homme seul dans la ville déserte, un homme qui lève les bras vers le ciel en hurlant, sans se soucier de l'état d'urgence, des militaires, des blindés.

Ce cri poignant me tire d'un état second. J'ai passé les dernières heures les yeux rivés sur la télévision, les doigts fiévreux sur le clavier, tout en répondant aux appels incessants et en écoutant la radio. Sur la brèche pendant des semaines infernales, seule à la fois sur le terrain et au bureau jusqu'à ce qu'un collègue arrive en renfort de Dubaï, j'ai fini par fonctionner comme un automate.

C'est là, sur le balcon, que je saisis dans une secousse l'ampleur de ce qui se passe. Je prends une grande inspiration, je ferme les yeux, je me dis : je suis à Tunis, c'est une journée historique.

J'en ai passé, des nuits blanches, en vingt ans. Très souvent, j'ai quitté mon domicile sans être sûre de revenir le soir, ni de revoir les miens. Je savais que j'étais ciblée, j'étais la journaliste à éliminer au bureau de l'AFP.

J'intègre l'agence en 1993, alors que je viens d'être virée de Reuters sur l'ordre de la présidence. J'apprends à passer de l'info entre les lignes, à peser chaque phrase, chaque mot, à la virgule près. Écrire sous Ben Ali est un cauchemar, il faut trouver des formules anodines pour dire sans dire tout en disant, sans faire l'impasse sur les violences policières, la torture, les emprisonnements arbitraires et les procès montés. Couvrir des élections truquées est un exercice frustrant, être démentie sur des faits avérés est écœurant.

On ne sait jamais à quoi s'attendre. J'ai été accusée d'avoir trahi mon pays pour un reportage sur les mous-

Manifestation devant le ministère de l'Intérieur à Tunis, le 14 janvier 2011.

Ben Ali
Dégage

FETHI BELAID

DANS LES RUES DE TUNIS, APRÈS DES AFFRONTEMENTS ENTRE POLICIERS ET MANIFESTANTS LE 14 JANVIER 2011.

tiques. Le papier a été très repris à l'étranger, on m'a reproché de gâcher la saison touristique.

Au fil des années, je suis devenue une bête noire, régulièrement dénoncée par des ambassadeurs et par des officiels, harcelée par des personnalités à la solde du pouvoir. Malgré les promesses d'ouverture, le régime se durcit, Tunis est dangereux, invivable, les correspondants étrangers quittent peu à peu le pays, l'AFP manque de fermer son antenne.

Puis l'agence me propose en 2007 de devenir directrice. Une première, pour une femme et pour une journaliste locale. Je sais que je serai seule face aux représentants du régime et qu'ils ne vont pas me ménager. Mais j'accepte.

Je crois que j'ai tout vu: filatures, écoutes – étendues à ma famille –, visites nocturnes, privation de passeport, refus de carte de presse, convocations, remontrances, prises à partie violentes, menaces – y compris de liquidation physique –, mais aussi offres alléchantes d'emploi ou d'avantages. Je suis piégée entre un régime impitoyable et des confrères suspicieux, complaisants ou complices. Car ils sont légion, ceux qui écrivent à la demande, reçoivent des instructions, attendent un feu vert pour donner une information.

Les officiels ont une technique très simple: quand on les appelle pour recouper une information, ils disent: *« Attendez, je vais voir. »* L'attente peut être longue, parfois la réponse ne vient jamais. Moi, je dis que c'est urgent, je fixe un délai assez court en prévenant qu'ensuite je donnerai l'information quoi qu'il arrive. Parfois, ça marche, parfois ça ne marche pas et l'on me reproche ensuite d'avoir l'opposition pour seule source. À la même époque, des centaines de journalistes étrangers viennent chaque année profiter de la carte postale – plages, thalassothérapie de luxe et magie du Sahara.

Je travaille sans accréditation, ma présence peut être déclarée illégale à tout instant. Cela ne m'empêche pas d'aller sur le terrain. Le 11 avril 2002, après l'attentat sanglant contre la synagogue de Djerba, j'accède aux urgences de l'hôpital local en me faisant passer pour une malade inconsciente et je recueille les premiers témoignages de touristes allemands blessés, alors que la zone est entièrement fermée aux journalistes.

Les infos, on les obtient au coup par coup. Tout est négociable. Tout sauf ce qui concerne Ben Ali et sa famille: là, pas un mot. Il y a une ligne rouge que personne ne franchit. Tout le monde a peur, les téléphones sont écoutés, les e-mails lus. Je dois échanger avec la rédaction en chef à Paris par messages codés. Le moindre choix éditorial est un dilemme.

Car si on passe un papier qui ne plaît pas, si on passe la limite, on peut être jeté en prison ou avoir un accident de la route. Seuls les journalistes qui ont travaillé sous une dictature peuvent comprendre à quel point c'est difficile, dangereux.

Pour moi, l'essentiel a toujours été d'avoir l'info, de la donner, vite, en premier. Cette nuit de la fuite de Ben Ali, Tunis bruisse de rumeurs. On sait que quelque chose se prépare. Je téléphone partout. Une source très fiable me dit: *« C'est fini, fini avec Ben Ali »*, puis je réussis à avoir une confirmation de son départ. Je donne l'alerte.

Il est plus de 4 heures du matin quand on termine. Je me lève, je saute et je crie à mon tour: *« C'est fini, c'est fini, Ben Ali a foutu le camp! »* en me jetant au cou de mon confrère. Et soudain je comprends ce qui vient de se passer: c'est miraculeux, je viens de vivre en direct la chute d'un dictateur.

Est-ce la pression des *« Dégage ! »* scandés par une marée humaine dans les rues de Tunis? L'aboutissement inattendu d'une révolte déclenchée par le geste désespéré d'un vendeur ambulant qui s'est immolé par le feu un mois plus tôt, excédé par les brimades policières et par la misère? Certains ont vu un coup de l'appareil sécuritaire, d'autres la main de puissances étrangères. Qu'importe! Le vent de la liberté souffle, la peur a changé de camp en Tunisie. Trois jours plus tard, je fais un burn-out, contrecoup brutal et douloureux de ces années de persécution.

L'AFP a été la première agence à annoncer au monde la fin de la dictature de Ben Ali. On avait fait du bon travail.

HAMIDA BEN SALAH a été directrice du bureau de l'AFP à Tunis jusqu'en novembre 2013.

KIEV EXPLOSE

Alors que la température se maintient sous les 10 degrés, la capitale ukrainienne bascule dans la violence.

Kiev, Ukraine, 27 janvier 2014

Mi-novembre, à la suite de la suspension des négociations avec l'Union européenne, les Ukrainiens sont descendus, par milliers, dans les rues. Pacifiquement. Mais face à une répression brutale, les protestataires demandent le départ du président Ianoukovitch, accusé de brader le pays à Moscou. La place Maïdan, à Kiev, se couvre de monde. Les unités d'élite, les Berkout, chargent les manifestants. Deux camps se font face, les pro et les antirégime, les pro et les antirusses. Le pays est à deux doigts de basculer dans la guerre civile.

SERGUEY SUPINSKY ET ANATOLII BOÏKO, photographes, sont basés en Ukraine.

Il y a deux mois, peu de manifestants portaient des casques. La situation est de plus en plus tendue. Maintenant on voit voler les balles, et pas seulement les balles en cacutchouc.

© Sergey Supinsky

À l'entrée du stade, les policiers des forces spéciales restent pour l'instant immobiles derrière leurs boucliers métalliques.

© Anatolii Boiko

СП:35
2П:35

HECTOR MATA

Le leader du Sentier lumineux, Abimael Guzmán, lors de son premier procès en septembre 1992.

LE SILENCE DU POL POT DES ANDES

Le chef de la guérilla maoïste du Sentier lumineux est jugé pour un attentat trente ans après les faits.

Lima, Pérou, 29 janvier 2014

« *Mon nom est Manuel Rubén Abimael Guzmán Reynoso.* » Huit mots prononcés d'une voix faible. Les seuls qui, en plus de quatre heures de procès, sortiront de la bouche du chef historique du Sentier lumineux, tout droit surgi des années les plus sombres de l'histoire du Pérou.

C'est la première fois en dix ans qu'Abimael Guzmán apparaît en public. Il est jugé avec les douze membres de l'état-major de son organisation maoïste pour une action terroriste: le 12 juillet 1992, une voiture piégée a fait 25 morts et 155 blessés rue Tarata, à Lima. L'attentat a représenté un tournant dans le combat sans merci entre la guérilla et les forces de sécurité péruviennes.

HECTOR MATA

ABIMAEL GUZMÁN, EN CAGE, PENDANT SON TRANSFÈREMENT D'UNE PRISON À UNE AUTRE EN AVRIL 1993.

Ce bain de sang a profondément marqué les habitants de Lima. Jusqu'alors, la capitale était restée largement à l'écart d'une guerre commencée longtemps auparavant, en 1980, mais qui se déroulait loin, dans les Andes, et dont les victimes étaient en majorité des paysans.
Mais Abimael Guzmán avait décidé d'étendre sa « guerre populaire » aux grandes villes. Cette offensive urbaine était destinée à préparer la prise du pouvoir définitive au Pérou par le Sentier lumineux – mouvement que le Département d'État américain comparait aux Khmers rouges de Pol Pot. La comparaison était loin d'être gratuite. Comme les Khmers rouges, le Sentier lumineux pratiquait la politique de la terre brûlée. Comme les Khmers dans le lointain Cambodge, les maoïstes péruviens exerçaient une violence inouïe contre la population andine, exterminant par centaines les paysans qui refusaient d'embrasser leur idéologie. Dans les zones urbaines, la guérilla allait sévir à coups d'attentats aveugles à la voiture piégée, d'assassinats ciblés et de sabotages contre le réseau électrique. Les auteurs matériels de l'attentat de la rue Tarata, simples membres

Attentat du Sentier lumineux dans la rue Tarata, à Lima, dans la nuit du 16 au 17 juillet 1992.

d'une brigade du Sentier lumineux, ont été condamnés il y a une dizaine d'années. Aujourd'hui, c'est la première fois que les « cerveaux » présumés comparaissent pour ces faits. Abimael Guzmán, arrêté en septembre 1992, a déjà été condamné à perpétuité pour terrorisme. Les douze membres de son état-major purgent eux aussi de longues peines. Au sein de la base navale de Callao, où est enfermé Guzmán, les autorités péruviennes ont aménagé une vaste salle d'audience. Le but est d'éviter que les principaux accusés ne s'évadent lors des transfèrements. Soixante-deux journalistes assistent au procès. Nous sommes conduits dans une annexe de la base navale, séparée de la salle des accusés par une paroi de verre blindé. Chacun est impatient de voir à quoi ressemble Guzmán physiquement et intellectuellement. Va-t-il faire comme en novembre 2004 ? Lors de son premier procès devant une juridiction civile, qui s'était tenu après l'annulation d'autres condamnations prononcées par des juges militaires aux visages encagoulés, le leader du Sentier lumineux et ses coaccusés avaient défié les autorités péruviennes en levant le poing et en vociférant des slogans politiques.

Mais rien de tel ne se produit cette fois-ci. Abimael Guzmán est un maigre vieillard de 79 ans à la chevelure grisonnante et courte, vêtu d'un complet gris. Pendant quatre heures, il reste assis, le dos tourné au public. Contrairement à ses coaccusés, il ne demandera même pas à se lever pour aller aux toilettes. Je n'ai, devant moi, qu'un homme âgé qui tient tendrement la main de son épouse, Elena Iparraguirre, numéro deux du Sentier lumineux, qui purge sa peine de prison à vie dans un autre pénitencier (tous deux se voient tous les trois mois).

AUCUN SIGNE DE REMORDS POUR LES 70 000 VICTIMES DE LA GUERRE AU PÉROU.

Les autres dirigeants de la guérilla, eux aussi incarcérés ailleurs, le saluent avec un respect qui frise la révérence. Les puissantes images d'une vidéo tournée en 1989 pendant une réunion clandestine du comité central me reviennent à l'esprit. J'ai l'impression d'assister à la même scène, à ceci près que ses protagonistes ne sont plus des combattants, mais des prisonniers.

Guzmán, ancien professeur de philosophie de l'université d'Ayacucho passé à la lutte armée dans les montagnes, était idolâtré par ses partisans. Le « président Gonzalo » se décrivait comme la *« quatrième épée »* de la révolution mondiale, derrière Marx, Lénine et Mao. Il présentait son idéologie, le « marxisme-léninisme-maoïsme-pensée-Gonzalo », comme une synthèse des idées communistes de ses trois prédécesseurs. Son ambition était de faire des Andes l'équivalent des montagnes du Yan'an, où Mao et ses partisans avaient farouchement résisté aux assauts des nationalistes et des Japonais après la Longue Marche.

Tout au long de l'audience, le « président Gonzalo » se contente de prendre des notes. Aucun signe de remords pour les 70 000 victimes de la « guerre populaire » au Pérou. Son attitude ne me surprend pas. Assise à côté de moi, une reporter me dit que pour ces combattants *« le repentir est une bassesse »*. Dans la pure tradition maoïste, les membres du comité central du Sentier lumineux s'alignent sur l'attitude de leur chef. Tous se contentent de décliner leur identité, et refusent de répondre aux questions de la présidente du tribunal.

Parmi les spectateurs, seuls deux sont étrangers au monde des médias : il s'agit d'une parente d'un des accusés incarcéré depuis vingt-cinq ans et d'une de ses amies. Une vingtaine de fauteuils sont vides. Les Péruviens ne s'intéressent pas à ce procès. Aucun parent des victimes de l'attentat n'a fait le déplacement.

Cette apparente indifférence est perturbante pour tous ceux qui, comme moi, ont vécu et effectué leur travail de journalistes durant la longue nuit de violence qu'a traversée le Pérou entre 1980 et 2000. En 1992, trois ans avant de rejoindre l'AFP, j'étais chef de la rédaction de deux publications, *Semana económica* et *Debate*. J'avais couvert une « grève armée » de trois jours du Sentier lumineux à Lima. L'armée avait instauré un couvre-feu à partir de 20 heures. Nous, journalistes, étions sous la menace à la fois des militaires et des maoïstes. Je me souviens de la peur qui me tenaillait, le soir du premier jour de la grève, pendant que je marchais dans les rues de Lima mortellement sombres et silencieuses.

En apparence, le pays a tourné cette page de son histoire. Beaucoup préféreraient que la presse se taise et cesse de raviver ces mauvais souvenirs. Il y a dix ans, tous les journalistes pouvaient assister librement au procès du Sentier lumineux. Cette fois, seuls les reporters de presse écrite sont autorisés à suivre l'intégralité des débats. Les photographes et cameramen ne se voient accorder que cinq minutes, au début de l'audience, pour prendre leurs images. La majorité d'entre eux quitte la base navale aussitôt après.

L'arrivée de l'avocat d'Abimael Guzmán, Alfredo Crespo, m'aide à mesurer l'évolution – ou plutôt l'absence d'évolution – de l'attitude des journalistes péruviens face au Sentier lumineux. Leur ton est toujours à la confrontation, exactement le même que pendant les années de plomb. Leurs questions, inquisitrices et condamnatoires, auraient plus leur place dans la bouche d'un procureur que dans celle d'un reporter.

En 2003, une commission « vérité et réconciliation » a conclu que l'organisation maoïste était coupable d'un véritable bain de sang dans le pays andin. Malheureusement, rares sont les médias qui osent aborder les graves violations des droits de l'homme perpétrées, aussi, par les militaires. Aujourd'hui comme hier, toute enquête journalistique dans cette direction vous rend automatiquement suspect de sympathie envers le Sentier lumineux, ou fait de vous le rouage d'un supposé complot destiné à nuire au prestige des forces armées.

NOUS, JOURNALISTES, ÉTIONS SOUS LA MENACE À LA FOIS DES MILITAIRES ET DES MAOÏSTES.

Après tout, le silence d'Abimael Guzmán tient peut-être à une impression que nous, journalistes internationaux, sommes également quelques-uns à ressentir : ce procès est une manœuvre destinée à éviter que trois des membres de l'état-major du Sentier lumineux soient remis en liberté à la mi-2014. Et toujours, en toile de fond, cette crainte que les autorités péruviennes n'expriment jamais ouvertement mais qui trotte dans toutes les têtes : celle qu'une fois dehors, les dirigeants du Sentier lumineux tentent de remettre à flot l'organisation. Les fantômes empêchent encore le Pérou de dormir.

LUIS JAIME CISNEROS, journaliste, est basé à Lima.

ET TOUT À COUP, LA CÉRÉMONIE DÉRAPE

ISSOUF SANOGO

Un soldat rwandais de mission de l'Union africaine

En Centrafrique, les lynchages sont quotidiens. Mais ce jour-là, ils sont commis en pleine célébration de la renaissance d'une armée nationale.

Bangui, République centrafricaine, 6 février 2014

Cette cérémonie, les nouvelles autorités en attendent beaucoup. Après des mois de guerre civile entre les milices de la Seleka, à majorité musulmane, et les anti-balaka, groupes d'autodéfense chrétiens, ce sera un moment important, nous dit-on.

Certains veulent y voir le symbole d'un début de normalisation en Centrafrique. Il y a là tout le gratin politique et militaire de Bangui : les plus hautes autorités de la transition, de la force française Sangaris, de la mission de l'Union africaine en Centrafrique… Et 4 000 soldats, en tenue ou non. Certains n'ont plus d'uniforme. Ils forment le rang en T-shirt ou chemise de pagne, ravis par la perspective d'être bientôt payés après cinq mois sans solde. Ils n'ont pas d'armes, la plupart ont

DEVANT LES MILITAIRES CENTRAFRICAINS PENDANT LE DISCOURS DE LA PRÉSIDENTE.

été pillées. Personne ne bouge quand résonne le *« Présentez… armes ! »*.

La cérémonie se déroule dans un grand champ au sein de l'École nationale de la magistrature. Tapis rouge, fanfare, moment de prière. En sango, puis en français, la présidente Catherine Samba-Panza parle de *« fierté »*, d'*« honneur »*, de *« mission »* et de *« patrie »* à des forces armées centrafricaines humiliées et moquées après leur débandade il y a un an devant l'avancée de la rébellion Seleka. Des acclamations fusent, la présidente a gagné son pari et peut s'en aller, la tête haute.

Les personnalités ne cachent pas leur enthousiasme : *« C'est un jour important pour la Centrafrique »*, me dit le général Francisco Soriano, comman-

ISSOUF SANOGO

Des soldats centrafricains lynchent un homme qu'ils soupçonnent d'être un ancien rebelle de la Seleka.

dant la force française Sangaris, qui a compté jusqu'à 2000 hommes. À ses côtés, le général Athanase Kararuza, numéro deux de la mission de l'Union africaine en Centrafrique, est tout sourires. Et puis les dignitaires s'en vont.

En partant, je remarque sur le bas-côté de la route un sous-officier à l'uniforme impeccable. *« Les mois qui viennent de s'écouler nous ont soudés,* affirme-t-il. *Bien sûr, il y aura peut-être des actes isolés, surtout si l'un de nous croise un de ceux qui l'ont pillé... »*

À ce moment-là, tout dégénère. Un mouvement de foule, des cris, des gens qui courent. Je me précipite vers un attroupement au milieu de la route. Un homme en slip gît sur le ventre, roué de coups par une vingtaine de personnes, soldats en uniforme ou en civil. Une femme hurle : *« C'est un Seleka ! C'est un Seleka ! »* Je vois un militaire, béret rouge sur la tête, sortir un couteau de commando et lui arracher des lambeaux de chair.

Le photographe Issouf Sanogo a assisté à la première partie du lynchage, dans l'enceinte même de l'École de la magistrature. Il a photographié les soldats piétinant cet homme, allant chercher des pierres et des briques pour le frapper, lui portant des coups de couteau avant

de le traîner nu jusqu'à la route.
L'homme est mort. Et pourtant, pendant encore plus de dix minutes, les soldats, mais aussi des badauds qui les ont rejoints, s'acharnent sur son cadavre. Des gens prennent des photos avec leurs téléphones portables. Une femme pose un pied sur le corps, comme s'il s'agissait d'une prise de guerre. Aucun des militaires présents ne tente de s'interposer : ni les Centrafricains, qui sont pourtant plusieurs milliers, ni ceux de l'Union africaine.
Un moment, je reste tétanisée au milieu de la route, incapable de détacher mon regard du couteau qui coupe les chairs. Issouf me signale un second mouvement de foule à quelques dizaines de mètres. Cette fois, les militaires s'en prennent à un gendarme. Ils l'accusent également d'être un ancien rebelle de la Seleka. Ce gendarme réussit à s'échapper de justesse, en courant jusqu'à la voiture de ses collègues qui démarre en trombe.
Issouf et moi décidons de partir. Une foule hors d'elle est dangereuse. Nous apprendrons plus tard, par des témoins, que la victime du lynchage a été démembrée puis brûlée, avant que les militaires de l'Union africaine interviennent en tirant des coups de feu en l'air. Les soldats français ont ensuite récupéré les morceaux du cadavre. Ils ont *« protégé le corps, récupéré les "parties visibles" auprès des gens qui les détenaient, et les ont remises à la Croix-Rouge »*, m'explique un porte-parole de Sangaris.
Les soldats de la force africaine auraient-ils pu empêcher ce lynchage ? *« Qu'aurions-nous dû faire ? »*, me demande leur porte-parole, qui finit par me rappeler après plusieurs heures de silence. *« Ça s'est passé très vite. Il était mort. On ne peut quand même pas tirer sur les gens ! »*
En Centrafrique, il n'y a plus de tribunaux, plus de police, plus de lois. Ce crime a toutes les chances de rester impuni. Et nous ne saurons sans doute jamais avec certitude qui était l'homme lynché.
Mercredi matin, une cérémonie devait marquer le retour des forces armées dans la nation, le début d'un renouveau. En quelques minutes, la Centrafrique s'est encore éloignée un peu plus de la réconciliation.

UN SOLDAT CENTRAFRICAIN RANGE SON COUTEAU APRÈS AVOIR PARTICIPÉ AU LYNCHAGE.

ISSOUF SANOGO

ANNE LE COZ, **journaliste basée à Paris, est l'une des envoyées spéciales en Centrafrique.**

« TIENS, ENCORE UN NAUFRAGÉ... »

Des hommes dérivent des mois durant dans l'océan Pacifique. Et débarquent sur nos atolls que personne ne sait placer sur une carte.

Majuro, îles Marshall, 11 février 2014

Les Kiribati, l'État archipélagique situé juste au sud des Marshall, produisent un nombre étonnant de naufragés. Certains de ses habitants naviguant d'un atoll à un autre tombent en panne de moteur et dérivent pendant des semaines ou des mois. Beaucoup disparaissent à jamais.

Mais quelques-uns parviennent jusqu'aux îles Marshall à bord de leurs petits bateaux, parfois à l'article de la mort. Tous ont attrapé des tortues, des requins et des oiseaux pour s'alimenter.

Mon histoire de naufragé préférée est celle de Temaei Tontaake et d'Uein Buranibwe, deux habitants de l'atoll Marakei. En 2011, ils se perdent en mer à cause d'une panne de GPS. Ils dérivent trente-trois jours durant avant de toucher une terre inconnue. Buranibwe débarque le premier sur la plage. *« Quand il s'est rendu compte que nous n'étions pas à Marakei, il est revenu en courant et m'a lancé : "Sors ton couteau, on ne sait pas où on est !" »*, m'a par la suite raconté Tontaake.

Ils sont à Namdrik, un atoll perdu. Ni l'un ni l'autre ne comprennent le marshallais. Les habitants finissent par les conduire jusqu'à l'unique insulaire qui parle leur langue, le gilbertin. Et là, surprise : les naufragés se rendent compte que cette personne est la femme d'un des oncles de Tontaake, lui-même disparu en mer cinquante ans plus tôt. Il avait atterri à Namdrik, où il a fondé une famille. *« Maintenant, nous savons enfin ce qui est arrivé à l'oncle Bairo ! »*, s'est émerveillé Tontaake.

Le 31 janvier, j'ai fait découvrir au monde une odyssée plus stupéfiante encore. José Salvador Alvarenga, pêcheur salvadorien de 37 ans, a débarqué aux îles Marshall après avoir dérivé sur 12 500 kilomètres depuis le Mexique à bord d'un petit bateau de 7 mètres en panne de moteur. Treize mois seul en mer. Il affirme avoir survécu en mangeant des oiseaux marins et en buvant de l'eau de pluie, son urine et du sang de tortue.

J'ai appris la nouvelle par hasard : *« Bonjour, je vous appelle d'Ebon*, me dit une voix. *Un type qui vient du Mexique vient juste d'arriver ici. Il dit qu'il a dérivé depuis 2012. »*

C'est la première fois de ma vie que je reçois un appel d'Ebon. Cet atoll

HILARY HOSIA

LE NAUFRAGÉ SALVADORIEN JOSÉ SALVADOR ALVARENGA, QUI DIT AVOIR DÉRIVÉ PENDANT TREIZE MOIS DANS LE PACIFIQUE, À SON ARRIVÉE À L'HÔPITAL DE MAJURO, AUX ÎLES MARSHALL, LE 3 FÉVRIER 2014.

de 700 habitants ne compte qu'un seul téléphone. L'homme au bout du fil est Ola Fjeldstad, un étudiant en anthropologie norvégien. Nous nous sommes rencontrés à Majuro, la capitale, avant qu'il ne parte sur son terrain de recherche.

Dès que les médias internationaux apprennent l'existence d'Alvarenga, le bureau du *Marshall Islands Journal*, où je travaille, est submergé d'e-mails et de coups de téléphone. Des confrères expriment leur scepticisme, et exigent davantage de sources avant de répercuter l'affaire. Avec un étudiant norvégien prénommé Ola (« *hola* », « salut » en espagnol) affirmant avoir découvert un Salvadorien prénommé José sur une île du Pacifique dont personne n'a jamais entendu parler, cette histoire semble comporter tous les ingrédients du parfait canular.

La disparition d'Alvarenga a bien été signalée au Mexique fin 2012. Mais des spécialistes expriment des doutes sur la possibilité de survivre sur une aussi longue période avec un tel régime alimentaire. Et Alvarenga ne semblait pas avoir les lèvres gercées, la peau brûlée ou présenter d'autres signes d'une forte exposition aux éléments.

Le docteur Kennar Briand, le médecin-chef de l'hôpital de Majuro, se dit surpris par la bonne forme physique du pêcheur. Il se souvient d'un groupe de naufragés des Kiribati qu'il avait examinés après leur sauvetage. *« Ils étaient restés six mois en mer,* raconte-t-il. *Quand ils sont arrivés, ils ne tenaient pas debout. Ils étaient tous allongés au fond de leur bateau. »*

Jack Niedenthal, qui a filmé la seule interview donnée par Alvarenga après son arrivée, balaie ces suspicions : *« Il s'agit d'un vrai marin. Il a passé sa vie en mer, à pêcher. »*

Et le débat continue. Pendant presque deux semaines, l'histoire passionne les foules. Ce qui signifie que tous ceux qui, dans le monde, lisent ou écoutent les médias ont su qu'il existe un endroit sur cette planète appelé Marshall.

Et maintenant qu'Alvarenga est retourné chez lui, nos îles peuvent retrouver leur statut habituel. Celui d'un pays dont l'évocation conduit les gens à se gratter la tête en posant immanquablement la même question : *« Mais c'est où ? »*

GIFF JOHNSON est le rédacteur en chef de l'hebdomadaire *Marshall Islands Journal.*

SÉISME SANS APPAREIL PHOTO

Au Chili, nous sommes préparés aux tremblements de terre. Mais quand l'un d'eux survient, nous ne pensons qu'à sauver notre peau…

ALDO SOLIMANO

Iquique, Chili, 7 avril 2014

Je suis photographe professionnel à Iquique, une des plus jolies villes du nord du Chili, célèbre pour ses plages. J'habite au 21e étage d'un immeuble sur le front de mer, avec une vue extraordinaire sur l'océan Pacifique.

Des habitants d'Iquique se réfugient dans un stade après le séisme.

ALDO SOLIMANO

Une route endommagée par le séisme à Iquique.

Iquique est bien préparée aux tremblements de terre. Dans toutes les rues, des panneaux indiquent comment gagner les hauteurs en cas d'alerte au tsunami. Des points de rassemblement en zone sûre pour les personnes évacuées sont définis à l'avance. Les télévisions incitent en permanence les familles à élaborer des plans d'urgence, des psychologues expliquent comment protéger les enfants et, surtout, comment éviter la panique. Dans les commissariats, dans les bureaux, dans les écoles, on répète à longueur d'année qu'il faut toujours avoir à portée de main des réserves d'eau minérale, une lampe de poche et des vêtements de rechange.

Mais évidemment, quand un séisme survient pour de vrai, c'est une autre paire de manches. De puissantes sirènes se mettent à sonner de partout. Les policiers parcourent les rues en ordonnant à la population d'abandonner immédiatement les maisons pour se rendre sur les collines, à l'abri des vagues géantes. Les messages d'alerte des services d'urgence se succèdent sur mon téléphone.

Je suis en train de regarder la télévision dans ma chambre, ce 1er avril, quand tout commence à bouger. En l'espace de quelques secondes, la télévision se fracasse par terre et des dizaines d'objets sont projetés sur le sol. L'immeuble se contorsionne comme s'il était en gélatine.

Sans réfléchir, je fonce dans l'escalier plongé dans l'obscurité. Des hurlements résonnent de toutes parts. Beaucoup de mes voisins se précipitent en direction du toit de notre tour (ils pensent que c'est plus prudent de gagner les hauteurs à cause de l'alerte au tsunami). D'autres, comme moi, dévalent l'escalier à toute vitesse. Tout le monde se rentre dedans, tombe, se piétine dans le noir. C'est le chaos total. Il est presque impossible de tenir debout tant les secousses sont violentes. Qu'une construction puisse résister à des mouvements d'une telle ampleur dépasse l'entendement.

Et voilà qu'une fois en bas je me souviens de l'appareil photo que j'ai laissé chez moi, en haut… Je m'apprête à remonter les vingt et un étages pour récupérer mon outil de travail, sans lequel je ne suis rien. Mais juste à ce moment-là, une violente réplique me ramène à la raison. Je m'aperçois alors que j'ai mon iPhone dans la poche de mon pantalon.

Comme des milliers d'autres personnes, je me rends en « zone sûre », en l'occurrence le stade Tierra de Campeones. Faute de mieux, je commence à prendre des photos avec mon iPhone. Quelque 5 000 personnes sont déjà rassemblées dans le stade. Beaucoup sont en sous-vêtements. Surprises en plein sommeil, elles n'ont pas eu le temps de sauter dans leurs habits.

Mon appareil photo me manque. Mais au moins, mon téléphone a l'avantage de pouvoir transmettre les images pratiquement en temps réel à l'AFP, par SMS ou par e-mail.

Malgré l'alerte au tsunami, je prends ma voiture et je me dirige vers la côte. Je passe devant le casino, complètement inondé. Des motards de la police me hurlent de déguerpir immédiatement.

Je rebrousse chemin. En cours de route, je tombe sur cinq maisons en flammes au bord de la plage. D'autres photos, d'autres envois. J'apprends que 300 détenus ont profité du séisme de magnitude 8,2 pour se faire la belle. Je me dirige vers la prison mais, en chemin, je tombe sur des bateaux de pêche renversés. Certains ont été projetés sur les quais.

Plusieurs jours ont passé depuis cette sinistre nuit. Je ne compte plus les répliques. Tout continue à bouger, tout le temps. À l'heure où j'écris, je ne suis pas encore retourné chez moi. J'attends que ça se calme.

ALDO SOLIMANO, photographe, est basé à Iquique, au nord du Chili.

LA PETITE FILLE SUR LA PHOTO

Une enfant attend que des marchands d'eau ouvrent le robinet dans le bidonville de Kibera, à Nairobi, le 10 décembre 2003.

En 2003, un communicant de Londres a été bouleversé par mon image d'une enfant dans un bidonville. Dix ans plus tard, il l'a retrouvée au Kenya.

Johannesburg, Afrique du Sud, 15 mai 2014

On était en décembre 2003 et je réalisais un reportage dans le quartier de Kibera, à Nairobi. Je recherchais des illustrations sur un grave problème auquel sont confrontées des centaines de millions de personnes dans le monde, et qui est particulièrement criant dans ce bidonville de la capitale kenyane: l'accès à l'eau potable.

Je déambulais dans les rues boueuses, parcourues par des tuyaux en caoutchouc troués qui serpentaient à travers le quartier en aspirant toute la poussière et les microbes qui traînaient par terre. Et puis j'avais aperçu cette petite fille qui attendait près d'un robinet fermé par un cadenas. Elle attendait que quelqu'un arrive avec la clé pour pouvoir remplir ses bidons.

C'était une photo fantastique. Je me suis dépêché de la prendre. Elle illustrait de façon idéale le sujet sur lequel je travaillais. Pendant un bref instant, mes yeux et ceux de la petite fille se sont retrouvés dans la même ligne de mire. Cela nous arrive très souvent, à nous, photographes: pendant une fraction de seconde, notre regard et celui de notre sujet se rencontrent, nos vies se croisent, et puis chacun reprend son chemin et on n'entend plus jamais parler l'un de l'autre.

DANS L'IMMENSE MAJORITÉ DES CAS, UN PHOTOGRAPHE NE S'INTÉRESSE À LA VIE D'UNE AUTRE PERSONNE QU'UN BREF INSTANT.

Une semaine plus tard, je reçois un e-mail d'un parfait inconnu appelé Duncan Goose. Il me raconte qu'il a vu ma photo dans le journal *The Guardian*, et que tout à coup cela lui a donné envie de tout plaquer pour se lancer dans l'action humanitaire. Il veut se concentrer sur les problèmes d'accès à l'eau potable dans les pays pauvres. Il a l'air vraiment bouleversé par cette image en particulier. Je demande au siège de l'AFP à Paris l'autorisation pour Duncan d'utiliser ma photo pour son travail.

Autorisation accordée.

MARCO LONGARI

MARCO LONGARI

Un stand de vente d'eau dans le bidonville de Kibera, l'un des quartiers les plus pauvres de la capitale kenyane.

Duncan est l'ancien directeur d'un cabinet de communication à Londres. Il vient de passer deux ans à faire de la moto à travers le monde et n'a aucune expérience dans l'humanitaire. Deux ans plus tard, je reçois un nouvel e-mail de lui. Entre-temps, il a monté une organisation philanthropique, appelée One Foundation. C'est une marque d'eau minérale qui emploie tous ses bénéfices à l'amélioration de l'accès à l'eau potable dans les pays d'Afrique.
Nous restons épisodiquement en contact. Finalement, l'an dernier, Duncan m'envoie un autre message. Il m'annonce que cela va bientôt faire dix ans que j'ai pris la fameuse photo qui a changé sa vie et qui lui a fait trouver sa voie. Depuis, il a réussi à lever 10 millions de livres (12,2 millions d'euros) pour son projet qui a transformé l'existence de centaines de milliers de personnes.
Et en plus, il a réussi à retrouver la petite fille sur la photo.
Je tombe des nues. Il m'explique comment il s'est débrouillé pour mettre la main sur Ann Njeri Kibuki, maintenant âgée de 15 ans.

C'est un récit fascinant. Pendant des jours, Duncan et le réalisateur Toby Richards ont sillonné de fond en comble le bidonville de Kibera en montrant la photo de la petite fille à tous ceux qui croisaient leur chemin. Après avoir suivi plusieurs fausses pistes, ils l'ont finalement retrouvée dans la région rurale d'Embu, à trois heures de route de Nairobi.

Duncan et son équipe ont même fait appel à un expert en reconnaissance faciale, qui a certifié qu'Ann et la petite fille sur ma photo étaient bien une seule et même personne.

En mars dernier, je retourne au Kenya. J'y rencontre Duncan et son équipe. Et Ann.

Bien sûr, je suis très ému de la voir. Mais son histoire à elle est loin d'être heureuse. Sa mère est morte noyée peu de temps auparavant, et le mois suivant, son père est également décédé. Ann a été adoptée par son oncle et sa tante, mais son frère et sa sœur continuent à vivre dans un orphelinat.

TOBY RICHARDS

Le photographe de l'AFP Marco Longari (à gauche), Ann Njeri Kibuki et Duncan Goose.

Sur le plan personnel, m'introduire ainsi dans la vie de quelqu'un d'autre est une expérience bouleversante. Dans l'immense majorité des cas, un photographe ne s'intéresse à la vie d'une autre personne qu'un bref instant. Même s'il se sent profondément concerné par la cause de ceux qu'il photographie, il n'y a qu'une seule chose qu'il puisse faire pour leur venir en aide : prendre la photo. Ensuite, il doit passer à autre chose.

La plupart du temps, dans ce type de reportage, on ne voit son sujet qu'une seule fois. Il n'est pas question de le retrouver par la suite. Ce n'est pas parce que vous ne vous souciez pas de lui, c'est parce que les choses sont faites ainsi. Vous n'avez pas le temps, vous poursuivez votre chemin.

Revoir la petite fille sur la photo a été une expérience défiant la réalité. Pour moi, c'était comme un don du ciel. Ni la One Foundation ni moi-même ne perdrons contact avec Ann. L'ONG a créé un fonds spécial, qui a déjà levé 20 000 livres, pour financer ses études et permettre aux parents adoptifs d'Ann d'aller vivre dans un logement plus grand que le deux-pièces dans lequel ils habitent actuellement, ce qui permettra au petit frère et à la petite sœur de la jeune fille de venir vivre avec le reste de la famille.

MARCO LONGARI est le responsable photo pour l'Afrique.

KATELL ABIVEN

Manifestations des Indignés le 25 septembre 2012 à Madrid.

LE BRUIT DE L'HÉLICOPTÈRE

La crise économique a frappé l'Espagne et alors, il est apparu…

Madrid, Espagne, 10 juin 2014

J'ai passé quatre ans à Madrid. Quand je suis arrivée, le chômage venait de passer la barre des 20 %, un choc pour le pays. Il tourne aujourd'hui autour de 26 %. Au début, j'ai eu la sensation que l'Espagne était un pays où personne ne manifeste, où les gens protestent peu quoi qu'il arrive. Le cliché du peuple fataliste. Mais la crise a frappé et les choses ont changé.

Alors il est apparu : l'hélicoptère de la police, chargé de surveiller chacun de ces rassemblements.

Parfois, un seul soir dans la semaine – les Espagnols manifestent généralement en fin de journée. D'autres fois, trois à quatre jours de suite. Au moment du campement des Indignés à la Puerta del Sol, il a vrombi pendant des mois. Il est devenu un thermomètre de la protestation sociale, et souvent je me surprends à tendre l'oreille pour vérifier si oui ou non la soirée sera agitée.

Un épisode, personnel, m'a montré le ras-le-bol ambiant.

À la naissance de mon fils, en décembre 2012, j'ai dû faire une série de démarches administratives pour le faire enregistrer dans le système espagnol.

À l'état civil: les murs du bâtiment, à l'extérieur comme à l intérieur, sont placardés de messages contre le projet d'augmentation des taxes judiciaires et administratives.

À la Sécurité sociale, l'employée, en découvrant que je suis journaliste, me dit qu'il faudrait que je parle de l'injustice dont sont victimes les fonctionnaires, dont le salaire a été baissé puis gelé plusieurs années de suite. Elle ne touche que 850 euros par mois, on lui a supprimé la prime de Noël, elle dit avoir eu du mal à acheter les cadeaux pour ses enfants cette année.

Enfin, la pédiatre, qui a accroché à sa blouse un badge « Sauvons la santé publique », me prévient: non, mon fils ne pourra pas être vacciné contre la varicelle, contrairement à sa grande sœur, car l'État ne prend plus en charge ce vaccin. Elle secoue la tête en signe de désapprobation.

Même chose pour le vaccin contre la méningite; mais cette fois, en raison de la dangerosité de la maladie, elle m'incite à l'acheter quand même, sans remboursement: trois doses de 75 euros chacune, une somme rédhibitoire pour beaucoup d'Espagnols.

On s'est tous habitués à entendre passer l'hélicoptère au-dessus de nos têtes.

KATELL ABIVEN a été correspondante de l'AFP en Espagne avant de rejoindre le bureau de Montevideo.

EN ARGENTINE, L'ENFANT RETROUVÉ

Trente et un ans après la fin de la dictature, la présidente des Grands-Mères de la place de Mai a retrouvé son petit-fils, volé par les militaires.

IGNACIO HURBAN VIENT D'APPRENDRE QU'IL EST LE PETIT-FILS DES GRANDS-MÈRES DE LA PLACE DE MAI.

LEO LA VALLE

Buenos Aires, Argentine, 3 septembre 2014

« *Ils ne se sont rien approprié. Ils n'ont fait que suspendre la vérité pendant un certain temps.* »

Nous sommes début août à Buenos Aires. Celui qui s'exprime ainsi s'appelle Guido Montoya Carlotto. Pendant trente-six ans, il a cru s'appeler Ignacio Hurban. Il vient de découvrir qu'il a été l'un des 500 bébés volés pendant la dictature militaire en Argentine, entre 1976 et 1983. Et qu'il est en réalité le petit-fils d'Estela de Carlotto, la présidente des Grands-Mères de la place de Mai.

Trente et un ans après le retour de la démocratie en Argentine, Guido Montoya Carlotto est le 114ᵉ enfant volé retrouvé. Ce tournant inattendu de sa vie fait de lui un symbole d'espoir dans un pays qui n'a pas encore réglé tous ses comptes avec son passé. À l'AFP, j'annonce cet événement en rédigeant une « alerte » pour nos clients. Ce faisant, j'éprouve une intense satisfaction. Plus grande encore, peut-être, que celle que je ressens à chaque fois qu'un procès pour crime contre l'humanité se solde par des peines de prison à vie. J'ai 52 ans et cela fait presque trois décennies que je couvre les questions relatives aux droits de l'homme en Argentine. La dictature a traversé mon adolescence : j'ai fini mes études de journalisme en 1982, quand les militaires étaient encore au pouvoir. Avant d'entrer à l'AFP, j'ai travaillé, entre autres, pour le journal des Mères de la place de Mai.

Le vol de bébés est l'un des plus sinistres crimes commis par la dictature. Seuls quelques-uns de ces bébés ont été adoptés par des couples de bonne foi. D'autres ont vécu un enfer, ou ont été élevés par les assassins de leurs parents.

Guido est le fils de Laura Carlotto et de Walmir Oscar Montoya. Comme beaucoup de jeunes des années 1970, dans une Amérique latine marquée par la révolution cubaine et le guérillero Ernesto « Che » Guevara, Laura et Walmir militent pour la gauche péroniste. Ils vivent dans la clandestinité. Ils n'ont que peu de contacts avec leurs proches. Leurs familles respectives ignorent qu'ils sont en couple.

Ils sont enlevés par les militaires alors que Laura, 23 ans, est enceinte. Le 26 juin 1978, elle accouche pieds et mains enchaînés à son lit dans un hôpital militaire. Son bébé lui est arraché cinq heures après la naissance. Ses geôliers lui font croire que l'enfant va être confié à sa grand-mère. Quelque temps plus tard, Laura est extraite du centre de détention clandestin de La Cacha, à 60 kilomètres de Buenos Aires, et exécutée sommairement. Son corps est immédiatement rendu à sa famille, contrairement à celui de Walmir qui, fusillé fin 1977, ne sera identifié qu'en 2009.

Pour des raisons encore inconnues, le bébé est emmené à Olavarría, à 400 kilomètres au sud de Buenos Aires. Là-bas, on lui dresse un faux acte de naissance, puis il est remis par un puissant propriétaire terrien de la région à un humble couple de travailleurs agricoles. Ces derniers élèveront l'enfant avec amour. *« Des gens bien »*, selon Estela de Carlotto. Ils devront tout de même s'expliquer devant la justice.

SON BÉBÉ LUI EST ARRACHÉ CINQ HEURES APRÈS LA NAISSANCE.

Cela faisait donc trente-six ans que la grand-mère Estela de Carlotto cherchait ce petit-fils disparu. Elle savait juste qu'avant d'être séparée de son bébé, sa fille l'avait appelé Guido.

Il y a quelques mois, à la suite selon lui d'une *« série de hasards »*, celui qui croit encore s'appeler Ignacio Hurban apprend qu'il est un enfant adopté. Il décide de passer un test d'ADN, qui confirme avec une probabilité de 99,999 % qu'il est le fils de Laura Carlotto et de Walmir Oscar Montoya, et donc le petit-fils de la célèbre Estela de Carlotto. La plupart du temps, le respect de la vie privée prime dans les cas d'enfants volés retrouvés. Mais là, la juge

AFP

Manifestation des Mères de la place de Mai à Buenos Aires en 1985.

Arrestation pendant une manifestation ouvrière à Buenos Aires le 30 mars 1982.

DANIEL GARCIA

chargée de l'affaire, emballée par la nouvelle, ne peut s'empêcher de la rendre publique. Les réseaux sociaux se chargent du reste : en quelques minutes, on apprend qui est Guido. Qu'il habite à Olavarría, qu'il est auteur-compositeur et directeur de l'école de musique locale. Et qu'il a écrit une chanson à la mémoire des 30 000 disparus sous la dictature argentine sans savoir qu'il était lui-même l'un d'eux.

« Je ne savais pas d'où me venait cette passion pour la musique », dit aujourd'hui Guido. Il explique avoir eu un mal fou à convaincre ses parents adoptifs de le laisser suivre cette voie, alors qu'ils avaient d'autres espoirs pour lui. Il a maintenant appris que son père biologique avait la musique dans le sang et jouait du saxophone, tout comme son grand-père paternel.

La première conférence de presse d'Estela de Carlotto est un grand moment d'émotion. Nous, journalistes, sommes habitués à l'entendre s'exprimer en tant que présidente de la célèbre organisation qui avait défié le régime militaire argentin en 1977, en commençant à chercher les disparus de la dictature et leurs enfants. Pour la première fois, nous entendons la grand-mère comblée. *« La vie m'apporte une joie immense »*, dit-elle. Enfin, *« un cadre vide va avoir sa photo »*. Elle partagera bientôt sa joie avec la mère de Walmir, Hortensia Ardura, 91 ans, qui, dans son village du sud de la Patagonie, rêvait elle aussi de connaître un jour son petit-fils.

Pour nous tous, l'apparition de Guido est le plus fort de tous les symboles. Celui de la lutte acharnée de ces Mères et Grands-Mères de la place de Mai qui continue à porter ses fruits. Celui de la défaite des militaires.

Cela paraît facile maintenant, mais il y a eu des années, en Argentine, où les Mères et les Grands-Mères dérangeaient, en rappelant sans cesse son passé à une société désireuse de tourner la page. Mais chaque petit-fils ou petite-fille qui réapparaît est la preuve que chercher la vérité vaut toujours la peine. Même les enfants volés qui ont hésité à pratiquer les tests génétiques, ou qui ont eu du mal à rétablir les liens avec leur famille biologique, en conviennent : l'expérience, bien que pas toujours agréable, est toujours une libération.

Depuis, le 115ᵉ enfant a été retrouvé. Il s'agit de la petite-fille de la cofondatrice et première présidente de l'association des Grands-Mères de la place de Mai, Alicia de la Cuadra, décédée en 2008. Encouragées par l'histoire de Guido, des centaines de personnes ayant des doutes sur leur identité ont appelé les Grands-Mères.

« Je pense que j'ai arraché un morceau de bonheur à l'enfer », résume Guido.

Il reste, en Argentine, encore environ 400 enfants volés à retrouver.

LILIANA SAMUEL est correspondante à Buenos Aires.

DANIEL SANNUM LAUTEN

Des fleurs sur le rivage d'Utøya le 22 juillet 2012, au premier anniversaire de l'attaque.

LA LETTRE DE L'ASSASSIN

J'ai reçu trois lettres d'Anders Behring Breivik, le tueur de l'île d'Utøya.

Oslo, Norvège, 10 septembre 2014

Un simple coup d'œil sur le pli me suffit à identifier l'expéditeur. À l'heure du tout-numérique, les courriers postaux envoyés au bureau ne sont pas légion. Et puis, il y a cette adresse manuscrite, cette écriture tout en majuscules, propre, reconnaissable entre toutes.

En un an, j'ai reçu trois lettres d'Anders Behring Breivik, l'extrémiste de droite qui a tué en tout 77 personnes en Norvège le 22 juillet 2011. Ce jour-là, il fait d'abord exploser une bombe près du siège du gouvernement à Oslo, puis ouvre le feu sur des jeunes sur l'île d'Utøya.

Les lettres sont dactylographiées. Seules l'adresse et la signature sont écrites à la main. Elles sont volumineuses: la dernière fait 17 feuillets recto verso.

La première lettre, reçue l'an dernier, est un salmigondis interminable que je choisis de ne pas traiter. La deuxième, en février, s'avère plus intéressante. Breivik y recense une douzaine d'exigences, faute de quoi il menace d'observer une grève de la faim. Il exige une console PlayStation 3 à la place de sa PS2. Il réclame aussi la fin de son isolement carcéral prolongé et des fouilles corporelles humiliantes auxquelles il est soumis quotidiennement alors même que tout contact avec le monde extérieur lui est interdit – une plainte qu'il avait déposée à ce sujet pour *« torture grave »* a, plus tard, été classée sans suite par la justice.

J'ai toujours été frappé par l'incapacité de Breivik à distinguer l'hyper-anecdotique du fondamental. Tout juste arrêté sur Utøya où il vient de massacrer 69 personnes, des adolescents pour la plupart, il demande aux policiers un pansement pour son index douloureux…

Ayant – implicitement – souligné le ridicule de la PlayStation dans mon papier ce jour-là, je pensais m'être « privé » de toute nouvelle lettre du tueur. Jusqu'à cette nouvelle enveloppe épaisse avec la même écriture rigide et froide.

De sa prison où il purge la peine maximale de vingt et un ans prolongeables, Breivik peut correspondre avec le monde extérieur. Mais ses lettres sont passées au peigne fin. Son quota est aussi limité par le nombre de timbres qu'il peut acheter et le nombre de photocopies qu'il peut faire avec son indemnité financière hebdomadaire.

Pourquoi alors envoyer ces courriers à l'AFP ? Parce qu'il sait que ses propos peuvent avoir un retentissement immense ? Dans son manifeste idéologique rédigé avant son massacre, il écrit que *« 90 % des informations mondiales proviennent de trois agences seulement : Associated Press (États-Unis), Reuters (GB) et l'Agence France-Presse (France) »*. Ou est-ce parce qu'il sait qui je suis, m'ayant sans doute vu toujours à la même place au premier rang dans le prétoire pendant les dix semaines de son procès ? *« Je ne lui ai pas posé la question »*, me dit son avocat par e-mail.

IL EXIGE UNE PLAYSTATION 3 À LA PLACE DE SA PS2.

Le contenu de la troisième lettre est plus délicat. Sur 34 pages, il dit vouloir fonder un parti *« fasciste »*, ce qui permettrait, selon lui, de poursuivre son combat sur le mode démocratique plutôt que par la violence.

Faut-il en rendre compte ? Nous choisissons de le faire en usant de multiples précautions : un moindre recours aux citations extraites de son courrier, un rappel du débat d'experts sur sa santé mentale (à son procès, il a finalement été reconnu pénalement responsable) et une contextualisation. Car le danger est d'être instrumentalisé. De lui donner une tribune susceptible de l'aider à diffuser un message politique haineux. De l'empêcher de tomber dans l'oubli. Et, surtout, de raviver la douleur des familles des victimes.

Les médias norvégiens partagent ces craintes. La troisième lettre de Breivik n'est pas relayée. Au-delà des frontières, beaucoup cherchent toujours à comprendre comment la paisible Norvège a pu enfanter un tel monstre. Je n'ai pas la réponse.

PIERRE-HENRY DESHAYES est correspondant à Oslo.

LES PARAPLUIES DE HONGKONG

Un mouvement inédit de désobéissance civile agite la région chinoise.

Hongkong, Chine, 30 septembre 2014

Hongkong est dans la rue. Des dizaines de milliers de manifestants s'opposent au projet de limiter la portée du suffrage universel pour l'élection du chef de l'exécutif. Cette protestation, inédite dans cette colonie britannique rétrocédée à la Chine en 1997, me fait penser aux Indignés d'Espagne : des gens qui tout à coup se demandent pourquoi ils ont dormi si longtemps et qui se précipitent pour crier leur colère, en entraînant les autres dans leur sillage. Quand la police a commencé à asperger les manifestants de gaz au poivre, ceux-ci ont ouvert leurs parapluies pour se protéger… On appelle désormais leur contestation *« la révolution des parapluies »*.

XAUME OLLEROS, photojournaliste, est basé à Hongkong.

XAUME OLLEROS

LE PARAPLUIE EST UN ACCESSOIRE QUE TOUT LE MONDE

PORTE ICI, CONTRE LA PLUIE OU LE SOLEIL TROPICAL. IL SE RÉVÈLE PARFAIT POUR SE PROTÉGER DES GAZ DES POLICIERS.

XAUME OLLEROS

Les manifestants prodémocratie restent non violents. On sent qu'ils ont la rage, mais c'est une rage contenue. Lorsqu'ils se font disperser aux gaz au poivre, ils changent la plupart du temps d'endroit sans chercher la confrontation, avant de revenir plus tard.

XAUME OLLEROS

La police, peu habituée à réprimer des manifestations de masse dans cette mégalopole ultradisciplinée de 7,2 millions d'habitants, ne compte plus les heures supplémentaires. Entre deux services, les agents se reposent où ils peuvent, comme ici dans cet escalier qui mène à un bâtiment gouvernemental.

Des manifestants viennent d'être délogés d'un square. Énervée, cette femme a un geste rare : elle fonce à mains nues sur les agents antiémeutes. Elle est si petite qu'ils n'osent pas la frapper pour se défendre…

LES CRIS DES SUPPLICIÉS

Au Mexique, je suis parti sur les traces des 43 étudiants disparus.

Iguala de la Independencia, Mexique, 22 octobre 2014

À la tombée du jour, les cimes et les coteaux luxuriants du Cerro Gordo se muent en kaléidoscope. Le jeu de couleurs du jaune au noir inspire les photographes amateurs. Mais la beauté imposante de cette montagne du sud du Mexique est trompeuse. Le Cerro Gordo est un cimetière de cadavres anonymes. Le charnier où reposent des centaines de disparus, victimes du narcotrafic. Le taxi collectif qui dessert les villages alentour a été baptisé *« la fourgonnette du cimetière »*.

Une église se dresse au milieu d'Iguala de la Independencia, 140 000 habitants. Son clocher décoré d'azulejos bleus est le témoin silencieux des mouvements d'une armée de « faucons ». C'est ainsi qu'on appelle, au Mexique, les informateurs à la solde des trafiquants de drogue qui

YURI CORTEZ

Recherches policières au pied du Cerro Gordo,

furètent pendant que leurs patrons restent dans les montagnes.

Depuis quelques jours, la ville est envahie par les journalistes. « Ceux d'en haut » veulent savoir ce que nous faisons, avec qui nous parlons, où nous dormons… La nuée de mouchards ne sait plus où donner

OÙ 43 ÉTUDIANTS ONT DISPARU LE 26 SEPTEMBRE 2014.

de la tête. Les scooters rugissent. Les hôtels grouillent d'individus louches qui attendent le bon moment pour prendre une photo discrète ou envoyer un message avec leur téléphone portable.

L'événement qui nous amène s'est produit dans la soirée du 26 septembre. Des autobus transportant des étudiants ont été attaqués par la police municipale d'Iguala de la Independencia et par des narcotrafiquants. Six personnes ont péri dans la fusillade, 25 ont été blessées et 43 élèves enseignants de l'école normale d'Ayotzinapa se sont vola-

AFP / YURI CORTEZ

Des soldats mexicains participent à une battue près d'Iguala.

tilisés. L'affaire a mis en lumière la connivence entre autorités locales, policiers et trafiquants de drogue. Depuis, des dizaines de suspects ont été arrêtés, parmi lesquels le leader présumé du cartel Guerreros Unidos. Mais les raisons de l'attaque et le sort des 43 disparus restent une énigme.

Dans le ciel au-dessus du Cerro Gordo, les urubus, ces vautours d'Amérique latine, planent sans interruption. Une opération policière de grande envergure a démarré pour retrouver les étudiants. Aucune route ne menant à la montagne, les policiers, pompiers et militaires ont dû tracer un sentier en rase campagne.

Le territoire du Cerro Gordo est sous le contrôle total du narcotrafic. *« La nuit, on entend des hurlements de douleur atroces, comme si on était en train de torturer des gens »*, me raconte un villageois en train de récolter des grillons, un mets courant dans cette région du Mexique. Son épouse ajoute qu'aux cris nocturnes des suppliciés succèdent, souvent, les éclats de rire de leurs bourreaux.

Je poursuis mes explorations. D'abord en voiture, puis à pied. Pendant des heures, je marche sous le

Un jouet en peluche abandonné sur le Cerro Gordo.

soleil de plomb à travers des pâturages et des potagers grouillant d'insectes. La veille, il a plu. La moiteur tropicale est d'autant plus intense. En suivant les indications données par les habitants et mes collègues des médias locaux, je découvre des choses que je ne parviens pas à définir. Des restes de vêtements, de chaussures d'adultes et d'enfants qui émergent du sol, parfois calcinés. Des bottes traditionnelles mexicaines, des couvertures imbibées de sang coagulé. En de très nombreux endroits, la terre a été retournée. La nature exubérante, ici, s'abreuve de sang humain. Les urubus rôdent. Le silence n'est interrompu que par leurs cris et par le vrombissement des mouches. Une pensée obsédante m'envahit : il suffirait que nous nous mettions à creuser quelque part, au hasard, pour déterrer des restes humains.

Iguala, dans la langue locale, signifie « là où la nuit s'apaise ». Pour les malheureux sans nom sous nos pieds, ce sera une nuit éternelle. Et pour leurs familles, un chapitre qui, peut-être, ne s'achèvera jamais.

YURI CORTEZ, photographe, est basé à Mexico.

ALERTE AU TIGRE !

Quarante-huit heures durant, nous avons traqué une bête sauvage en banlieue parisienne.

Bobigny, France, 19 novembre 2014

La matinée a été calme au bureau, en banlieue nord de Paris, et nous nous apprêtons à partir déjeuner. Mon collègue Valentin Bontemps laisse un message sur le portable d'une source policière pour vérifier une information. Moins d'une minute plus tard, le policier rappelle. Surmené, il s'est, manifestement, trompé de numéro… *« Allô, Jérôme ? Rappelle les pompiers, on le trouve pas, là. »*
« Le », nous le saurons dans un instant, c'est le tigre. Le fauve assoiffé de sang, dont la traque va nous tenir en haleine pendant deux jours. Nous et le reste de la planète, mondialisation de l'information oblige.
Valentin a juste le temps d'arracher à sa source qu'un tigre (oui, un tigre) a été aperçu dans la matinée dans le département de Seine-et-Marne. Une autre source policière confirme : le tigre a été aperçu près d'un supermarché dans la bourgade de Montévrain.
Maintenant, on peut sortir l'info. Mais quelle importance lui donner ? On hésite… Et si le tigre n'était qu'un gros matou ? Dans ce cas, on risque de faire tout un foin à propos d'un non-événement. Et si le fauve dévorait un riverain ? On nous reprocherait d'avoir minimisé l'affaire. De toute façon, de gros moyens sont déjà déployés pour retrouver une bête sauvage, ce qui n'arrive pas tous les jours en banlieue parisienne.
12 h 13. Nous diffusons une « alerte », une information qui tient sur une ligne afin d'attirer l'attention de nos médias clients : *« Police et pompiers mobilisés pour retrouver un tigre en liberté en Seine-et-Marne (police). »*
Une journaliste du bureau contacte le gérant du supermarché de Montévrain. Qui lui raconte que sa femme l'a appelé dans la matinée pour lui dire : *« Je crois que j'ai vu un lynx. »* Elle a eu le temps de prendre une photo de la bête, que son mari nous envoie : le cliché, de mauvaise qualité, montre un gros animal au pelage roux qui se promène au sommet d'une butte.
Valentin se met en route pour Montévrain. Simultanément, des renforts photo et vidéo partent de Paris pour nous rejoindre sur le terrain du safari.
13 h 15. Les premiers journalistes arrivent sur le site où le tigre aurait trouvé refuge, un sous-bois de la taille de quatre à cinq terrains de

THOMAS SAMSON

DES GENDARMES CHERCHENT LE TIGRE À FERRIÈRES-EN-BRIE.

football. Dans le ciel, un hélicoptère vole en rase-mottes pour faire sortir la bête de sa tanière. Plusieurs dizaines de pompiers, gendarmes et policiers, épaulés par des spécialistes de la faune sauvage, s'activent au bout d'une rue fermée à la circulation. L'ambiance est détendue : la présence de la bête féroce supposée amuse plus qu'elle n'effraie.

Le directeur de cabinet du maire de Montévrain fait une déclaration : « *Nous appelons les habitants à la prudence et à ne pas sortir de chez eux, ou à rester dans des véhicules clos. Toute personne qui voit le tigre doit appeler la police ou les pompiers.* » Par mesure de sécurité, les enfants ont été confinés dans l'école. Sur la foi des premières analyses d'empreintes, le profil de l'animal se précise : il ferait « *près de 70 kilos* ».

Faute d'avoir vu le début de la queue du tigre, les journalistes défilent dans le supermarché pour interroger le héros du jour, « l'homme qui a vu la femme qui a vu le tigre » : le gérant. Sur le parking, les pompiers de Seine-et-Marne surveillent les entrées, fusil hypodermique à la main. Au cas où l'animal reviendrait rôder dans les parages.

Au bureau de Bobigny, on essaie de savoir d'où l'animal a bien pu s'échapper. Un cirque a bien été installé sur le parking du supermarché il y a quelques jours, mais il n'avait pas de tigre. Quant au Parc des félins, à Nesles, à une trentaine de kilomètres de Montévrain, il assure qu'aucun tigre ne manque à l'appel.

Montévrain est aussi à deux pas de Disneyland Paris, mais le parc d'attractions ne recense qu'un seul fauve : Tigrou, le tigre bondissant de Winnie l'Ourson.

L'attente se prolonge. Enfin, trois hommes en treillis militaire déboulent en 4x4, casquette sur la tête, carabine à la main, laissant entrevoir une fin imminente. Las ! Trente minutes plus tard, ils regagnent leur pick-up.

17 h 30. Toujours rien de nouveau sous le soleil couchant. Un doute commence à s'installer… rapidement balayé par les autorités : « *Il n'y a pas de doute, c'est bien un tigre* », nous déclare Robert Picaud, le président départemental de la louveterie, un organisme chargé de la régulation des nuisibles (habituellement les sangliers, renards et blaireaux) et qui a participé aux recherches. Ce spécialiste précise que les traces découvertes sont « *fraîches* », ce qui

Le « tigre » photographié par la femme du gérant du supermarché de Montévrain.

indique que l'animal « *vient d'arriver* ».

Si la traque dure, nous explique doctement une source proche des opérations, c'est que le tigre a un penchant pour les siestes. Il peut s'endormir sur une branche d'arbre et demeurer ainsi de longues heures inaperçu.

Prudemment, nous écrivons toutefois dans notre papier général que « *par le passé plusieurs alertes semblables ont finalement abouti à la conclusion que l'animal repéré était en fait un gros chat* ».

La préfecture annonce l'allégement du dispositif pour la nuit. Seul un hélicoptère équipé d'une caméra thermique continuera de tourner jusqu'au lever du jour.

5 h 30. Le réveil sonne. Je n'ai dormi que d'un œil de peur de rater l'appel de la préfecture m'annonçant la capture de l'animal. Mais non, la bête est toujours en vadrouille.

Sur le parking du supermarché de Montévrain, des policiers sont là. Leur mission, expliquent-ils, sera de sécuriser l'entrée des écoles de la commune. Je discute avec quelques confrères, comme moi hagards et frigorifiés, et on commence à se dire que la plaisanterie a assez duré.

Pour alimenter mon papier, je vais faire un tour au collège du Chessy. Ce matin-là, la majorité des élèves sont accompagnés en voiture par leurs parents. En attendant le début des cours, certains stationnent devant le collège, vitres remontées.

Un père accompagne un grand gaillard de 15 ans jusqu'à la grille de l'établissement. *« Sois prudent ! »*, lui glisse-t-il avant de me confier son inquiétude : *« Ça fait quarante-huit heures que le tigre court et qu'il n'a pas mangé. »* À son fils qui a déjà rejoint ses copains dans la cour, il répète une dernière fois ses instructions : *« Tu rentres avec la voisine en voiture et tu ne sors pas de la maison jusqu'à mon retour. »*

Un groupe de garçons fanfaronnent. L'un se vante d'avoir vu la bête, un autre décrit comment il va la terrasser quand il l'aura en face de lui. Un troisième est très fier : il est passé sur BFM-TV.

« Que ferez-vous si vous tombez nez à nez avec le tigre ? » Les collégiens sont unanimes : *« On bouge pas et on crie ! »*

« Si on voit le tigre, il faut faire comme si on ne le voyait pas. Ne pas bouger, mais sans lui tourner le dos. Ensuite, il faut crier le plus fort possible. Encore mieux, crier en allemand, les sons gutturaux peuvent l'impressionner », confirme Gilbert Edelstein, le directeur du cirque Pinder, interrogé par téléphone.

Un communiqué de Bison futé annonce que le tigre a été vu près d'une station-service de l'autoroute A4 à la hauteur de Ferrières-en-Brie. Je reprends la voiture. Des confrères sont déjà sur place depuis un moment, mais, tout comme le tigre, ils n'ont pas grand-chose à se mettre sous la dent. Il pleut des cordes.

À 13 heures, la chef de la police de Seine-et-Marne débarque à la cafétéria. Visiblement embarrassée, elle tourne autour du pot avant de reconnaître que de nouvelles analyses d'empreintes excluent la piste du tigre. Un lynx, alors ? Non plus. C'est un *« autre félin »*, c'est tout ce qu'elle peut dire.

Un autre félin ? Un chat, vous voulez dire ?

« Entre le chat domestique… et un félin plus gros », admet Éric Hansen, qui travaille pour l'Office national de la chasse et de la faune sauvage. Il ajoute qu'à sa connaissance le seul félin présent à l'état sauvage en Seine-et-Marne est le *« chat forestier »*, un animal *« inoffensif »* qui ressemble… à un gros matou !

Tout ça pour (un) chat !

ÈVE SZEFTEL, journaliste, est basée à Bobigny, en banlieue parisienne.

DE BEYROUTH À ALEP, VIVRE EN GUERRE

Dans le chaos, c'est l'anormalité qui devient la règle.

Alep, Syrie, 5 décembre 2014

En me rendant à Alep, en plein cœur d'une guerre qui dure depuis près de trois ans, je pensais découvrir Berlin au sortir de la Seconde Guerre mondiale : des ruines fumantes, des gens hagards marchant dans un silence spectral. Et je me retrouve dans le Beyrouth de la guerre civile où cohabitent la vie et la mort, les cafés bondés et les tireurs embusqués.

D'abord la route. Avant la guerre, il fallait quatre heures pour parcourir les 350 kilomètres d'autoroute entre Damas et Alep. Aujourd'hui, il en faut six ou sept pour faire 440 kilomètres, car le chemin n'est plus une ligne droite mais un itinéraire avec de nombreuses déviations.

Du côté gouvernemental, il faut emprunter des petites routes pour éviter les zones rebelles. C'est la même chose en face. Vous n'avez pas le droit de vous tromper de camp, ni de route, sous peine de mourir décapité ou de disparaître dans un cachot. Pour ajouter à la difficulté, certains villages désertés par leurs habitants ont plusieurs fois changé de mains.

Après avoir franchi une trentaine de barrages de l'armée, de la police, des différents services de sécurité et même de la douane, j'atteins Alep, l'ancienne capitale économique mutilée mais toujours vivante.

Et là, je me retrouve plongé dans les années 1980. Une ville coupée en deux. Et un centre, la perle de la cité, ravagé comme ce fut le cas dans la capitale libanaise.

Il existe malgré tout trois différences de taille : au Liban, la ville était coupée entre un secteur à majorité musulmane et un autre très largement chrétien. À Alep, la séparation n'est pas d'ordre confessionnel mais politique, entre les rebelles et le régime.

À Beyrouth, il existait des points de passage, plus ou moins sûrs, qui ouvraient ou fermaient selon l'ardeur des tireurs embusqués et selon l'humeur des combattants. Parfois les voitures pouvaient traverser et d'autres jours c'étaient seulement les piétons accompagnés de portefaix. À Alep, la ligne est hermétique-

JOSEPH EID

Une boîte de nuit dans la zone sous contrôle gouvernemental d'Alep, le 15 novembre 2014.

ment close. Il faut pas moins de onze heures pour passer en minibus d'un secteur à l'autre.

Enfin, l'aviation était absente au Liban. Les protagonistes pouvaient tirer des obus ravageurs de 155 mm, mais pas larguer de barils explosifs depuis des avions gouvernementaux.

Sinon les ressemblances sont troublantes. Les commerçants aleppins du centre-ville, comme en leur temps leurs confrères libanais, ont dû fuir les fameux souks, brûlés ou détruits. De fiers négociants, ils sont devenus des vendeurs à la sauvette derrière leurs étals: de célèbres antiquaires sont devenus marchands de primeurs,

NABIL ISMAIL

Des soldats musulmans de l'armée libanaise décorent un arbre de Noël sur la ligne de démarcation entre Beyrouth-Ouest, à majorité musulmane, et Beyrouth-Est, très largement chrétien, le 23 décembre 1987.

Dans un quartier d'Alep contrôlé par les forces gouvernementales, les habitants ont tendu des toiles à travers la rue pour éviter d'être pris pour cibles par les tireurs embusqués de la zone rebelle, située à une centaine de mètres.

JOSEPH EID

des orfèvres bradent des bijoux en toc, des fabricants de prêt-à-porter écoulent des habits de second choix, et c'est à la criée que des vendeurs de fallafels ou de douceurs débitent leurs suaves denrées.

Comme à Beyrouth, la ligne de démarcation balafre la ville. Les immeubles sont dentelés par les balles ou défigurés par les obus, les balcons effondrés, les fenêtres n'ont quasiment plus de vitres et certaines pièces sont condamnées car elles sont dans la ligne de mire des tireurs embusqués postés à quelques mètres.

À Beyrouth comme à Alep, les habitants restent alors que la vie s'apparente à la roulette russe. On peut sortir le matin et ne jamais revenir. Bien sûr, ils n'ont pas d'autre endroit où aller, mais je crois aussi qu'une fois la peur passée, vivre avec le danger devient comme une drogue et la maison où l'on a vécu est un lieu paradoxalement réconfortant. J'ai connu des gens qui, après la fin de la guerre à Beyrouth, regrettaient cette période où la vie prenait toute sa valeur car elle ne tenait qu'à un fil.

Quand on est en guerre, c'est l'anormalité qui devient la règle. Un jour à Beyrouth, un ami m'a raconté que son jeune fils s'était réveillé en pleurant, effrayé à cause d'un orage. Il l'avait consolé en lui assurant que ce n'était pas le bruit du tonnerre mais celui d'un bombardement, car pour l'enfant, c'était cela l'habitude, depuis sa naissance.

Autre extravagance : les distances paraissent s'allonger dans l'esprit. Alep-Ouest paraît si loin d'Alep-Est, alors que moins de 50 mètres parfois les séparent. Chaque côté ignore comment vit l'autre et cela donne le sentiment que chacun évolue sur une autre planète. Pendant la guerre civile, j'habitais à Beyrouth-Ouest et quand je passais à l'est les gens étaient sidérés que je puisse vivre de l'autre côté. *« Mais pouvez-vous sortir ? »* Bien sûr. *« N'êtes-vous pas arrêté ? »* Pas du tout. *« Y a-t-il des restaurants ? »* Comment donc ! *« Je ne vous crois pas, c'est impossible. »* La population était devenue schizophrène.

Et puis, comme à Beyrouth, le plus surprenant, c'est la résilience. Il n'y a pas d'électricité ? On s'abonne au générateur. On n'a pas d'eau ? On creuse un puits. Dans les quartiers éloignés de la ligne de démarcation, les cafés sont pleins, les terrasses regorgent de monde, et dans une boîte disco on boit et on se trémousse.

LA VIE PRENAIT TOUTE SA VALEUR, CAR ELLE NE TENAIT QU'À UN FIL..

« C'est vrai, me dit un médecin, *on peut s'émerveiller de cette capacité à vivre. C'est positif car cela montre que l'instinct de vie est plus fort que celui de la mort. Mais en même temps, cela signifie qu'on peut infliger la pire des choses aux gens et qu'ils l'acceptent. »* Il y a vingt-cinq ans à Beyrouth, j'ai entendu presque les mêmes mots.

SAMMY KETZ est le directeur du bureau de l'AFP à Beyrouth.

ARASH KHAMOOSHI / ISNA

Balal est conduit à l'échafaud.

LA GIFLE DE LA GRÂCE

En Iran, un condamné à mort peut être sauvé si la famille de la victime lui accorde son pardon.

Téhéran, Iran, 30 décembre 2014

Balal est un condamné à mort. Il va être pendu pour avoir poignardé un homme lors d'une rixe en 2007. Deux jours avant son exécution, prévue au lever du soleil, je reçois un coup de téléphone me demandant d'aller d'urgence à Noor, une ville du nord de l'Iran où il est incarcéré. Je n'y vais pas en tant que photographe professionnel, mais en tant qu'être humain. Ma femme et moi sommes membres d'une association qui a fait campagne pour sa grâce.

Une partie de la famille de la victime avait accepté le *diyeh*, le prix du sang qui peut être versé pour éviter une exécution. Mais la mère, Maryam Hosseinzadeh, a refusé l'argent. Nous avons tenté de la convaincre. Le présentateur d'une émission de

AFP / ARASH KHAMOOSHI / ISNA

La mère d'Abdolah Hosseinzadeh, un jeune Iranien poignardé dans une rixe en 2007, gracie in extremis le meurtrier de son fils en le giflant sur l'échafaud.

télévision très populaire consacrée au football lui a même demandé en direct de pardonner à Balal. Mais elle se sentait sous pression et est restée recluse dans sa maison, refusant de répondre au téléphone.

Le jour dit, environ un millier de personnes se rassemblent devant l'échafaud. Parfois, elles amènent leurs enfants ou filment la pendaison avec leur téléphone portable. Là, certaines demandent grâce, un coran sur la tête. Les sœurs et la mère du condamné implorent le pardon de la famille de la victime. Je suis le seul journaliste.

À 6 h 20, menotté et un bandeau sur les yeux, Balal est conduit à la potence par des gardiens de la prison. Ils lui mettent la corde au cou. Il implore le pardon de la mère de la victime qui, selon la *qisas* – la loi du talion dans la charia –, a le droit de pousser la chaise sur laquelle se tient le condamné à mort. Elle refuse encore.

Au bout de quelques minutes, elle s'approche de Balal, mais, au lieu de pousser la chaise, elle le gifle et lui accorde son pardon.

ARASH KHAMOOSHI, photographe iranien, travaille pour l'agence Isna.

PETIT ÉCOLIER À CHARLIE HEBDO

À 20 ans, j'ai été stagiaire pour le journal satirique. Cela m'a rassuré de voir que les journalistes mangeaient du chocolat par tablettes entières…

Moscou, Russie, 8 janvier 2015

J'ai su que je voulais être journaliste ce matin de l'automne 1996 où j'ai poussé la porte verrouillée par le code 1515 d'un immeuble parisien de la rue Abel-Hovelacque, près de la place d'Italie.

Ils étaient tous là, assis autour d'une grande table, à grignoter du chocolat Côte d'or et des Petit Écolier, en faisant des dessins. Eux, c'étaient les journalistes, les dessinateurs de *Charlie Hebdo*. Et je les trouvais drôlement sages pour des personnes qui suscitaient la haine de ceux – et

AFP / PIERRE BOUSSEL

L'ÉQUIPE DE *CHARLIE HEBDO* FÊTE LE 1ER ANNIVERSAIRE

DE LA RENAISSANCE DE L'HEBDOMADAIRE, LE 24 JUIN 1993.

ils étaient déjà nombreux – qui prônaient la haine.

J'avais 20 ans, j'étais étudiant en histoire, et je crois que ça m'a rassuré que des journalistes mangent du chocolat par tablettes entières dès 11 heures du matin.

À table, il y avait de la place pour tout le monde, mais cette place, il fallait se la faire. J'aimerais écrire, par vanité, que ça a été dur, que mon stage d'observation d'une semaine (qui s'est prolongé trois mois) a été compliqué, qu'il fallait en remontrer à ces dessinateurs qui pissaient des Mickey par rames entières sur un coin de table, à ces hommes et femmes (elles étaient peu nombreuses) qui vannaient à tout-va. La vérité est que je n'ai jamais vu de rédaction plus accueillante, plus curieuse et soucieuse de l'écoute que celle de *Charlie Hebdo*.

RÊVE-T-ON D'UN STAGE À *CHARLIE HEBDO* QUAND ON VEUT DEVENIR JOURNALISTE ?

Au premier jour, Gébé (décédé en 2004) m'a battu froid parce que je trouvais génial *L'Armée des ombres*, le chef-d'œuvre de Melville. Lui y voyait un film *« tellement triste, plein de morgue, alors qu'on s'est quand même marré dans la Résistance »*. Cavanna (décédé en 2014) m'a cuisiné sur mon père, ma mère, ma famille. Je voyais ses moustaches avant d'entendre ses mots. Il me racontait le quartier de mon enfance, les usines Panhard.

L'économiste et alors prof à Sciences-Po Rennes, Oncle Bernard (tué dans l'attentat), s'est mis en tête de m'expliquer les taux d'intérêt et la dette de la France pendant que Bernar (décédé en 2006) enfilait ce gant blanc qu'il mettait à chaque fois qu'il dessinait pour ne pas faire de tache sur ses planches.

Cabu, que tout le monde appelait Jean, s'amusait que je n'ose pas lui poser de questions sur Dorothée et *Récré A2* et me parlait des nombrils des filles sur le boulevard Saint-Germain.

Il y avait Willem dont je ne comprenais pas l'accent. Il y avait Riss, aux cheveux courts à l'époque, qui citait l'*Almanach Vermot*. Luz, qui avait abandonné le droit depuis peu, n'avait pas encore découvert le monde des DJ et m'avait dessiné vêtu d'un uniforme de camp de concentration devant un Bruno Mégret en kapo nazi me disant : *« Je vous assure, monsieur Bentalbi, que les rayures vous amincissent. »*

Il y avait Charb, ses yeux énormes derrière ses lunettes, sa tête de collégien et ses trajets en RER. Il y avait Wolinski qui m'a tendu mon premier cigare après un couscous un samedi sans me dire qu'il ne fallait pas avaler la fumée.

Il y avait Anne Kerloc'h, aujourd'hui à 20minutes.fr, qui me faisait peur, ce que je ne lui ai jamais dit.

Et il y avait François Camé, le directeur de l'information. Ah, François Camé…

Mais procédons dans l'ordre. Rêve-t-on d'un stage à *Charlie Hebdo* quand on veut devenir journaliste ?

Non. On rêve du *Monde*, de *Libé*, de l'AFP.

Et on a tort. Parce que sans *Charlie Hebdo*, sans ces « vieux » Wolinski, Cabu, sans Charb et Tignous, je ne serais jamais devenu ce que je suis.

Je me revois étudiant à la Sorbonne et en langue russe aux Langues O, cherchant un stage. Je n'ai aucun piston. J'ai envoyé des lettres de motivation partout et je n'ai reçu aucune réponse.

Puis, un dimanche, j'assiste à l'enregistrement d'une émission de télévision. Philippe Val est l'un des invités. À la fin, je prends mon courage à deux mains.

« Venez demain », répond-il.

Le lendemain, donc, je compose le 1515 sur le digicode et je débarque à *Charlie Hebdo*. La table. Le chocolat. François Camé. Il a les pieds sur la table, me demande pourquoi je suis là.

« Pour prendre votre place », je lui réponds.

François Camé a été mon premier mentor. Il m'a ensuite fait entrer comme stagiaire à *Libé* où j'ai rencontré Philippe Lançon (brillante plume grièvement blessée dans l'attentat contre *Charlie Hebdo*). Puis ce furent *Le Figaro*, l'AFP, la Russie, l'Irak, l'Afghanistan…

Les dessinateurs de *Charlie* sont plus que mes amis, ils ont été ma première famille, celle avec laquelle on ne peut pas se fâcher.

Pendant toutes ces années, il y a eu, de temps en temps, des messages de Charb, invariablement signés *« Allah Akbar »* quand j'étais en mission dans des pays musulmans, me demandant : *« Alors, ils sont rigolos, les barbus ? »*

Il y a eu une dernière conversation avec Cabu, se désolant de la montée des tensions et des communautarismes de tout genre en France et me disant en rigolant : *« Tu crois, Karim, que je devrais me présenter comme Jean, Français d'origine chrétienne, comme tout le monde a l'air de le faire maintenant ? »*

Au soir de la mort de ces journalistes me reste l'image d'hommes et de femmes d'une grande curiosité, d'une immense tolérance, à l'indignation saine.

Ils m'ont appris l'irrévérence, la légèreté, l'exigence de tout penser, de tout remettre en cause, de débattre, de se mettre sur la gueule et de rigoler.

ON RÊVE DU *MONDE*, DE *LIBÉ*, DE L'AFP. ET ON A TORT.

J'ai souvent pensé à Charb, à Cabu, devant des insurgés, des militaires ou devant le Kremlin, imaginant ce que leur œil rieur et acéré verrait qui m'échapperait.

Et ce soir, au moment où un grand vide s'installe, j'aimerais croire qu'il y avait du chocolat et des Petit Écolier sur la table de la rédaction de *Charlie Hebdo* quand ils ont arrêté de dessiner.

KARIM TALBI est l'adjoint au directeur du bureau à Moscou.

UN GOÛT AMER

Couvrir le conflit israélo-palestinien exige d'avoir l'estomac bien accroché.

MOHAMMED ABED

Un vendeur de sucreries sur le front de mer

Dakar, Sénégal, 13 janvier 2015

Même si l'on raffole des aubergines, est-ce une raison pour en manger à tous les repas, déclinées à l'infini, en purée ou entières, farcies, grillées ou gratinées, marinées ou nature ?

Telle est la question que je me posais au moment de rejoindre mon poste de journaliste chargé des Territoires palestiniens, basé à Jérusalem, à la fin mai 2010, après de multiples missions sur place.

Cette réflexion s'inspirait de l'histoire dans laquelle Nasreddine, personnage de légende orientale, parvenu à la cour du redoutable Timour Lang (Tamerlan), lui fait découvrir ce légume roi de la cuisine régionale. Sur ses conseils, le conquérant ordonne qu'on lui en serve matin, midi et soir. Mais au bout de deux semaines de ce régime, écœuré, il bannit les aubergines de sa table, bruyamment approuvé par son courtisan. Interrogé sur ce brusque revirement, Nasreddine lui rétorque : *« Sire, je suis le serviteur de Timour, pas des aubergines. »*

Comme les aubergines de cette fable, le conflit israélo-palestinien constitue le plat de résistance quotidien du journaliste à Jérusalem. En particulier du côté palestinien où chaque information ou presque y est directement liée. Couvrir cette actua-

de Gaza, en mai 2014.

lité exige à la fois un estomac bien accroché et une imagination fertile pour ne pas se laisser envahir par la lassitude ou la frustration et capter l'attention d'une opinion publique internationale gavée par des lustres d'hypermédiatisation.

Dès mon premier jour de travail effectif, le 31 mai 2010, la mort de neuf militants turcs au cours de l'arraisonnement par Israël dans les eaux internationales d'une flottille tentant de rallier la bande de Gaza, contrôlée depuis 2007 par le mouvement islamiste palestinien Hamas, rouvrait le débat sur la sévérité, voire la légitimité du blocus

Sous la pression internationale, Israël, qui contrôle tous les accès à l'enclave côtière palestinienne – à l'exception du terminal de Rafah, pour les personnes, à la frontière avec

AFP PHOTO/STR

Un contrebandier transporte des commandes de KFC dans un tunnel entre l'Égypte et la bande de Gaza, en mai 2013.

l'Égypte –, allégeait cet embargo qui, au motif d'interdire l'importation de produits potentiellement utilisables à des fins militaires, prohibait des denrées comme la coriandre, la cardamome, le cumin, le vinaigre, le gingembre ou le chocolat.

Dans un courrier électronique resté célèbre, à l'appui de son argument selon lequel il n'y avait « *pas de crise humanitaire* » à Gaza, le bureau de presse du gouvernement israélien indiquait aux correspondants internationaux une adresse gastronomique. Il poussait la sollicitude jusqu'à leur recommander, sur la carte du Roots, un restaurant chic du front de mer, le « *bœuf Stroganov et la soupe à la crème d'épinard* ». Le tout quelques jours avant l'assaut contre la flottille.

Personne ne meurt de faim dans la bande de Gaza, contrairement à ce que pourraient laisser croire les slogans de certains partisans trop zélés de la cause palestinienne – l'administration militaire israélienne avait même calculé le nombre de calories quotidiennes par habitant nécessaire pour éviter la malnutrition : 2279. Les produits de consommation courante entraient d'ailleurs essentiellement par les tunnels de contrebande sous la frontière avec l'Égypte et le desserrement du blocus aura surtout permis aux commerçants de diversifier leur offre « *de nouveaux types de boissons gazeuses, de produits d'hygiène, de chocolat et de chips* », selon un rapport du programme alimentaire mondial (PAM) un an plus tard, en 2011.

Mais le blocus et la quasi-interdition depuis 2007 des exportations de Gaza vers ses marchés naturels, en Cisjordanie – ponctuellement allégée, en novembre 2014, après l'opération dévastatrice de l'été, avec l'envoi de concombres, de tomates et de poisson – et en Israël, condamnent l'enclave palestinienne à une économie de subsistance et d'assistance.

La manifestation la plus caricaturale à mes yeux de cette transformation de la bande de Gaza en ventre voué à consommer sans produire restera le lancement, en mai 2013, par une entreprise locale, d'un service de livraison de repas commandés dans un Kentucky Fried Chicken (KFC) du Sinaï égyptien et acheminés par les tunnels. Un coup de publicité aussi spectaculaire qu'éphémère: l'opération sera interrompue au bout de quelques semaines par les autorités du Hamas *« pour raisons sanitaires »*, m'expliquera un des gérants.

Presque à la même époque, en juin 2013, la stratégie d'une autre chaîne de fast-food illustre une dimension supplémentaire du conflit, en Cisjordanie occupée cette fois.

Le refus du patron de la filiale israélienne du géant américain McDonald's d'ouvrir un restaurant dans un centre commercial de la colonie d'Ariel, au nom d'une politique de longue date excluant toute installation au-delà de la ligne verte (c'est-à-dire en territoire occupé), ulcère les tenants de la colonisation.

Parfois, le seul intitulé du menu ou le nom d'un plat suffisent à retourner le couteau dans la plaie. Lors de la visite du président américain Barack Obama en mars 2013, les Palestiniens s'étranglent en apprenant que des spécialités régionales, comme le houmous, le falafel et la *tehina*, lui ont été servies en Israël comme de la *« cuisine israélienne »*.

Récriminant contre Israël qui leur a *« tout volé, même la nourriture »*, selon l'expression d'un manifestant, ils rendent coup pour coup, avec un repas *« 100 % palestinien »* (houmous, fèves, falafel, *kebbé*, feuilles de vigne, etc.) en l'honneur de Barack Obama à la Mouqataa, le siège de la présidence à Ramallah, en Cisjordanie.

Le conflit passe aussi par le ventre de manière plus brutale. Le 19 mars 2014, un Palestinien de 15 ans venu avec deux autres adolescents cueillir des cardons sauvages, une plante apparentée à l'artichaut, près d'une section encore inachevée de la barrière de séparation israélienne dans le sud de la Cisjordanie est tué par des tirs de militaires israéliens.

Et à la fin du mois de juin, pendant les premiers jours du ramadan, l'armée israélienne, qui ratissait la Cisjordanie à la recherche des ravisseurs islamistes de trois jeunes Israéliens – retrouvés assassinés peu après –, distribuait des sucettes dont l'emballage promettait en arabe *« un peu de douceur après l'amertume apportée par le Hamas à la vie en Cisjordanie »*…

SELIM SAHEB ETTABA, **journaliste chargé de la couverture des Territoires palestiniens de 2010 à 2014, vient d'être nommé à Dakar.**

TOMBE SANS NOM POUR UN ROI

MOHAMMED MASHHUR

La tombe du roi Abdallah d'Arabie saoudite au cimetière Al-Oud de Riyad, le 23 janvier 2015.

Le roi Abdallah d'Arabie saoudite a été enterré dans la plus grande simplicité.

Riyad, Arabie saoudite, 27 janvier 2015

L'austérité dans laquelle se sont déroulées les funérailles du roi Abdallah d'Arabie saoudite n'a pas manqué d'étonner à l'étranger. Voici un des monarques les plus riches du monde, avec une fortune estimée à 21 milliards de dollars, inhumé dans une tombe en terre battue sans la moindre épitaphe…

Ces funérailles d'une extrême simplicité sont la norme dans le royaume, pour les souverains comme pour le commun des mortels. Le corps du défunt, enveloppé dans un linceul, est transporté sur une civière par ses proches et, après les prières funèbres à la mosquée, enterré à même le sol dans une tombe sans nom, tournée vers La Mecque et marquée d'une simple pierre grise de la taille d'un livre.

C'est le rite funéraire préconisé par le wahhabisme, une doctrine prêchée au XVIIIe siècle par Mohammed ibn Abd el-Wahhab, juriste de l'école hanbali, la plus conservatrice et la plus austère des quatre écoles de jurisprudence sunnites. Selon cette école, le deuil doit rester discret, même si l'émotion est admise.

MOHAMMED MASHHUR est basé en Arabie saoudite.

À L'ÉCOLE DE

Depuis 2007, des écoles patriotiques renaissent en Chine.

Beichuan, Chine, 2 février 2015

Dans cette école élémentaire de Beichuan, dans la province du Sichuan, les élèves portent l'uniforme de l'Armée rouge ouvrière et paysanne. C'est une exception dans la Chine du XXIe siècle où la plupart des écoles ont abandonné l'uniforme de type militaire. Malgré les équipements modernes dernier cri, j'ai l'impression de remonter le temps.

Pendant la classe, durant les chants dans la cour de récréation, ou à la cantine, il n'y a pas de distraction. La discipline est partout : même la façon de lever la main en cours est réglementée. Les professeurs sont des civils et, à part la levée des couleurs, aucun exercice ni cérémonie de type martial n'est pratiqué. Le port de l'uniforme, copié sur celui des révolutionnaires des années 1930, vise à stimuler le patriotisme.

Il existe environ 150 écoles de ce type en Chine, gratuites, ouvertes à tous, et financées pour la plupart par des dons privés de la « noblesse rouge » – ceux qui ont combattu dans l'Armée rouge avant 1949 et leurs descendants.

FRED DUFOUR, photographe français, est basé à Pékin.

FRED DUFOUR

LES ENFANTS, DISCIPLINÉS, ATTENDENT D'ENTRER

L'ARMÉE ROUGE

DANS LEUR CLASSE.

La cérémonie de levée des couleurs à l'école élémentaire de l'Armée rouge de Beichuan.

Des soldats ukrainiens jouent au football pendant un cessez-le-feu sur la route de Debaltseve,

VOLODYMYR SHUVAYEV

PRÈS DU FRONT.

JEU DE BALLE SUR LA LIGNE DE FRONT

En Ukraine, des soldats célèbrent le cessez-le-feu par une partie de football.

Svitlodarsk, Ukraine, 17 février 2015

Le cessez-le-feu entre les forces ukrainiennes et les rebelles prorusses est censé être en vigueur depuis quelques heures, ce dimanche 15 février, quand je prends la route de la ville stratégique de Debaltseve, théâtre ces dernières semaines de combats acharnés.

Alors que le conflit dans l'est de l'Ukraine fait rage depuis dix mois, personne ne sait si cette trêve, négociée loin d'ici par les dirigeants ukrainiens, russes, allemands et français, sera respectée.

Depuis des semaines, la route de Debaltseve est la cible de bombardements. C'est un coupe-gorge que l'on emprunte à ses risques et périls. Ce matin, ce qui me frappe, c'est le silence. Aux abords du premier poste de contrôle ukrainien, des blindés et

VOLODYMYR SHUVAYEV

UN DES SOLDATS UKRAINIENS SE RELÂCHE EN LISANT PRÈS DU FEU.

des camions militaires sont stationnés sur le bord de la route.

Un groupe de soldats ukrainiens se tient là. Ces hommes ont risqué la mort à chaque instant. Je les avais vus nerveux, tendus, je les ai entendus me crier de ne pas aller plus loin. Leur soulagement est palpable.

Il règne une ambiance étrange de cour de récréation. Certains bavardent en fumant, d'autres nettoient leurs armes. L'un se réchauffe devant un feu de bois en lisant un livre. D'autres encore, le fusil d'assaut toujours en bandoulière, commencent à taper au hasard dans un ballon boueux. Ils frappent la balle, la ratent, courent à travers la route pour la récupérer.

Cette partie de football improvisée est un vrai moment de détente, une image emblématique : celle du soldat célébrant l'arrêt des combats en jouant simplement au ballon.

Pour les civils, la situation est épouvantable. Il est devenu impossible d'évacuer les habitants coincés à Debaltseve, car la route principale menant à la ville a été coupée par les séparatistes. Même ceux qui parviennent à sortir restent promis à un sort incertain. Des roquettes frappent parfois les villes voisines, autrefois considérées comme des zones sûres.

L'accalmie est trompeuse. Pendant le match de football, le bruit des bombardements retentit. Je fais demi-tour. Le cessez-le-feu n'a tenu qu'une douzaine d'heures. Mais a-t-il jamais commencé ?

Et que sont devenus nos joueurs de football ? Plus tard, ce même jour, des collègues me racontent que l'endroit même où j'ai assisté au match spontané a été lourdement bombardé.

VOLODYMYR SHUVAYEV, ukrainien, est photojournaliste.

Des réfugiés provenant de Debaltseve embarquent dans des bus vers l'arrière, le 5 février.

Un missile non explosé incrusté dans une rue de Kramatorsk, le 10 février.

JAPON, AU CŒUR DU CATACLYSME

Le jour de la catastrophe de Fukushima, j'ai continué à travailler, frénétiquement. Pour oublier que la nature avait frappé là où vit ma famille.

Tokyo, Japon, 17 avril 2012

Quand le tremblement de terre a frappé, le 11 mars 2011, j'ai d'abord pensé que ce n'était pas si grave que ça. Au Japon, les séismes et les alertes au tsunami sont quelque chose d'habituel. Je réalise mon erreur quand je vois les premières images aériennes à la télévision, quand les flashs info rapportent que des gens ont été emportés par les flots dans des endroits que je connais bien. Le désastre a frappé la ville où je suis née, Ishinomaki.

Je continue à écrire, à envoyer des informations sur les dégâts, sur le bilan des victimes. Au fond de moi, je suis terrifiée. D'habitude, je quitte mon travail de bonne heure pour

MIWA SUZUKI

Les environs de ma maison familiale quelques jours après le tsunami.

Devant une école détruite d'Ishinomaki, un père et une mère prient pour leur enfant disparu.

m'occuper de mes deux enfants. Ce jour-là, je ne pense plus à eux jusqu'au moment où, le soir, leur école m'appelle au bureau… M'inquiéter pour ma mère et ma sœur m'a complètement absorbée.

NOUS TRAVERSONS UN MONDE EN NOIR ET BLANC, ÉTRANGEMENT CALME, SURRÉALISTE.

Je compose un million de fois le numéro d'urgence qui permet aux gens de laisser des messages à leurs familles. Je passe des nuits à essayer de trouver des informations sur le district de Watanoha.

Quelques jours après le séisme, un collègue m'annonce que ma mère est en vie. Mais que personne n'a de nouvelles de ma sœur. Je continue à travailler. Pas par sens du devoir, mais parce qu'écrire est la seule chose que je me sente capable de faire. Mon mari et moi ne pouvons accéder à Ishinomaki qu'une semaine plus tard. La nuit est tombée. Les phares de la voiture sont l'unique source de lumière dans ce qui a été une ville. Nous traversons un monde en noir et blanc, étrangement calme, surréaliste. Les restaurants dans lesquels ma famille avait l'habitude d'aller manger ont disparu. Les magasins dans lesquels nous faisions les courses ont disparu. Des montagnes de débris boueux obstruent les rues. Ma mère apparaît de derrière la porte défoncée de sa maison à moitié détruite. Pour la première fois depuis la catastrophe, j'entends le son de sa voix. Elle et ses voisins ont survécu en consommant des boissons de distributeurs automatiques emportés par les eaux. Le ciel, cette nuit-là, brille d'une multitude d'étoiles.

Le jour, je cherche ma sœur. Des policiers dégrafent les fermetures Éclair

Un autobus est retiré d'un toit à Ishinomaki le 10 mars 2012, un an après le tsunami.

des sacs mortuaires, soulèvent les couvercles des cercueils… Elle n'est nulle part. J'entends les histoires des gens : un homme qui, quand la vague a déferlé dans sa maison, n'a pas réussi à sauver sa mère ; mon cousin, qui a perdu son fils unique et ses parents ; une famille, que je vois arriver au crématorium avec trois cercueils…

La nuit, je m'allonge à côté du futon de ma mère. Je reste là, car j'ai peur qu'elle se suicide avant le lever du jour. Elle me raconte étrangement les commérages du quartier : tel voisin a eu une aventure avec telle voisine…

Au départ, je n'ai pas envie de raconter. Je me sens trop proche des gens du coin pour les interviewer. Mais je vois des journalistes se comporter comme s'ils étaient à la fête, faire des plaisanteries douteuses et s'exclamer : *« C'est fantastique ! »* devant des scènes tragiques. Comme je ne lis aucun reportage sur les morgues, je décide d'en faire un.

Un an après le tsunami, je retourne dans ma ville natale. Je peux maintenant voir la plage depuis la maison de ma mère, des rangées de maisons entières ont été balayées. Le temple bouddhiste a organisé quatre cérémonies d'affilée pour satisfaire toutes les familles endeuillées. Un journal local publie la liste des morts. J'y consulte les pages frénétiquement, pour y trouver le nom de ma sœur. Son cadavre a été découvert dans les décombres plus d'un mois après la catastrophe de Fukushima.

MIWA SUZUKI, japonaise, est journaliste à Tokyo.

SOUS GAZA, DANS LES TUNNELS DU DJIHAD ISLAMIQUE

Malgré les bombardements d'Israël à l'été 2014, le réseau souterrain des combattants palestiniens est toujours là.

MAHMUD HAMS

Un militant des brigades Al-Qods, la branche

Gaza, Palestine, 12 mars 2015

Un premier coup de fil: *« Tenez-vous prêts. »* Puis un deuxième: *« Prenez la route côtière. »* Enfin, un troisième, un peu plus précis: *« Dirigez-vous vers le sud et l'ancienne colonie. »*

Le Djihad islamique a accepté, à notre demande, de nous emmener au cœur de son secret le mieux gardé: son réseau de tunnels sous la bande de Gaza, à l'intérieur duquel il fourbit ses armes en prévision d'une nouvelle guerre contre Israël.

Le mouvement islamiste, la deuxième force à Gaza derrière le Hamas au pouvoir, se réclame à la fois de la cause nationale palestinienne et de l'islamisme. Formé au début des années 1980, il prône la lutte armée plutôt que l'action politique. S'il ne participe pas aux élections, il a quand même fait partie de la délégation qui a signé le cessez-le-feu avec Israël à la fin de l'été 2014.

ARMÉE DU DJIHAD ISLAMIQUE, S'ENTRAÎNE DANS UN TUNNEL SOUS LA BANDE DE GAZA, LE 3 MARS 2015.

Les dirigeants du mouvement sont aussi bien des anciens des Frères musulmans que des ex-membres de groupes marxistes ou de la gauche arabe. Ils se réfèrent tant à la révolution iranienne qu'aux techniques de la guérilla vietnamienne – d'où les tunnels. À l'instar des galeries souterraines creusées par le Viêt-mihn et le Viêt-cong pour harceler les forces françaises et américaines, les galeries à Gaza servent à stocker des armes, à se déplacer sans être vu à travers le territoire et à surprendre les soldats israéliens en cas d'attaque terrestre.

Une des priorités affichées par Israël en lançant l'été dernier la guerre sur Gaza, la troisième en six ans, était la destruction de ces fameux tunnels. À l'issue de cinquante jours de bombardements intensifs et d'une incursion terrestre, l'État hébreu s'était félicité d'avoir éradiqué le réseau. Mais huit mois plus tard, le Djihad islamique semble tout disposé à nous prouver que ses souterrains sont encore là…

MAHMUD HAMS

Des combattants des brigades Al-Qods s’entraînent dans le sud de la bande de Gaza, le 3 mars.

Un militant des brigades Al-Qods dans un tunnel sous la bande de Gaza.

MAHMUD HAMS

Dans le sud de la bande de Gaza, nous retrouvons les combattants des brigades Al-Qods, la branche armée du Djihad islamique, dite « l'école des moudjahidine ». Sur un immense terrain, environ 200 jeunes sont à l'entraînement depuis le petit matin. Il y a dix ans exactement, en 2005, s'étendait ici une imposante colonie israélienne, avant qu'Israël n'annonce la même année le retrait unilatéral de ses soldats et de ses colons de la bande de Gaza.

Enthousiastes, les jeunes combattants s'entraînent à balles réelles dans un paysage urbain reconstitué. Ils s'exercent à entrer dans des maisons, à contourner des voitures en feu, le tout au beau milieu d'une pluie de grenades et de fumigènes.

Des combattants nous fouillent de la tête aux pieds. Nos caméras et appareils photo sont examinés de près, tout autre objet en métal nous est retiré. Ils nous bandent les yeux.

Nous roulons pendant une bonne demi-heure, notre chauffeur tourne parfois peut-être en rond pour nous faire perdre tout repère. La voiture s'arrête et on nous ôte nos bandeaux. Nous sommes au milieu d'une oliveraie. Autour, pas une seule habitation, rien que nous puissions reconnaître. L'entrée du tunnel est là.

Nous nous enfonçons sous terre, à environ 10 ou 12 mètres. Nous progressons dos courbé, la hauteur de la galerie ne dépassant pas 1,50 mètre. Puis s'ouvre un long tunnel d'environ un mètre de large, parfois moins, et de 1,80 mètre de hauteur.

Au bout d'un moment, un commandant nous dit de nous arrêter. Plus loin, dit-il, il y a de nombreux autres tunnels, de différentes longueurs. Il ne nous en montrera pas plus.

Par endroits, de petits renfoncements ont été aménagés. Deux ou trois personnes peuvent s'y tenir assises. Le sol est en terre battue mais toutes les parois sont bétonnées. Cela n'a rien à voir avec les tunnels creusés par les contrebandiers, assez larges pour faire transiter des pièces de carrosserie, des matériaux de construction et même des animaux.

DES COMBATTANTS NOUS FOUILLENT DE LA TÊTE AUX PIEDS. ILS NOUS BANDENT LES YEUX.

Une vingtaine de combattants se déplacent avec aisance. Ils se repèrent sans problème dans cet inextricable réseau criblé d'inscriptions : « route Abou Bakr as-Seddiq », du nom du premier calife de l'islam, « route Othman Ibn Affan », l'un de ses successeurs.

Les combattants sont masqués, équipés de grenades, d'armes automatiques et même de lance-roquettes. Certains sont munis de lampes frontales. Dans les tunnels, on économise les mots. L'oxygène est rare à cette profondeur. Nous restons sous terre une demi-heure, ce qui est à peu près supportable. Les combattants, eux, ne perdent pas de temps.

MAHMOUD HAMS, **photographe, et YAHYA HASSOUNA**, **reporter vidéo, sont basés à Gaza.**

SCIENCE-FICTION À BANGKOK

Les cérémonies de la secte bouddhiste Dhammakaya sont des mises en scène aux allures de film hollywoodien.

Bangkok, Thaïlande, 16 mars 2015

Le Wat Phra Dhammakaya est un temple bouddhiste à part. Son stupa en forme de dôme, composé de milliers de statuettes de Bouddha dorées, a une forme de soucoupe volante. Il se trouve au cœur d'un complexe religieux de la taille d'un aéroport, dans la banlieue industrielle nord de Bangkok, près de l'aéroport. Quelque 3 000 moines y vivent.

C'est un lieu controversé: beaucoup de Thaïlandais lui reprochent sa démesure, dans un pays encore pauvre. La secte bouddhiste qui gère le temple, le mouvement Dhammakaya, revendique 10 millions d'adeptes dans le monde. Depuis quelques semaines, elle est au cœur d'une enquête officielle à propos d'un don de 800 millions de bahts (23 millions d'euros) provenant de détournements de fonds supposément commis par un gérant de coopérative désireux de s'acheter une réincarnation réussie.

Lors des grandes fêtes religieuses, le temple peut accueillir une centaine de milliers de fidèles. L'une des plus impressionnantes, Makha Bucha, commémore l'ordination par Bouddha de 1 250 moines, partis ensuite répandre les principes de leur maître. Makha Bucha donne traditionnellement lieu dans tous les temples de Thaïlande, à la tombée de la nuit, à des processions circulaires aux chandelles. Ici, elles prennent des allures de film de science-fiction hollywoodien.

Les célébrations durent deux heures. Les participants forment deux cercles concentriques autour du stupa: d'abord celui des moines, puis celui des dizaines de milliers de fidèles accourus d'un peu partout en Asie. Phra Dhammachayo, le chef religieux, prend place à l'abri de la moiteur dans une loge climatisée et commence son prêche en thaï. Les adeptes plongent dans une sorte de transe hypnotique. Et soudain, tout s'arrête: plus personne ne parle, le générateur d'électricité qui ronronne en permanence est éteint. La foule immense, immobile, garde un profond silence.

Durant cette séance de méditation d'une trentaine de minutes, les photo-

Près de 3 000 moines vivent dans ce temple controversé.

graphes sont autorisés à se promener parmi les fidèles assis en tailleur, figés comme des statues. Collé à moi, un membre de la secte veille à ce que je ne commette aucune action interdite. Il n'est pas question, par exemple, de trop m'approcher du cercle des moines.

Au coucher du soleil, les fidèles effectuent trois fois le tour du dôme illuminé, dans le sens des aiguilles d'une montre, des bougies à la main. Puis ils forment une allée bordée de chandelles. L'atmosphère est digne de *Rencontres du troisième type*.

Pour photographier le retrait final des moines, de loin la scène la plus hallucinante, tous les médias internationaux sont là. Il y a aussi plusieurs dizaines de photographes et cameramen officiels du mouvement Dhammakaya montés sur des strapontins mécaniques. Pas de doute : la secte maîtrise parfaitement sa communication.

NICOLAS ASFOURI, photographe, est basé à Pékin.

La fête bouddhiste de Makha Bucha au temple Dhammakaya de Bangkok, le 4 mars 2015.

LA MORT AU BOUT DES DOIGTS

Mon pays, le Salvador, compte plus de 60 000 membres de gangs armés, pour moins de 6 millions d'habitants.

San Salvador, Salvador, 11 mai 2015

Quand la sonnerie de votre téléphone vous tire du sommeil à 5 heures du matin, il n'y a que deux explications possibles : soit c'est une erreur, soit c'est une urgence.

Au bout du fil, une de mes sources m'avertit que plusieurs centaines de *pandilleros* parmi les plus dangereux du Salvador, détenus dans les prisons de Ciudad Barrios et de Chalatenango dans l'est et le nord du pays, vont être transférés vers le pénitencier de haute sécurité d'Izalco, à une soixantaine de kilomètres à l'ouest de la capitale.

Depuis quelques semaines, les autorités pénitentiaires procèdent à des déplacements massifs de prisonniers.

MARVIN RECINOS

Plus de 13 000 membres de gangs sont aujourd'hui

EN PRISON. IL Y EN AURAIT PRÈS DE 60 000 EN LIBERTÉ.

MARVIN RECINOS

UN DÉTENU MEMBRE DU GANG MARA SALVATRUCHA, MS-13.

Elles cherchent à couper les communications entre les chefs incarcérés des gangs armés et leurs subordonnés à l'extérieur. Les détenus identifiés comme des donneurs d'ordre sont transférés dans des établissements à régime plus sévère. Ces mesures sont mises en œuvre dans l'espoir d'enrayer un regain de violence lié au crime organisé qui, rien qu'au cours des trois premiers mois de 2015, a fait 1 124 morts dans notre pays d'à peine 6 millions d'habitants. Les victimes sont des militaires, des policiers, des civils pris entre deux feux et, surtout, des membres de gangs rivaux.

IL ME LANCE UN BAISER ET ÉCLATE DE RIRE.

Je fonce à Izalco, où sont attendus 400 détenus. Vers 8 heures du matin, les portes du pénitencier se sont déjà refermées sur un premier groupe de gangsters. Ma source me dit d'attendre : le gros du contingent, composé de 300 *pandilleros* de la Mara Salvatrucha (MS-13), n'a pas encore quitté Ciudad Barrios.

Je reçois un message : « *L'opération est retardée. On a trouvé des armes et des substances interdites dans la prison et les bus ne vont pas partir tout de suite.* » L'attente risque d'être longue. À 17 heures, les autobus cellulaires, entourés de véhicules de police, font leur apparition sur la route en terre battue de la prison. Le premier bus a les vitres teintées. Mais dans le second, quelques fenêtres sont ouvertes.

J'appuie à répétition sur le déclencheur, en ignorant les insultes, les grimaces et les regards assassins que me lancent les voyous entassés à l'intérieur, torse nu et menottés dans le dos. Tout à coup, dans mon viseur, apparaît un prisonnier au visage entièrement tatoué. Lorsqu'il se rend compte que je suis en train de le photographier, il me lance un baiser et éclate de rire.

Quelques secondes plus tard, les au-

À BORD DE L'AUTOBUS CELLULAIRE QUI LE TRANSFÈRE VERS LA PRISON DE HAUTE SÉCURITÉ D'IZALCO, DANS L'OUEST DU SALVADOR.

tobus s'engouffrent à l'intérieur de la prison. Je n'ai eu que deux minutes pour travailler. Au Salvador, pas un jour ne passe sans qu'on n'effleure la mort du bout de ses doigts. La mort, je la vois dans les yeux de ces *pandilleros*, mais aussi dans ceux des gens ordinaires qui vivent perpétuellement dans la peur. Une peur qui vous bloque, qui conditionne le moindre de vos gestes. Selon les autorités, il y aurait environ 60 000 *pandilleros* en liberté au Salvador (13 000 autres sont en prison).

Nous vivons au jour le jour, sans penser au lendemain. Car nous ne savons jamais vraiment qui se trouve à côté de nous.

MARVIN RECINOS, photographe, est basé à San Salvador.

CHRISTOPHE ARCHAMBAULT

UN HÉLICOPTÈRE DE LA MARINE THAÏLANDAISE LARGUE DES VIVRES AUX RÉFUGIÉS ROHINGYA EN MER

D'ANDAMAN.

LE BATEAU DES ROHINGYA

Des migrants à la dérive depuis des semaines, sans eau ni nourriture, sont repoussés au large par les autorités thaïlandaises.

Koh Lipe, Thaïlande, 15 mai 2015

L'histoire commence par la découverte dans le sud de la Thaïlande d'une fosse commune avec des corps de réfugiés rohingya.

Les Rohingya, peuple de religion musulmane, sont une des minorités les plus persécutées du monde. Ils fuient par milliers la Birmanie et le Bangladesh, en raison des violences sectaires dont ils font l'objet depuis 2012 par l'ethnie bouddhiste Rakhine. Ils arrivent par bateau en Thaïlande avant d'être embarqués par les trafiquants d'être humains

DEUX HOMMES ENGLOU-TISSANT DES NOUILLES, LES PIEDS DANS L'EAU.

vers la Malaisie. C'est le plus grand exode d'Asie du Sud-Est depuis la fin de la guerre du Vietnam.

La découverte du charnier dans la jungle début mai a brusquement réveillé la junte militaire thaïlandaise qui cherche à démanteler les réseaux de passeurs et à empêcher les bateaux d'arriver sur ses côtes.

Mais cette politique répressive soudaine est adoptée en plein pic des migrations, au moment où des dizaines d'embarcations sont en mer. Ne pouvant toucher terre comme prévu, les trafiquants abandonnent leurs bateaux, allant même jusqu'à saboter les machines, et laissent leurs passagers seuls dans la mer d'Andaman.

NOUS AVONS UNE DIZAINE DE BOUTEILLES D'EAU. QUE FAIRE ?

Nous apprenons par une organisation humanitaire que des migrants, à la dérive sur un bateau sans nourriture et sans eau, ont réussi à passer des appels au secours avec des téléphones portables. Nous décidons d'essayer de les trouver. Ce ne sera pas facile : des myriades de petites embarcations sillonnent les eaux parsemées de centaines d'îles, au large de la Thaïlande.

Au départ, les autorités se montrent coopératives. Elles nous proposent d'embarquer à bord d'un patrouilleur. À Bangkok, nous prenons l'avion pour la ville de Hat Yai. De là, nous nous rendons sur le port de Satun, et le lendemain matin, un ferry rapide nous conduit sur l'île de Koh Lipe, où nous attend en principe le patrouilleur.

Mais quand nous nous présentons sur le quai à l'heure prévue, la situation a changé. Les autorités ont localisé le bateau en perdition, probablement grâce au GPS des téléphones des migrants, mais les médias ne sont plus les bienvenus. *« Ce sont les ordres : pas de journalistes à bord »*, nous disent les militaires. Aucune négociation possible.

Après trente-six heures de voyage, nous voici bloqués à Koh Lipe, île touristique paradisiaque du Sud thaïlandais avec ses hôtels de luxe et ses plages de rêve. Avec des confrères de deux médias thaïlandais, nous louons ensemble un hors-bord. Puisque nous ne pouvons embarquer sur le patrouilleur, nous nous débrouillerons tous seuls.

Grâce aux conversations avec les autorités thaïlandaises, je sais à peu près dans quelle zone mener nos recherches. Un des journalistes thaïlandais est en contact téléphonique avec un des migrants sur le bateau à la dérive. Nous prenons la mer.

Et tout à coup, les voilà, juste sous nos yeux !

Le bateau vert mesure peut-être 20 mètres de long. À son bord, environ 400 personnes, hommes, femmes, enfants, bébés. Leurs visages sont décharnés, leurs cheveux longs et hirsutes, leurs côtes et leurs omoplates saillantes. Selon ce qu'ils ont raconté au téléphone, ils n'ont pas mangé depuis des jours, voire des semaines. Ils en sont réduits à boire leur urine pour survivre.

CHRISTOPHE ARCHAMBAULT

Des réfugiés rohingya récupèrent les vivres largués par l'hélicoptère thaïlandais.

Quand ils nous aperçoivent, ils se mettent à pleurer, à crier, à se bousculer pour mieux nous voir. Ils nous font comprendre, par gestes, qu'ils sont en train de mourir de faim et de soif.

Nous avons une dizaine de bouteilles d'eau. Que faire ? Devons-nous les leur lancer, au risque de provoquer une ruée ? Finalement, c'est ce que nous faisons. Nous promettons aux réfugiés d'attendre avec eux l'arrivée des secours.

Peu à peu, quelques chalutiers thaïlandais approchent. Effarés, les pêcheurs n'hésitent pas à lancer aux Rohingya le peu de vivres qu'ils ont à leur bord. À la tombée du jour, un hélicoptère de la marine thaïlandaise fait son apparition. Il transporte des rations alimentaires mais, en raison de la petite taille de l'embarcation à la dérive, il ne peut les larguer directement sur le pont. Alors, il les balance en mer : les immigrants plongent dans l'eau.

Deux images me restent en tête. Celle d'un homme ouvrant frénétiquement un paquet de nouilles crues et les dévorant au milieu de l'océan. Et celle de deux réfugiés engloutissant des aliments les pieds dans l'eau contre la coque du bateau, l'un regardant droit dans mon objectif comme pour dire : je sais, je devrais en donner aux autres, mais je meurs de faim.

Tous les jeunes Rohingya finissent par regagner leur bateau, aidés par les pêcheurs et par les hommes du patrouilleur thaïlandais, arrivé sur place. Quelques heures plus tard, le moteur est réparé par des mécaniciens montés à bord et les réfugiés repartent.

Six jours plus tard, le bateau des Rohingya échoue en Indonésie, dans la province d'Aceh, au nord de l'île de Sumatra. Il n'est pas détecté par la marine indonésienne, ce sont des pêcheurs locaux qui sauvent les passagers. Ceux-ci racontent une incroyable odyssée de trois mois et la mort de plusieurs dizaines d'entre eux à bord. Certains disent avoir eu tellement faim qu'ils étaient sur le point de se jeter par-dessus bord. Accueillis dans un camp de réfugiés, ils obtiennent un titre de séjour d'un an.

CHRISTOPHE ARCHAMBAULT, responsable photo à Bangkok, s'est rendu dans le sud de la Thaïlande avec les reporters PREETI JHA et THANAPORN PROMYAMYAI.

LA MEILLEURE PIZZA DE MOGADISCIO

Une virée nocturne dans la capitale de la Somalie permet de saisir que le centre-ville, à la merci de milices, change doucement.

Mogadiscio, Somalie, 29 mai 2015

La première fois que je suis allé à Mogadiscio, il y avait des soldats sur le toit du terminal de l'aéroport. L'épave d'un avion-cargo gisait sur le tarmac, le fuselage troué par un missile. Je portais presque en permanence un gilet pare-balles lourd. J'étais réveillé par des explosions la nuit, et tenu en alerte par des rafales d'arme automatique le jour.

Ça, c'était il y a cinq ans. Récemment, je suis revenu à Mogadiscio. Et un soir, je suis sorti manger une pizza.

À Mogadiscio, les attaques perpétrées par les Chebab, la branche somalienne d'Al-Qaïda, sont fréquentes et sanglantes. On ne peut pas vous en vouloir si, en vous basant sur

CARL DE SOUZA

Partie de football sur une place de Mogadiscio,

ce que rapportent les médias, vous imaginez la ville comme une sorte de dystopie à la *Mad Max,* sillonnée par les pick-up armés des seigneurs de la guerre et des terroristes. Pourtant, la réalité est plus complexe.

La pizzeria s'appelle Karamel. Le propriétaire, Sultan, est un gros

LE 24 MARS 2015.

ours bavard dont la barbe longue et fournie ferait pâlir de jalousie les hipsters des métropoles occidentales. En parfait commerçant, il nous accueille par une déclaration péremptoire : nous avons de la chance, car nous sommes ici dans le meilleur restaurant de la ville. Alors qu'il nous accompagne jusqu'à notre table dans la cour, il ajoute que maintenant que Kadhafi n'est plus là l'Afrique se cherche un nouveau leader charismatique, et qu'il est, bien sûr, l'homme de la situation. Il me tape sur l'épaule et éclate d'un gros rire rauque.

CARL DE SOUZA

UN HOMME TRANSPORTE UN ESPADON DANS LE QUARTIER DE HAMARWEYNE, À MOGADISCIO, LE 25 MARS 2015.

La conversation est un peu hachée : Sultan est distrait par toutes les femmes qui traversent la cour d'un pas léger, leurs voiles flottant dans l'air chaud de la soirée. À chaque fois, il les bombarde de compliments sur leur beauté, puis il formule une demande en mariage. Les passantes, qui ont visiblement déjà reçu de sa part ce type de proposition, rappellent à Sultan qu'il a déjà quatre épouses, et que le Coran ne lui en autorise pas une de plus.

Les pizzas cuisent dans le four. Le fromage est importé du Kenya voisin. Je tiens de source sûre – et pas seulement de Sultan – qu'il s'agit bien des meilleures pizzas de Mogadiscio. Certes, il n'y a pas beaucoup de concurrence. Mais qu'elles sont bonnes, ces pizzas…

Je dîne au Karamel en compagnie de Bashir. À chacun de mes voyages à Mogadiscio, il est à la fois mon ami, mon guide, mon protecteur et mon hôtelier. Les étrangers qui ne souhaitent pas séjourner dans la bizarre « zone verte », comme on appelle l'écosystème ultrafortifié aménagé pour les expatriés à côté de l'aéroport, descendent souvent au Peace Hotel de Bashir. Ils y trouvent de l'eau chaude, de la nourriture correcte, des boissons fraîches, des gardes armés et des voitures blindées.

Notre virée dans la vie nocturne de Mogadiscio fait partie de mes efforts pour comprendre comment la capitale de la Somalie est en train de changer. Après vingt-quatre ans d'anarchie et de guerre civile dévastatrice, le pays est encore loin d'être tiré d'affaire. Le gouvernement somalien est incapable d'étendre son autorité au-delà de la capitale et ne tient debout que grâce au soutien militaire et financier massif de la communauté internationale. Mais les violences sont moins constantes, plus diffuses.

L'artère principale de la ville, Makka al-Mukarama, grouille de monde. De nouveaux immeubles aux vitres bleues réfléchissantes y poussent. Il y a des boutiques d'appareils électriques, des magasins de vêtements, des restaurants, des agences de voyages, des banques et des hôtels.

Il y a cinq ans, l'avenue Makka al-Mukarama était, littéralement, la ligne de front. Sur le toit d'un bâtiment devenu un hôtel, je m'étais tapi derrière des sacs de sable pendant que les balles claquaient sur le mur derrière moi. À l'époque, je me déplaçais dans Mogadiscio à bord d'un véhicule de transport de troupes blindé, ou bien dans un 4x4 aux vitres teintées escorté d'un ou deux pick-up bourrés d'hommes en armes – les gardes de sécurité travaillant pour Bashir. *« Ce n'est plus le Far West ici, on ne peut pas continuer à se comporter comme des cow-boys ! »*, me dit Bashir. Il veut croire que pour ma prochaine visite je n'aurai même plus besoin d'escorte. Juste d'un garde du corps. Deux à la rigueur.

IL VEUT CROIRE QUE POUR MA PROCHAINE VISITE JE N'AURAI MÊME PLUS BESOIN D'ESCORTE.

Au Karamel, tous les efforts sont mis en œuvre pour montrer à quel point la vie à Mogadiscio est devenue normale, mais il est évident que ce n'est pas le cas. Un ami journaliste somalien qui nous a rejoints pour le dîner sourit nerveusement et dévisage chaque nouvel arrivant dans le jardin du restaurant. *« Je ne me détends jamais,* dit-il. *Jamais. Une attaque ou un attentat suicide peut se produire n'importe quand. »* Les pizzas sont servies et englouties rapidement. Moins d'une demi-heure après notre arrivée au restaurant, Bashir décide qu'il est temps de partir.

DANS LE QUARTIER DE HAMARWEYNE, À MOGADISCIO, LE 25 MARS.

CARL DE SOUZA

TRISTAN MCCONNELL, journaliste, est basé à Nairobi.

ROBERT ATANASOVSKI

Des migrants en provenance de Grèce et en route vers la Serbie et les pays du nord de l'Union

PÉDALER VERS UNE VIE MEILLEURE

En Macédoine, les migrants illégaux ne peuvent utiliser les transports en commun. Mais ils sont autorisés à traverser le pays à pied. Ou à vélo.

Skopje, Macédoine, 11 juin 2015

La Macédoine traverse une profonde crise politique. Le pays est secoué par des violences entre la majorité slave orthodoxe et la forte minorité albanaise musulmane. En parallèle, une autre crise se déroule sur le principal axe routier sud-nord du pays, le long de la vallée du fleuve Vardar. Une crise humanitaire.

C'est là que circulent des milliers de réfugiés venus principalement de Syrie, mais aussi d'Afghanistan et d'autres

EUROPÉENNE.

régions du monde. Ils marchent le long des routes et des voies ferrées vers ce qu'ils imaginent être leur salut : l'Union européenne. Arrivés en Grèce, la plupart veulent rejoindre l'Allemagne.

En Macédoine, les migrants illégaux ne peuvent utiliser les transports en commun. Les autorités interdisent aux compagnies de train ou d'autocar de leur vendre des billets. En revanche, elles tolèrent la marche à pied. Cela n'a aucune logique, mais cette situation découle du caractère confus de la législation macédonienne sur les étrangers.

À Demir Kapija, une ville à une dizaine de kilomètres de la frontière grecque, un tout nouveau business s'est mis en place. Pour 150 à 200 euros, les migrants qui en ont les moyens peuvent acheter une bicyclette. Pour accélérer leur traversée.

La route est longue et dangereuse. Au mois d'avril, quatorze clandestins somaliens et afghans ont péri écrasés par un train. À cet endroit, la voie ferrée traverse un étroit canyon : d'un côté, une paroi rocheuse. De l'autre, un ravin. Les malheureux, qui se reposaient sur les rails, n'ont tout simplement pas eu assez de place pour fuir.

POUR 150 À 200 EUROS, LES MIGRANTS QUI EN ONT LES MOYENS PEUVENT ACHETER UNE BICYCLETTE.

La police ferme les yeux sur ces migrants à pied ou à vélo, et concentre ses efforts de répression sur les réseaux de passeurs.

La Macédoine se trouve sur la route des Balkans utilisée par toutes sortes de trafiquants d'êtres humains, mais aussi de drogue et d'armes.

Une fois arrivés au nord du pays, les migrants se débarrassent de leurs deux-roues, pour continuer à pied et passer la frontière en cachette. Si l'on en croit la rumeur, les vélos abandonnés sont rassemblés puis transportés à nouveau à Demir Kapija, où ils sont revendus à d'autres clandestins…

ROBERT ATANASOVSKI, photographe, est basé à Skopje. Texte réalisé avec JOVAN MATIC, à Belgrade.

BÜLENT KILIÇ

Presque toutes les femmes sont accompagnées d'enfants, de bébés que l'on se passe de main en main

PAR-DESSUS LES BARBELÉS TRANCHANTS.

FUIR LA SYRIE PAR LE TROU D'UNE AIGUILLE

Soudain, une marée humaine passe la frontière avec la Turquie à travers une brèche.

Akçakale, Turquie, 15 juin 2015

Cela fait près d'une semaine que je suis à la frontière turco-syrienne. De l'autre côté, la ville syrienne de Tall Abyad est au cœur d'une féroce bataille : l'État islamique la tient, les forces kurdes cherchent à la reprendre. Des milliers de personnes fuient les combats et essaient de rejoindre la Turquie, où 1,8 million de Syriens ont déjà trouvé refuge. Mais le 10 juin, après avoir laissé entrer plus de 13 500 habitants de Tall Abyad, les autorités turques ont fermé la frontière.

Samedi 13 juin, j'aperçois une foule gigantesque massée dans les champs, dans une chaleur suffocante. Les forces turques emploient des canons

Des combattants du groupe État islamique ordonnent à des Syriens massés près de la frontière turque de retourner chez eux, le 13 juin 2015.

© Bülent Kiliç

L'armée turque tente de disperser les Syriens massés à la frontière.

à eau et tirent des coups de feu en l'air pour essayer de les repousser loin de la clôture.

Le soir, un groupe de combattants de l'État islamique s'approche de la ligne de démarcation. Ils sont sept ou huit. Ils peuvent me voir prendre des photos. Ils rient, font de grands gestes dans ma direction. Essaient-ils de me dire quelque chose, ou font-ils simplement de l'esbroufe ?

JE ME METS À COURIR AVEC EUX, SANS PRÊTER ATTENTION AUX SOLDATS TURCS QUI NOUS HURLENT DESSUS.

Ils ordonnent à la foule de se disperser et de retourner à Tall Abyad. Au bout d'une vingtaine de minutes, ils partent, et les candidats au passage de la frontière refont leur apparition dans le champ, exactement comme avant.

Le lendemain, dimanche, il n'y a personne. Selon les informations que j'obtiens, les djihadistes empêchent la population de s'approcher de la Turquie. Soudain, je vois apparaître quelques personnes au sommet d'une colline. Au début, je me dis qu'il s'agit juste de villageois qui passent dans le coin. Mais d'autres individus font leur apparition, puis d'autres. Bientôt, ce sont des milliers d'hommes, de femmes, d'enfants, portant des sacs avec leurs effets personnels, qui surgissent de derrière la colline et déferlent vers la frontière. Tout cela se produit en l'espace de cinq minutes, comme si l'apparition de cette marée humaine avait été orchestrée pour une superproduction hollywoodienne. La scène à laquelle j'assiste dépasse l'imagination.

Je vois des gens se précipiter depuis le côté turc pour venir en aide aux malheureux. Je me mets à courir avec eux, sans prêter attention aux soldats turcs qui nous hurlent dessus.

BÜLENT KILIÇ

DES SYRIENS FRANCHISSENT LA CLÔTURE FRONTALIÈRE POUR SE RÉFUGIER EN TURQUIE, LE 14 JUIN 2015.

Les Syriens ont apporté des outils avec lesquels ils cisaillent la clôture frontalière. Au début, la brèche a tout juste la largeur suffisante pour permettre le passage d'une seule personne. Tout le monde se bouscule pour essayer d'entrer en Turquie par ce trou minuscule.

Certains des Syriens réussissent enfin à abattre un pan entier de la clôture. D'autres choisissent de l'escalader. Presque toutes les femmes sont accompagnées d'enfants, de bébés que l'on se passe de main en main par-dessus les barbelés tranchants. Certains y déchirent leurs vêtements. Après la clôture, second obstacle : les tranchées frontalières. Pour ne pas créer un dangereux goulet d'étranglement, les autorités turques décident finalement d'ouvrir la frontière et d'aider tout le monde à passer en bon ordre.

Cela fait quatre ans que je photographie les réfugiés syriens à la frontière. J'ai assisté à la bataille de Kobané, qui a provoqué l'exode de 200 000 personnes. Mais cette fois, c'est différent. Je n'avais encore jamais vu une chose pareille : des milliers de personnes fuyant leur pays à travers une brèche aussi exiguë. Ils crient, ils se bousculent. Les familles font des efforts désespérés pour rester groupées, pour ne pas perdre un enfant dans la cohue. Les militaires turcs nous interdisent de nous approcher de la clôture barbelée, ce que je respecte en temps normal. Mais là, tout a changé. Quand 2 000 réfugiés sautent en même temps par-dessus la frontière, il n'y a tout simplement plus aucune règle qui tienne.

BÜLENT KILIÇ, photographe turc, est basé à Istanbul.

CLICHÉS DE BANLIEUE

Comment couvrir la Seine-Saint-Denis sans tomber dans la caricature médiatique ?

BERTRAND LANGLOIS

LA POLICE SCIENTIFIQUE PROCÈDE À DES RELEVÉS SUR

Bobigny, France, 30 juin 2015

Cette nuit-là, à Montreuil, personne n'a pensé à éponger la flaque de sang. L'ambulance a ramassé le corps, les enquêteurs ont relevé les impacts de balle, un suspect a été arrêté et une première dépêche est partie. L'histoire aurait dû en rester là, celle d'un énième « règlement de comptes », probablement entre trafiquants.

Pour nous, journalistes au bureau de Bobigny, chargés de la couverture de la Seine-Saint-Denis, ces drames

LE LIEU DU MEURTRE D'UN RETRAITÉ À NOISY-LE-SEC, EN SEINE-SAINT-DENIS, EN MAI 2011.

sont une figure imposée. Une, deux ou parfois trois fois par mois, le jour se lève et nous apprenons qu'un jeune homme est mort ou a été grièvement blessé, par arme à feu, dans un « quartier sensible » du département. Des faits divers récurrents qui, chaque fois, nous mettent face aux limites de notre métier. Quelles sont nos sources ? Que peut-on raconter, dans l'urgence, sans trahir la vérité ? Nous sommes en juillet 2014. Comme c'est souvent le cas, l'histoire a commencé par l'une de nos sources policières: un homme de 28 ans, qui partageait une pizza avec des amis sur un banc, a été tué d'une balle en plein cœur. Si la Seine-Saint-Denis connaît une trentaine d'homicides par an, une « exécution » en pleine rue mérite toujours une dépêche rapide. Sans en rajouter, toute dépêche sur la Seine-Saint-Denis, archétype médiatique des banlieues populaires, peut susciter un intérêt, parfois disproportionné, dans l'ensemble des médias, des rédactions locales de province aux titres nationaux.

« JOURNALISTES ? PARTEZ ! », COMMENCE-T-IL PAR NOUS LANCER.

À Montreuil, il semble que nous ayons affaire à un *« règlement de comptes sur fond de trafic de drogue »*. C'est la formule qu'a avancée notre source policière. Nous avons relayé l'hypothèse, sans pour autant la reprendre à notre compte. Par acquit de conscience, nous prenons la voiture, quasi certains de faire le trajet pour rien.

Lorsque nous arrivons, un homme est au milieu des cartons de pizza. Seul, le cœur serré, avec sa brosse et son seau, il s'échine à faire disparaître les traces encore fraîches laissées par le cadavre de son ami.

« Journalistes ? Partez ! », commence-t-il par nous lancer. Dix ans après les émeutes de 2005, dans lesquelles les médias ont eu leur part de responsabilité, le travail des journalistes reste très critiqué dans les quartiers populaires – parfois à juste titre. On ne compte plus les ouvrages de sociologie qui étrillent la couverture médiatique des banlieues.

Au quotidien, on nous accuse de cacher « la vérité » ou, au contraire, de ne traiter que les faits divers, d'exagérer, de déformer, de dramatiser… Comment couvrir le « 9-3 », département de tous les records ? Le plus fort taux de pauvreté de l'Hexagone, une criminalité inégalée, le plus fort taux d'obésité, mais aussi le département le plus jeune de France, celui qui reçoit le plus grand nombre de visites ministérielles et présidentielles, et un laboratoire pour une multitude d'initiatives économiques, sociales et culturelles…

L'homme qui lave le sang est persuadé que notre dépêche ne parlera que de *« drogue »* et de *« trafiquants »*, quand lui pleure un ami. Contre la promesse de *« ne pas caricaturer »*, il accepte finalement de parler. La victime, le jeune homme de 28 ans avec lequel il a grandi et qu'il a vu mourir, n'a selon lui *« rien à voir »* avec la drogue.

« Il était gardien d'immeuble. Il ne fumait jamais de shit. »

Peu à peu, une autre histoire se dessine, celle d'une vengeance aveugle qui a fait une victime innocente, au mauvais endroit, au mauvais moment. Un fils que ses parents devaient retrouver le jour même pour les vacances d'été. Ils sont dans l'avion, nous explique le témoin, et n'ont pas encore appris la nouvelle.

CONTRÔLE DE POLICE À SAINT-DENIS, EN SEPTEMBRE 2013.

Nous ne sommes ni juges ni flics, et dans l'urgence médiatique à laquelle nous sommes soumis, nous savons qu'aucune vérité définitive n'émergera. Mais tout à coup, notre dépêche parlant de *« règlement de comptes »* nous semble partielle, voire partiale. Quelques heures après, une source judiciaire confirme que la victime était inconnue de la police et n'avait pas de casier judiciaire. Nous actualisons la dépêche, ajoutant toutes ces sources et supprimant la référence au *« règlement de comptes »* entre trafiquants, de plus en plus sujette à caution.

Finalement, ce n'est qu'une toute petite dépêche, noyée dans le flot quotidien des centaines de « factuels » publiés par l'AFP. Quelques brèves dans les flashs radio de la matinée, puis une affaire aussitôt oubliée. Peut-être que dans quelques années le procès de cette affaire permettra de vérifier si nos scrupules étaient justifiés. En attendant, nous en gardons un soupçon de mauvaise conscience.

Les journalistes FRANÇOIS BECKER et VALENTIN BONTEMPS viennent de passer trois ans à parcourir la Seine-Saint-Denis.

Un manager de la Banque nationale de Grèce à Athènes distribue des numéros de file d'attente

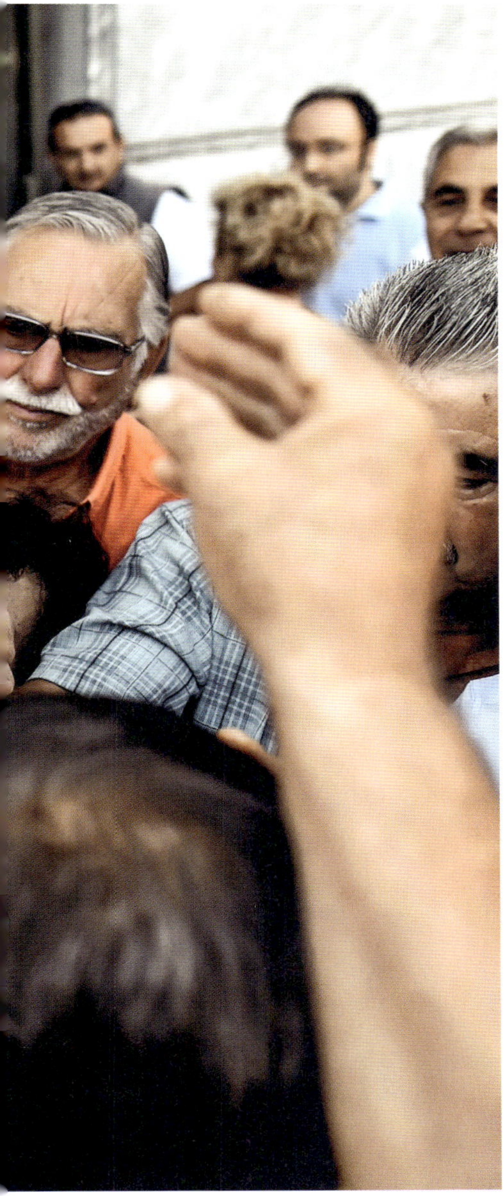
ARIS MESSINIS

AUX RETRAITÉS VENUS RETIRER DU LIQUIDE, LE 1ER JUILLET.

LA COURSE AU CASH DES RETRAITÉS GRECS

Quand j'ai su que les banques allaient rouvrir pour trois jours, je ne pensais pas assister à des scènes aussi laides.

Athènes, Grèce, 2 juillet 2015

Le gouvernement a décidé de rouvrir les banques pour trois jours afin que les personnes âgées ne disposant pas de carte de crédit puissent retirer de l'argent liquide.

J'AI VU DES PERSONNES, SOUVENT ÂGÉES, SE BOUSCULER POUR ATTRAPER QUELQUES POMMES DE TERRE.

J'arrive à 6 heures et demie du matin devant le siège de la Banque nationale de Grèce. À 7 heures, deux heures avant l'ouverture, une centaine de retraités sont déjà en train d'attendre. Ils seront bientôt 300. Dans Athènes, ils seront des milliers à prendre d'as-

ANGELOS TZORTZINIS

Limités à 120 euros par semaine, des retraités attendent pour retirer de l'argent à la Banque

saut les banques, afin de retirer les 120 euros auxquels ils ont droit pour la semaine. Le reste de la population peut retirer au distributeur 60 euros par jour.
Certains retraités font preuve de discipline. Mais j'assiste aussi à toutes sortes de comportements regrettables. Ce sont des petits détails pas faciles à saisir sur le vif dans une photographie. Au lieu de faire la queue dans le bon ordre, par exemple, les gens se jettent comme un seul homme sur l'employé qui distribue les numéros dans la file d'attente. Je vois une vieille dame taper sur la main d'un monsieur pour lui voler son ticket. La foule, hostile aux médias, me conspue.
Tout le monde est en colère en Grèce, je suis en colère aussi. Dans des situations difficiles comme celle que nous vivons actuellement, on peut voir les manières civilisées se relâcher. Lors des distributions d'aliments pour les plus démunis, j'ai vu des personnes,

ANGELOS TZORTZINIS

NATIONALE DE GRÈCE À ATHÈNES, LE 1ER JUILLET 2015.

souvent âgées, se bousculer pour attraper quelques pommes de terre. Mais il faut relativiser. Car vous pouvez être sûr que si un accident se produit dans la cohue, les gens crieront : *« oooh ! »* et se calmeront instantanément. Quand la pagaille devient dangereuse, ils reviennent vite à la raison.

Cela fait six ans que la Grèce est en crise. Les souffrances n'ont pas commencé, loin de là, avec les mesures de contrôle des capitaux prises ces derniers jours par le Premier ministre Aléxis Tsípras pour préserver la Grèce d'un effondrement bancaire. Les photos de cette course au cash des retraités pourraient vous laisser penser que ces scènes chaotiques résument toute l'histoire. La réalité, c'est qu'elles ne sont qu'une partie de l'histoire. Et que l'histoire n'est pas finie.

ARIS MESSINIS, photographe, est basé à Athènes.

ABBAS MOMANI

DES AGENTS INFILTRÉS DES FORCES DE SÉCURITÉ ISRAÉLIENNES SORTENT LEURS ARMES ET ARRÊTENT UN LANCEUR DE PIERRES PALESTINIEN PENDANT DES AFFRONTEMENTS PRÈS DE RAMALLAH, EN CISJORDANIE, LE 7 OCTOBRE 2015.

« CEUX QUI SE DÉGUISENT EN ARABES »

De nombreux agents israéliens s'infiltrent parmi les lanceurs de pierres palestiniens pour les arrêter.

Ramallah, Palestine, 7 octobre 2015

Il est courant de voir des agents israéliens infiltrés parmi des lanceurs de pierres palestiniens. J'ai déjà assisté à ce genre de scène, à Jérusalem notamment. Le but des *moustaaribine* – littéralement : « ceux qui se déguisent en Arabes » – est d'arrêter les agitateurs. Ils dégainent leurs armes et les pointent en l'air sans en faire usage.

Là, c'est la toute première fois que je filme des agents déguisés tirant à balles réelles sur les manifestants auxquels ils s'étaient mêlés.

Ce mercredi 7 octobre, je viens de couvrir une « journée de colère » d'étudiants palestiniens à l'université de Bir Zeit près de Ramallah, en Cisjordanie occupée. À la fin du rassemblement, des manifestants se dirigent vers un point de passage appelé DCO près de la colonie de Bet-El, un lieu habituel d'affrontements. Ils commencent à lancer des pierres sur l'armée israélienne, en se servant d'une benne à ordures comme bouclier. Comme de coutume, les soldats ripostent en tirant des balles en caoutchouc et des gaz lacrymogènes.

L'affrontement commence à devenir très violent et, pour ne pas risquer d'être atteint par un projectile provenant de l'un ou de l'autre camp, je m'éloigne du champ de bataille. Je me positionne à une dizaine de mètres du bord de la route, où je retrouve le photographe Abbas Momani.

J'installe ma caméra sur un trépied et je continue à filmer les incidents. Tout à coup, nous voyons quatre hommes au visage masqué qui jusque-là lançaient des pierres avec les autres sortir des pistolets de leur ceinture et trois autres se précipiter sur un manifestant. Il y a des cris, la plupart des Palestiniens s'enfuient à toutes jambes. Puis les agents infiltrés ouvrent le feu. Certains tirent en l'air, mais d'autres visent clairement les émeutiers palestiniens. L'un des jeunes est touché à l'arrière du crâne.

Les agents infiltrés frappent à coups de poing et de pied le manifestant qu'ils viennent d'interpeller. Puis des soldats israéliens qui se tenaient à quelques dizaines de mètres à l'arrière arrivent en renfort. Trois jeunes Palestiniens, capturés après avoir été blessés, sont transportés sans ménagement et à bout de bras vers les véhicules de l'armée, où mon collègue Abbas Momani peut les photographier de près. Pour ma part, je me tiens un peu plus à l'écart, car je crains de me faire confisquer ma caméra par les militaires.

Les *moustaaribine* sont là depuis une demi-heure au moins quand ils tombent les masques. Impossible pour les agitateurs de reconnaître l'ennemi en leur sein : dans les heurts qui secouent la Cisjordanie et Jérusalem-Est occupées, tout le monde a le visage camouflé, recouvert du traditionnel keffieh palestinien ou d'un T-shirt noué. Qu'ils soient juifs, druzes, arabes israéliens ou bédouins, les agents infiltrés parlent arabe et ressemblent physiquement aux manifestants. Ceux de DCO portaient sacs à dos, baskets et T-shirts aux couleurs vives, maillots du Barça ou de l'équipe de France de football. Ils sont arrivés de Ramallah après le début des incident, et l'un d'eux laissait dépasser une écharpe verte du Hamas de la poche de son jean. Quand l'incident est terminé, ils repartent avec les militaires.

ANDREA BERNARDI, reporter vidéo, vit à Jérusalem.

BEAU TEMPS POUR UN BOMBARDEMENT

Depuis que Moscou a lancé sa campagne de bombardements en Syrie, la patrie de Bachar el-Assad est « notre pays ».

Moscou, Russie, 19 octobre 2015

Nous avons, en Russie, une vieille blague qui dit que la chose la plus imprévisible dans ce pays, c'est le passé. Il est souvent arrivé que l'histoire soit réécrite en un clin d'œil pour coller aux besoins du moment. Et cela n'a jamais été aussi vrai que depuis que Moscou a commencé sa campagne de bombardements en Syrie il y a quelques semaines.

Depuis le début de la guerre civile en Syrie, il y a quatre ans, la Russie apporte un soutien sans faille au régime du président Bachar el-Assad. Mais jusqu'à ces dernières semaines, le conflit faisait rarement la une de l'actualité ici, et la plupart des Russes ne savaient pas grand-chose de ce qui se passait en Syrie, allié traditionnel de leur pays au Moyen-Orient depuis l'époque soviétique.

Eh bien maintenant, la Syrie, c'est « *notre pays* ». Si Moscou intervient dans ce conflit compliqué et aux lignes de front multiples, c'est parce que les racines de la civilisation russe remontent jusqu'à la Syrie. C'est du moins ce qu'a proclamé le député pro-Kremlin Semyon Bagdasarov. « *La Syrie est une terre sacrée* », a-t-on pu l'entendre affirmer à la télévision peu après le début des raids aériens. « *Pour nous, c'est notre pays. Notre civilisation provient de là. Les premiers moines [orthodoxes] venaient d'Antioche. La religion chrétienne orthodoxe, la Russie n'auraient jamais existé sans la Syrie, sans Antioche.* »

On pardonnera à beaucoup de Russes de se sentir un peu perdus dans tout ça.

Après tout, il y a un an à peine, c'était la Crimée qui était « *sacrée* ». Moscou cherchait alors à justifier l'annexion de la péninsule face à la réprobation internationale, et le président Vladimir Poutine avait joué sur tous les registres de l'émotion possibles et imaginables pour rallier à sa cause l'imaginaire collectif russe. « *Ici se trouve l'ancienne Chersonèse où saint Vladimir demanda le baptême* », avait-il déclaré. Il se référait au grand-prince de Kiev Vladimir Sviatoslavitch dont la conversion à Chersonèse, à l'emplacement

MANIFESTATION DE REMERCIEMENTS À VLADIMIR POUTINE POUR SON INTERVENTION EN SYRIE DEVANT L'AMBASSADE DE RUSSIE À DAMAS, LE 13 OCTOBRE 2015.

de l'actuelle Sébastopol, fut l'acte fondateur de la christianisation de la Russie en 988.

Depuis que la Crimée a été conquise par les « *hommes polis* » – des soldats encagoulés sans signe distinctif, dont le Kremlin a d'abord démenti qu'ils soient des militaires russes avant de le confirmer –, la formidable machine de relations publiques du Kremlin fonctionne à plein régime.

Un an et demi après l'annexion, le pays est divisé entre une majorité pro-Poutine et une minorité de détracteurs ayant le plus grand mal à se faire entendre. Entre ceux qui soutiennent que la Crimée appartient légitimement à la Russie et ceux qui estiment que Moscou a commis un vol. Entre ceux qui sont persuadés que la Russie a déployé des troupes pour soutenir les rebelles dans l'est de l'Ukraine et ceux qui croient à la version du Kremlin, selon qui il n'y a pas le moindre soldat russe dans cette région.

Ces derniers mois, l'émotion est montée tellement haut qu'un grand nombre de médias russes ont arrêté de publier les commentaires de leurs lecteurs pour couper court aux torrents d'insultes et autres propos peu amènes. Beaucoup de gens en Russie et en Ukraine se sont brouillés à cause de la crise. Des parents, des amis, des voisins ont cessé de se parler parce que leurs idées sur le sujet divergeaient. Certains ont bloqué leurs amis d'enfance sur Facebook parce qu'ils n'avaient plus envie d'entendre des opinions différentes des leurs. Des Russes qui sont nés et qui ont grandi en Ukraine ne veulent plus y retourner, disant avoir peur.

Et puis, après des mois de couverture à outrance du conflit en Ukraine, l'attention s'est focalisée sur la Syrie. La campagne de raids aériens russes domine l'actualité et même la météo. *« Les experts font remarquer que le moment du début des opérations aériennes a été très bien choisi »*, a-t-on pu récemment entendre sur la chaîne d'information publique Rossiya 24, de la bouche d'une impassible présentatrice du bulletin météorologique, selon qui le temps d'octobre en Syrie *« est idéal pour réaliser des sorties opérationnelles »*.

« ILS PENSAIENT QUE C'ÉTAIT MAL. PUIS ILS ONT REGARDÉ LA TÉLÉVISION ET ILS ONT DÉCIDÉ QUE C'ÉTAIT BIEN. »

La couverture de la campagne de Syrie par les télévisions russes ressemble à une production hollywoodienne. Les jets décollent de nuit, les reporters se précipitent vers la base aérienne installée par les Russes près de Lattaquié, dans le nord-ouest de la Syrie, les journaux montrent des images de soldats en treillis couleur sable dans leur camp récemment aménagé avec cantine et *bania*. *« Pour la première fois au XXIe siècle, la Russie a établi une base militaire dans une région traditionnellement considérée comme sous l'influence d'autres pays »*, a fièrement proclamé le quotidien à gros tirage *Komsomolskaya Pravda*.

Même le monolithique service de relations publiques du ministère de la Défense connaît une nouvelle jeunesse, briefant quotidiennement les journalistes, publiant les résultats des raids en Syrie sur sa page Facebook et diffusant des vidéos particulièrement bien faites de tirs de missiles de croisière. Les chœurs et le ballet de l'Armée rouge, qui pendant la Seconde Guerre mondiale et le conflit en Afghanistan avaient déjà l'habitude d'aller entretenir le moral des troupes, ont été dépêchés sur la base de Hmeimin à Lattaquié. Pour le moment, officiellement, aucun Russe n'est tombé au combat en Syrie.

La campagne médiatique est efficace. En septembre, 69 % des Russes se déclaraient opposés au déploiement de troupes en Syrie. Un mois plus tard, 70 % approuvent la campagne de bombardements, selon un sondage du centre analytique Levada, un organisme indépendant qui fait autorité.

« Ils pensaient que c'était mal. Puis ils ont regardé la télévision et ils ont décidé que c'était bien », a résumé sur sa page Facebook Maxim Trudolyubov, éditorialiste du quotidien économique libéral *Vedomosti*.

Bien sûr, tout le monde n'a pas adhéré aveuglément à la ligne officielle. Après la sortie du député Bagdasarov sur

« notre pays », un vent de dérision a soufflé sur les réseaux sociaux. Afrique et Amérique latine, tenez-vous prêtes, ont raillé des internautes. *« Le prochain sur la liste, c'est le Pérou et ses pétroglyphes. Ils déchiffreront le mot Poutine et enverront les bombardiers »*, s'est esclaffé l'un d'eux.

Les plaisanteries sur la campagne de Syrie ont une saveur aigre-douce. En perpétuelle perte de vitesse, la jeune minorité libérale en Russie a la désagréable impression de retourner à ce que la génération précédente avait vécu pendant le lent et suffocant déclin de l'Union soviétique à la fin des années 1970 et au début des années 1980. Le manque de réformes politiques, l'économie planifiée, la chute des cours du pétrole, la guerre froide, les sanctions américaines, la militarisation de la société, les erreurs de politique étrangère, l'occupation de l'Afghanistan, l'étouffante propagande d'État. L'ère de l'immobilisme.

Après cela sont venues la Perestroïka, la chute du communisme, l'émergence de la démocratie. La jeune génération actuelle, parvenue à l'âge adulte dans une Russie moderne, démocratique et gouvernée par l'économie de marché, se demandait comment la précédente avait pu supporter le glacis soviétique.

En quinze ans de pouvoir, Poutine a neutralisé l'opposition et mis la télévision sous le contrôle de l'État. Les relations entre la Russie et l'Occident se sont dégradées, jusqu'à atteindre leur plus bas niveau depuis la guerre froide lors de l'annexion de la Crimée. Certains affirment que l'appareil de propagande du Kremlin d'aujourd'hui est encore plus puissant qu'à l'époque soviétique.

L'aventure militaire russe au Moyen-Orient a aussi réveillé les fantômes du passé, à savoir les souvenirs de la désastreuse invasion de l'Afghanistan en 1979. Prévue pour durer six mois, la guerre s'était prolongée pendant une décennie et avait fait plus de 14 000 morts, un enlisement que la propagande officielle s'acharnait à dissimuler.

Le cauchemar afghan est encore présent dans la mémoire collective russe, et refait immanquablement surface avec la campagne de Syrie, même si les points communs entre les deux conflits sont peu nombreux. Le Kremlin assure que l'opération militaire en cours n'est et ne sera pas un nouvel Afghanistan, qu'il n'y aura pas d'intervention terrestre et qu'aucun soldat russe ne partira en Syrie s'il n'est pas volontaire.

Les Russes espèrent que, cette fois, leurs dirigeants disent vrai. À l'instar de ma propriétaire qui, comme des millions de compatriotes, applaudit chaleureusement la politique étrangère vigoureuse menée par Poutine. *« Il n'y aura pas un second Afghanistan,* m'assure-t-elle. *Poutine est plus intelligent que Brejnev. C'est un intellectuel. »*

ANNA SMOLCHENKO est journaliste à Moscou.

ARIS MESSINIS

DES ENFANTS SE BLOTTISSENT SOUS DES COUVERTURES DE SURVIE APRÈS LEUR ARRIVÉE À LESBOS, EN OCTOBRE 2015.

SCÈNES DE GUERRE EN ZONE DE PAIX

Les bateaux de réfugiés accostent jour et nuit sur les plages grecques. Charriant des corps par dizaines. Dans un pays d'Europe.

Lesbos, Grèce, 10 novembre 2015

Ce qui me choque le plus, c'est de me dire que je travaille en zone de paix. J'ai travaillé en Syrie et en Libye. Photographier la guerre, je connais. Quand je vais là-bas, je m'attends à ce genre de scènes. Mais pas à Lesbos, dans mon pays, en Grèce.

ARIS MESSINIS

Un homme tombe à genoux en arrivant à Lesbos, fin octobre.

Tous les matins, à l'aube, je prends la voiture pour aller de l'hôtel à la côte. Lesbos a quantité de plages et de falaises. Je prends mes jumelles pour observer la mer et tenter de repérer les bateaux. Quand j'en ai trouvé un, j'essaie de voir où il va accoster, et je m'y rends pour l'attendre.

Les bateaux arrivent jour et nuit. Certains jours, il en débarque 80. Dans les petits bateaux tiennent 45 à 60 personnes, et dans les gros, au moins une centaine. Un jour, on a vu un navire, un vrai navire, chargé de réfugiés.

Les gens hurlent en essayant d'atteindre le rivage. Ces cris, c'est quelque chose qu'on ne peut pas saisir en regardant les photos. Les habitants s'efforcent d'aider. Il y a de la douleur partout. La panique. La panique totale.

Parfois le temps n'est pas beau, l'approche du rivage, plein de rochers, est plus difficile encore. Les réfugiés sont tout près, mais le danger est toujours là. Beaucoup ne savent pas nager. Les bébés, en particulier. C'est bien de bébés que je parle. Des enfants par dizaines.

ARIS MESSINIS

Des canots pneumatiques approchent de Lesbos début octobre.

Il y a quelques jours, j'ai transporté le corps d'un enfant pendant des heures. On avait crapahuté avec des collègues jusqu'à une plage éloignée. Il fallait escalader plusieurs falaises pour la rejoindre. Quand nous sommes arrivés, nous avons vu ce bébé. Tout seul dans les rochers. Il était là depuis quelques jours, il commençait à y avoir une odeur. On l'a mis dans un sac et on a remonté la falaise avec, pour qu'il puisse être enterré.

CES CRIS, C'EST QUELQUE CHOSE QU'ON NE PEUT PAS SAISIR EN REGARDANT LES PHOTOS.

Quand je vois un bébé dans l'eau, qui va se noyer, j'arrête de shooter et je le tire de là. Certains collègues font pareil, d'autres pas. Je ne les juge pas, c'est leur choix. Est-ce que je rate une bonne image ? Si c'est le cas, ça m'est égal. Qu'on me juge. J'aimerais qu'il y ait davantage de paires de bras ici, pour que je n'aie pas à m'arrêter de travailler afin de porter secours, pour que je n'aie que mon boulot à faire. Mais il n'y a pas davantage de bras.

Parfois les réfugiés sains et saufs me demandent : *« Qu'est-ce qui va nous arriver ? »* Je leur réponds que, malheureusement, ce n'est que le début. Ils ont encore du chemin à parcou-

Une femme tombe à l'eau avec son enfant sur une plage de Lesbos après avoir traversé la mer Égée depuis la Turquie, en octobre.

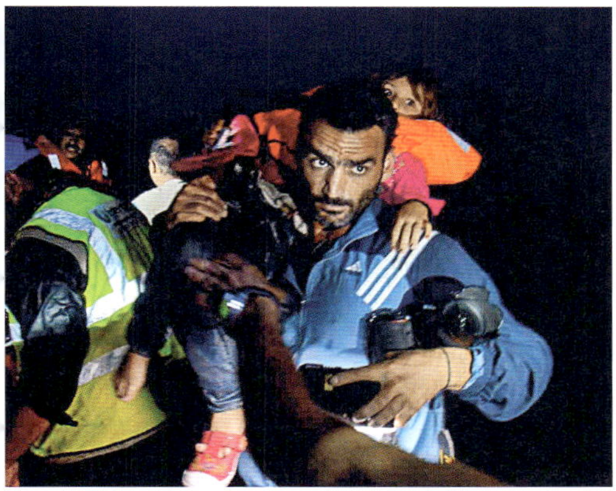

Le photographe Aris Messinis transporte un enfant sur le rivage, début octobre.

rir. J'ai suivi des familles cet été, de Grèce jusqu'en Europe du Nord. J'ai fait le voyage, je sais ce qu'ils vont endurer. Ils ne sont pas les bienvenus en Europe.

J'AIMERAIS QU'IL Y AIT DAVANTAGE DE PAIRES DE BRAS.

Ça ne va pas s'arrêter. Ils vont continuer à arriver, en risquant tout. Le climat va se dégrader, et ce sera bien pire dès l'hiver.

Les choses changeront-elles si on continue à montrer ces images ?

ARIS MESSINIS, photographe, vit à Athènes.

PATRICK BAZ

L'AVENUE DES FRANÇAIS.

CARTES POSTALES DE BEYROUTH

Choqué par les transformations de ma ville natale, livrée aux promoteurs, je l'ai comparée à de vieilles cartes postales collectionnées par ma mère.

PATRICK BAZ

LE GRAND SÉRAIL.

Sur la carte postale : la même vue de Beyrouth dans les années 1920.

Beyrouth, Liban, 23 novembre 2015

Après plusieurs années à l'étranger, je me suis récemment réinstallé à Beyrouth, et j'ai été choqué par la façon dont le paysage de ma ville natale s'est métamorphosé. Plus rien ne ressemble à rien.

Au Liban, on ne respecte pas le passé. Certes, la guerre civile a détruit pas mal de vieilles bâtisses, mais celles qui tenaient encore debout à la fin du conflit sont démolies les unes après les autres. À la place, on construit des villages verticaux. Les promoteurs immobiliers, tout-puissants, tuent l'âme et l'histoire du pays pour le transformer en nouveau Dubaï.

Alors, j'ai eu une idée. Il n'y a pas très longtemps, ma mère m'a fait cadeau de sa collection de vieilles cartes postales du Liban, datant du mandat français entre 1920 et 1943. Exilée en France au début de la guerre, en 1976, ma mère écumait les marchés et les boutiques d'antiquaire à la recherche de ces images jaunies. Elles lui rappelaient le Liban de ses parents,

PATRICK BAZ

La rue Bab Eddris.

où elle avait elle-même passé ses premières années. C'était une façon pour elle de garder le contact avec son pays. J'ai décidé d'utiliser ces cartes postales pour montrer l'ampleur des changements survenus en un siècle à Beyrouth, en les comparant avec des prises de vue réalisées exactement aux mêmes endroits à l'époque actuelle.

AU LIBAN, ON NE RESPECTE PAS LE PASSÉ.

Cela s'est avéré compliqué. Pour qu'on puisse faire le rapprochement entre les deux images, il faut des points de repère. Dans de nombreux cas, ces repères ont été impossibles à trouver tant les bouleversements ont été grands. La lumière aussi a posé problème. Les gratte-ciel hideux sont parfois tellement hauts que des rues entières sont plongées dans la pénombre, et il peut exister un écart de trois ou quatre diaphragmes entre un trottoir et celui d'en face. En plus de tout ça, il fallait que la carte postale soit bien exposée à la lumière. Il a souvent fallu travailler très vite pour ne pas être embêté par les vigiles ou autres services de sécurité qui pullulent dans la ville.

La rue Weygand et l'immeuble de la mairie.

La rivière de Beyrouth.

Avec l'aide précieuse du photographe du bureau de Beyrouth Joseph Eid, qui connaît beaucoup mieux le terrain que moi, j'ai pu réaliser 18 photos en deux jours. Le travail n'est pas fini : il y a 300 cartes postales au total dans ma collection ! Des lettres d'expatriés et des militaires français s'extasiant sur la beauté du pays, la mer, la douceur de vivre… Certains écrivent à leur famille qu'ils ne veulent pas rentrer.

PATRICK BAZ, photojournaliste, réside actuellement à Beyrouth.

AFP

Funérailles des victimes d'un double attentat à la bombe attribué à Boko Haram, qui a fait au moins 44 morts,

LÀ OÙ LA TERREUR N'A PAS DE NOM

Au nord du Nigeria, les terroristes de Boko Haram peuvent attaquer n'importe quand. Nous nous sommes habitués à cette violence.

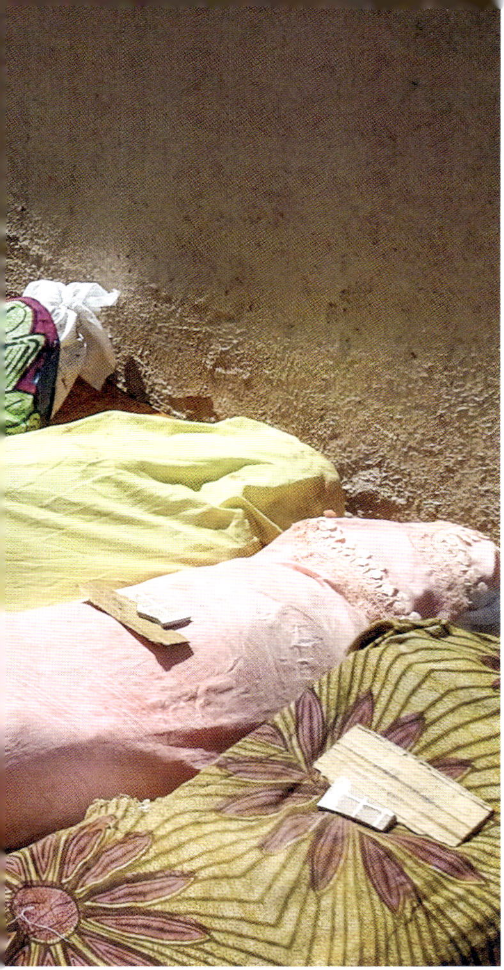

À Jos, dans le centre du Nigeria, le 6 juillet 2015.

Kano, Nigeria, 8 décembre 2015

Le coup de téléphone arrive quelques heures après la diffusion, par les chaînes de télévision du Nigeria, de la cérémonie française d'hommage aux victimes des attentats du 13 novembre à Paris : encore une attaque suicide. Plusieurs personnes viennent d'être tuées dans la banlieue de Kano, la grande ville du nord du Nigeria où je vis.

Je pars immédiatement sur place, à une vingtaine de kilomètres du centre-ville. Quand j'arrive, les services de secours ont déjà évacué 21 cadavres et des dizaines de blessés. Les seules traces de l'attentat sont les flaques de sang et des morceaux de chair humaine sur la route.

Depuis le début de l'insurrection armée de Boko Haram, il y a environ six ans, j'ai couvert presque toutes les attaques perpétrées par le groupe djihadiste. En 2009, Maiduguri, la capitale de l'État de Borno, s'était transformée en champ de bataille durant six jours. Huit cents morts, pour la plupart dans le camp de Boko Haram. Parmi eux, Mohammed Yusuf, le chef et fondateur de ce groupe islamiste qui a séduit une partie de la population dans le Nord musulman grâce à ses prises de position contre la corruption, avant de radicaliser son discours et ses actions. Depuis, c'est l'escalade de la violence.

La retransmission de la cérémonie d'hommage aux victimes de Paris se déroule à la veille du premier anniversaire d'une attaque à Kano, revendiquée par Boko Haram, désormais affilié au groupe État islamique. Sauf que les noms et les photos des victimes de Kano n'ont jamais été publiés dans les médias du monde entier. Au Nigeria même, qui s'en souvient ? Douze mois après les faits, on ignore le nombre exact de morts :

120, peut-être plus… Et aucune commémoration n'a été organisée.
Le nord du Nigeria est majoritairement musulman, et l'islam influence en grande partie notre culture. Nous avons une approche fataliste de l'existence. Tout ce qui arrive est dicté par Dieu. Si nous nous faisons tuer, c'est parce que c'était écrit. Un proverbe en langue hausa dit : *« Quand la mort vous appelle, il faut lui répondre. »*
La mort, ici, fait partie de la vie. Beaucoup plus qu'ailleurs. Il suffit de regarder le bilan de l'insurrection de Boko Haram. Depuis les massacres de Maiduguri en 2009, les violences ont fait au moins 17 000 morts et 2,6 millions de sans-abri au Nigeria. En septembre dernier, 117 personnes ont été tuées à Maiduguri. Le 18 novembre, deux jeunes filles – l'une apparemment âgée d'à peine 11 ans – se sont fait sauter dans une boutique de téléphones portables à Kano : 15 morts.

« PAPA, JE CROIS QUE TU DEVRAIS ENLEVER ÇA. »

La veille, quand l'explosion d'une bombe avait fait 34 morts à Yola, la capitale de l'État d'Adamawa, Facebook avait activé son « signalement de sécurité » au Nigeria pour la première fois. Je suis sûr que cela a été bien accueilli par ceux qui ont accès à Internet. Mais beaucoup de gens se sont aussi posé la question : pourquoi maintenant, alors que des attaques ont lieu pratiquement tous les jours, depuis des années ?
Je ne peux pas dire que les gens aient peur à Kano. L'attentat de l'an dernier n'a pas laissé la ville en état de choc, même s'il a provoqué un fort sentiment de colère. Nous savons depuis longtemps que Boko Haram attaque les mosquées et les églises, mais le fait que la grande mosquée ait été visée a rendu les gens furieux. C'était inhabituel. Cela s'expliquait en grande partie par le fait que le palais de l'émir de Kano, Muhammad Sanusi II, une figure très respectée de l'islam au Nigeria, est situé juste à côté.
Il fut un temps où les gens prenaient la fuite dès qu'ils entendaient une explosion. Maintenant ils prennent des photos avec leur téléphone portable et les publient sur les réseaux sociaux.
Après les attaques à Paris, on a pu voir de nombreux policiers et militaires déployés dans les rues. La sécurité a été renforcée partout en France. Rien de tel ici. Les forces de sécurité n'ont pas les effectifs pour cela. Je ne sais même pas si quelqu'un a été arrêté pour les attentats de Kano.
L'an dernier, en allant au marché, j'ai vu un chantier transformé en immense parking sauvage. Typiquement le genre d'endroit où se rassemblent de grandes foules, et qui attire les auteurs d'attentats suicides. J'ai appelé la police pour faire part de mon inquiétude. Ils m'ont répondu qu'ils étaient au courant. Mais que pouvaient-ils faire ? Il existe des centaines d'endroits comme celui-là et on ne peut pas tous les surveiller.

SUNDAY AGHAEZE

PATROUILLE MILITAIRE À CHIBOK, DANS LE NORD DU NIGERIA, EN MARS 2015.

Un officier de l'armée m'a confié que les forces de sécurité ont adopté une approche plus discrète à Kano. Elles essaient de limiter les patrouilles armées et les postes de contrôle, de crainte de tuer le commerce dans la ville, métropole économique de tout le nord du Nigeria. Pour essayer de donner l'impression que tout va bien, les militaires et la police ont cessé de communiquer à propos des perquisitions et des arrestations.

Vivre dans un endroit aussi violent a changé notre façon d'exister, même si nous essayons de mener la vie la plus normale possible. Je fais en sorte de ne pas inquiéter ma famille en révélant trop de détails sur mon métier. Il y a quelques années pourtant, les journalistes ont commencé à devenir des cibles. Les locaux du journal *This Day* à Kaduna et Abuja ont même été visés par des attentats à la bombe. En voyant l'autocollant « presse » sur ma voiture, mon fils, alors âgé de 12 ans, m'a dit : *« Papa, je crois que tu devrais enlever ça. »* Je n'ai plus cet autocollant.

L'essentiel, c'est de ne pas paniquer. Cette attitude nous aide à supporter le quotidien. Les gens refusent de se laisser intimider. L'an dernier, les militaires de Kano avaient publié un communiqué affirmant que Boko Haram allait perpétrer des attentats pendant la période de Noël, exhortant la population à rester chez elle afin de limiter les pertes en vies humaines. Les gens n'ont pas obtempéré. Ne vous laissez pas intimider, restez debout autant que vous pourrez.

AMINU ABUBAKAR est basé à Kano, au nord du Nigeria.

Les Dukha, ethnie vivant de l'élevage dans le nord de la Mongolie, ne sont plus que 200. © Greg Baker

LE ROYAUME DES RENNES

Dans la taïga mongole, le mode de vie des éleveurs nomades est menacé par des restrictions gouvernementales.

Tsagaan Nuur, Mongolie, 23 décembre 2015

À l'extrême nord de la Mongolie, aux confins de la Russie, des éleveurs nomades affrontent depuis des siècles des hivers à

TSENDEEGIIN GANBAT ET SA FEMME PUNSUL AVEC LEUR PETITE-FILLE, DANS LEUR TENTE. © GREG BAKER

– 50 degrés aux côtés de leurs bêtes. Les Dukha, ethnie dont le nom mongol, « Tsaatan », signifie « ceux qui possèdent des rennes », ne sont plus que 200. Leurs conditions d'existence sont menacées par l'interdiction des activités d'élevage et de chasse dans cette partie de la taïga. Pour *« protéger l'écosystème »*, le gouvernement a transformé cette étendue sauvage en parc national. Mon immersion chez ces éleveurs du bout du monde, figés dans le temps mais de plus en plus attirés par les lumières des villes modernes, a été l'une des plus envoûtantes de ma vie.

GREG BAKER, photographe, est basé à Pékin.

Un éleveur de rennes dans la province de Khövsgöl, au nord de la Mongolie.

PIERRE-PHILIPPE MARCOU

La députée du parti de gauche Podemos Carolina Bescansa et son bébé, pendant la séance inaugurale

UN BÉBÉ AU PARLEMENT

En Espagne, une députée de Podemos fait polémique en amenant son bébé dans l'hémicycle.

Madrid, Espagne, 14 janvier 2016

Couvrir une séance au Parlement n'est pas toujours excitant : ce sont des heures de discours, et des images qui sortent difficilement de la banalité et de l'institutionnel. Il en va autrement

du Parlement espagnol, le 13 janvier 2016.

quand une députée arrive dans l'hémicycle en poussant un landau.

C'est la séance inaugurale du Congrès des députés espagnols issus des élections du 20 décembre, et de nombreux élus vont faire leurs débuts. Les nouveaux venus sont surtout issus des deux partis qui ont émergé à la faveur de la crise économique : les libéraux de Ciudadanos et les gauchistes radicaux de Podemos. Très vite, on sent que l'Assemblée a pris un coup de jeune. Certains députés sont venus à vélo. D'autres sont en T-shirt ou coiffés à la rasta.

Quand je vois arriver Carolina Bescansa, la cofondatrice de Podemos, je pense que le parti a imaginé une mise en scène symbolique. La couverture à l'intérieur du landau a l'air trop aplatie pour qu'il y ait un enfant là-dedans. Mais à la surprise générale, la députée en sort un bébé et s'installe avec lui dans l'hémicycle. La séance dure près de cinq heures, tout au long desquelles l'enfant est sage comme un ange. Pendant les discours, Carolina Bescansa lui donne discrètement le sein sous son châle. Un tel acte n'est pas neutre : le droit des femmes est au cœur du programme de Podemos, qui demande notamment des garderies gratuites. La conciliation entre vie privée et vie professionnelle est un grand sujet de débat en Espagne, où les journées de travail sont souvent très longues.

Carolina Bescansa ne se sépare jamais de son bébé. Pendant la campagne électorale, elle l'a amené à tous les débats et meetings auxquels elle a participé. Son geste rappelle celui de l'ex-eurodéputée italienne Licia Ronzulli, qui venait régulièrement avec sa fille au Parlement européen pour attirer l'attention sur *« toutes ces femmes qui ne peuvent concilier la maternité et le travail »*.

PIERRE-PHILIPPE MARCOU est un photojournaliste de l'AFP basé à Madrid.

NOUS SERONS ICI LE TEMPS QU'IL FAUDRA

La procédure contre les cerveaux présumés des attentats du 11-Septembre risque de devenir la plus longue de toute l'histoire des États-Unis. En attendant, les suspects sont prisonniers à Guantánamo.

Base navale de Guantánamo Bay, Cuba, 26 janvier 2016

Je suis assis sur le banc des spectateurs d'un des tribunaux les moins accessibles du monde. À travers le triple vitrage insonorisé, je regarde cinq détenus à la barbe fournie qui discutent aimablement avec leurs avocats en attendant le début d'une énième audience préliminaire. Cela fait huit ans que ces cinq hommes, détenus à Guantánamo, ont été inculpés pour avoir planifié les attaques du 11 septembre 2001 qui ont coûté la vie à près de 3000 personnes. La procédure judiciaire contre eux risque de devenir bientôt la plus longue de toute l'histoire des États-Unis, si ce n'est déjà le cas. Et quand le juge militaire ouvre les débats, je

THOMAS WATKINS

PRÈS DU TRIBUNAL MILITAIRE DE GUANTÁNAMO,

LE 6 DÉCEMBRE 2015.

MLADEN ANTONOV

Une cellule du « Camp 5 » de Guantánamo, en avril 2014.

commence à comprendre pourquoi.
L'audience du jour – comme ce sera le cas pour une grande partie de celle du lendemain – n'a rien à voir avec le fond. Elle est exclusivement consacrée à une question qui paralyse la procédure depuis plus d'un an. Devant le prétoire, les avocats de la défense soutiennent qu'il est offensant pour leurs clients, musulmans d'obédience stricte, d'être escortés par des femmes entre leurs cellules et le tribunal. Le cerveau présumé des attentats, Khalid Cheikh Mohammed, qui a teint son épaisse barbe en orange vif et comparaît en veste militaire et keffieh, affirme que le seul fait de voir des gardiennes de sexe féminin provoque chez lui des reviviscences des tortures et des humiliations sexuelles qu'il a endurées dans les prisons secrètes de la CIA après sa capture au Pakistan, en 2003.

Nous sommes en décembre 2015. Je suis venu ici avec sept autres journalistes et un groupe de huit parents de victimes du 11-Septembre. Il y a aussi quelques observateurs d'organisations non gouvernementales. Peu de gens ont l'occasion d'assister en direct à cette procédure, qui se déroule à un rythme lymphatique devant un tribunal militaire d'exception à Guantánamo. Depuis la zone des spectateurs, nous pouvons voir ce qui se passe dans le prétoire, mais le son est diffusé avec un décalage de quarante secondes. Le temps pour le juge, la CIA et les autres cerbères du gouvernement de le couper au cas où des informations classées top secret seraient révélées.

Pendant une courte suspension d'audience, destinée à permettre aux accusés de faire leur prière, une représentante d'une organisation de défense des droits de l'homme assise derrière moi se penche en avant et me montre un coussin posé sur le siège qu'occupe un des accusés, Mustafa al-Hawsawi. Elle m'explique qu'il en a besoin en permanence, à cause des graves blessures au rectum qu'il a subies lors des fouilles poussées pratiquées par la CIA. Une intervention chirurgicale lui a été refusée. Je marque un temps d'arrêt tant cette affirmation me semble incroyable. Et pourtant elle a déjà été discutée ouvertement devant le tribunal. Elle figure aussi noir sur blanc dans un rapport d'enquête du Sénat américain sur les méthodes d'interrogatoire de la CIA dans le cadre de la « guerre contre le terrorisme ». Le tribunal accorde à l'accusé le droit de s'asseoir sur un coussin, mais aucune poursuite n'a jamais été intentée par la justice américaine contre les auteurs des tortures qui motivent son usage.

À mes yeux, ce coussin blanc d'apparence si anodine symbolise toutes les raisons pour lesquelles cette affaire de terrorisme, la plus importante de l'histoire de la justice américaine, met si longtemps à aboutir.

Tout, ici, renvoie au traitement infligé par la CIA à ses prisonniers dans les années qui ont suivi les attentats du 11-Septembre. Certaines preuves ont été extorquées au moyen de « techniques d'interrogatoire renforcées ». Pour arracher des renseignements aux suspects, les agents disposaient d'un large éventail de mesures, comme le simulacre de noyade, la privation de sommeil ou l'alimentation de force par la bouche ou par l'anus.

Depuis la première inculpation des « cinq du 11-Septembre » en 2008, ces accusations de tortures et d'autres irrégularités graves ne cessent d'entacher la procédure. De tels vices auraient entraîné une annulation pure et simple de l'affaire si celle-ci avait été jugée devant un tribunal fédéral ordinaire, une issue inimaginable s'agissant du procès du pire crime commis sur le sol des États-Unis en temps de paix. Par conséquent, le gouvernement cherche désespérément à asseoir la légitimité du tribunal militaire de Guantánamo, et donne suite à toutes les requêtes présentées par la défense. Il y en a déjà eu plus de 200.

À l'issue d'une audience, en décembre, je rencontre l'avocat de Hawsawi, Walter Ruiz. Il m'explique qu'il s'attend à ce que le procès sur le fond de l'affaire ne démarre pas avant 2020, dans le meilleur des cas. Les procureurs sont plus optimistes sur les délais. Mais eux-mêmes reconnaissent qu'ils ne pourront communiquer l'ensemble de leurs pièces à la défense qu'en septembre prochain. Ruiz prédit que ces pièces donneront lieu à de nouvelles requêtes de la défense, et que le nouveau cycle de litiges procéduraux qui en résultera pourrait encore faire traîner les choses pendant une dizaine d'années. À la fin de notre conversation, l'avocat me tend sa carte de visite, au dos de laquelle figure le slogan « *Injustice anywhere is a threat everywhere* » (« Où qu'elle se produise, une injustice est une menace partout »), adaptation d'une célèbre déclaration de Martin Luther King.

Lors d'un procès ordinaire, ce sont les accusés qui sont conduits au tribunal. Mais ici, c'est le contraire. Environ une fois par mois, le juge, les procureurs, le personnel judiciaire et les avocats de la défense se rendent dans une base aérienne des environs de Washington et prennent place dans un avion militaire qui, trois heures plus tard, les dépose à Guantánamo. Sur les 91 hommes encore détenus dans cette lointaine base américaine des Caraïbes, environ la moitié n'ont jamais été inculpés pour quoi que ce soit mais n'ont aucune chance d'être un jour libérés. Les médias les ont baptisés les « *éternels prisonniers* ». Quant à moi, je me demande si je ne suis pas aussi en train d'assister à un « éternel procès ».

CE COUSSIN BLANC SYMBOLISE TOUTES LES RAISONS POUR LESQUELLES CETTE AFFAIRE DE TERRORISME MET SI LONGTEMPS À ABOUTIR.

Le procureur en chef chargé du dossier, le général de brigade Mark Martins, ne se laisse pas entraîner dans une discussion sur la durée de la procédure. « *La seule chose qui compte, c'est la loi et l'application de la loi. Nous serons ici le temps qu'il faudra. Personne ne va se désintéresser de cette affaire* », me dit-il.

Il a sûrement raison. Il s'agit du 11-Septembre, et l'Amérique ne va pas oublier. Mais les États-Unis et le monde ont changé. Nous pensons de moins en moins aux croquemitaines d'Al-Qaïda et beaucoup plus aux djihadistes de l'État islamique et au chaos qu'ils sont en train de répandre dans le monde. La « guerre contre le terrorisme » elle-même a évolué. Les États-Unis sont moins enclins à faire des prisonniers et préfèrent tuer directement les suspects par drones.

Je regarde un groupe de marins, qui surveillent l'enceinte du tribunal. La plupart ne devaient avoir que 4 ou 5 ans quand les quatre avions détournés se sont écrasés sur les tours jumelles, le Pentagone et dans un champ de Pennsylvanie. Trois d'entre eux bavardent nonchalamment sous la toile qui les protège de l'implacable soleil tropical. Ils ne semblent guère s'intéresser aux événements historiques qui se déroulent à quelques mètres de là, dans le bâtiment qu'ils sont chargés de garder. En fait, ils ont l'air de s'ennuyer ferme. « *On perd le fil des jours ici* », dit l'un. « *On oublie la date. On sait juste si on travaille ou si on est de repos.* »

Étrange endroit que Guantánamo Bay. La base est située en territoire cubain mais coupée du reste de l'île par des barbelés tranchants, des champs de mines et d'immenses alignements de cactus. Ses quelque 5 000 habitants sont en majorité des militaires américains et leurs familles, mais on y trouve aussi de nombreux travailleurs philippins ou jamaïcains. Avant d'être autorisé à passer une semaine ici, j'ai dû signer un document de treize pages détaillant ce que j'ai le droit de faire ou non. Je ne suis pas autorisé à prendre des photos, sauf dans les endroits déterminés à l'avance et avec la permission des militaires qui m'escortent. Toutes les images que j'ai prises pendant mon séjour ont été minutieusement examinées par la censure militaire, y compris celle de Larry, l'iguane qui vaque à sa guise dans la base.

Au bout d'une semaine de procédure, les parents des victimes venus assister aux audiences à Guantánamo donnent une conférence de presse. Leur douleur est encore très vive, palpable. Ils semblent mécontents, épuisés et frustrés. Certains pleurent, d'autres se disputent bruyamment au sujet de la politique des États-Unis après le 11-Septembre. Tous veulent que justice soit rendue, mais aucun ne veut d'une justice bâclée.

« Je voulais juste voir quelle tête ont ces salauds », explique l'un d'eux, Alfred Bucca, dont le frère, Ronald, était pompier et a péri quand la seconde tour s'est effondrée.

Une nouvelle audience préliminaire a été fixée pour le mois prochain.

THOMAS WATKINS, l'un des correspondants accrédités au Pentagone, est basé à Washington.

MANIFESTATION POUR LA FERMETURE DE GUANTÁNAMO DEVANT LA MAISON-BLANCHE, À WASHINGTON, LE 11 JANVIER 2016.

MANDEL NGAN

OZAN KÖSE

Des centaines de corps de réfugiés gisent sur la plage. Personne ne s'occupe du bébé mort.

« QUE FERAIS-JE SI CE BÉBÉ ÉTAIT À MOI ? »

En Turquie, des milliers de réfugiés tentent d'atteindre la Grèce sur des bateaux de fortune. Jour après jour, la mer charrie de nouveaux cadavres.

Çanakkale, Turquie, 1er février 2016

Quand j'arrive sur la plage de galets, le premier cadavre que je vois est celui d'un bébé. Il doit avoir 9 ou 10 mois, il est chaudement couvert et porte un bonnet. Une tétine orange est accrochée à ses habits. À côté de lui gisent un autre enfant, âgé de 8 ou 9 ans, ainsi qu'une adulte, leur mère peut-être.

Sur le moment, je ne sais pas quoi faire. Je prends quelques photos. Je parcours la plage, je vois le corps d'un autre enfant sur un rocher. Par la suite, je ferai des cauchemars, je serai durant des heures incapable de parler, mais à cet instant, je ne ressens rien de particulier. Les gendarmes turcs sont occupés à ramasser d'autres noyés échoués sur la plage après le naufrage de la nuit précédente. Il y a tellement de cadavres… Je n'arrive pas à les compter.

JE ME DEMANDE CE QUI EST EN TRAIN D'ARRIVER À L'HUMANITÉ.

Pour le moment, personne ne s'occupe du bébé mort. Alors, je reviens vers lui et, pendant peut-être une heure, je reste à ses côtés, en silence. J'ai deux enfants, une fille de 8 ans et un petit garçon de 5 mois. Je me demande ce que je ferais si ce bébé était à moi. Je me demande ce qui est en train d'arriver à l'humanité.

Je me trouve depuis quelques jours dans la région de Çanakkale, sur la côte turque de la mer Égée, où se massent des milliers de réfugiés syriens, irakiens ou autres qui cherchent à gagner l'île grecque de Lesbos, située juste en face. La situation est très tendue ici.

La veille, je suis allé dans les bois où plusieurs dizaines de migrants se sont repliés après s'être fait arnaquer par des passeurs. Ces derniers leur ont fait payer une fortune pour embarquer sur un bateau pour la Grèce, mais, le moment venu, l'embarcation s'est avérée beaucoup plus petite qu'annoncé. Craignant de couler, les migrants ont refusé de monter. Ils se sont confrontés aux passeurs, qui les ont menacés avec des armes à feu. Dans ce campement de fortune où ils se réchauffaient autour de feux de bois en attendant de trouver un nouveau bateau pour l'Europe, les réfugiés ont été heureux de me voir, de me parler de leurs problèmes. Les enfants demandaient sans cesse à leurs parents: *« Alors, c'est quand qu'on monte sur le bateau ? »*

Certains de ces gens que j'ai croisés dans le bois ont-ils pris place à bord de ce rafiot bondé qui, dans la nuit du 29 au 30 janvier, sombre par temps calme à quelques centaines de mètres de la côte ? Sans doute. Peut-être. Impossible de le savoir.

Ce samedi matin, je me réveille en sursaut vers 7 heures en entendant de nombreuses sirènes d'ambulances. Mon hôtel est situé juste à côté de la base des garde-côtes. Quelque chose de grave a dû se produire.

Au moment où j'arrive à la base, une navette vient d'accoster. Des corps enveloppés dans des housses en plastique sont en train d'être débarqués. J'en compte une dizaine. Il y a de nombreux rescapés aussi, dont beaucoup de femmes et d'enfants. Je m'approche. Ils viennent de Syrie, d'Irak, d'Afghanistan, mais aussi de Birmanie et du Bangladesh. Ils sont en état de choc. Ils me racontent qu'il faisait beau, que la mer était calme, mais qu'ils étaient beaucoup trop nombreux sur le bateau. C'était une petite embarcation conçue pour promener les touristes, et dont la capacité était de vingt ou trente passagers au grand maximum. Quand

Des réfugiés attendent dans un bois près de la côte après s'être fait escroquer par des passeurs turcs.

elle a sombré, plus de cent migrants s'entassaient à bord. Chacun avait versé 1 200 euros aux passeurs.

Les survivants sont emmenés par la police pour être interrogés, et je décide de me rapprocher du lieu du naufrage. Le drame s'est produit à moins d'un kilomètre de la côte, près du village de Bademli. Quand j'arrive sur place, je vois l'épave à moitié engloutie qui, à la dérive, se trouve désormais à une cinquantaine de mètres du rivage. La plage de galets est jonchée de gilets de sauvetage, d'effets personnels et de cadavres rejetés par les vagues glacées de la mer Égée, dont celui de ce bébé à côté duquel je me trouve.

En regardant ce petit corps, je me demande pourquoi tout cela. Pourquoi cette guerre interminable en Syrie. Je suis fou de rage contre tous ces politiciens qui ont causé cette tragédie, contre les passeurs qui envoient tant de gens à la mort.

Puis un gendarme arrive, soulève l'enfant et le dépose dans un sac en plastique. Lui aussi, il pleure.

OZAN KÖSE, photojournaliste, est basé en Turquie.

Le militant anti-gouvernement fédéral Duane Ehmer parcourt à cheval le Refuge faunique national de Malheur, dans l'Oregon, qu'il occupe avec plusieurs autres activistes, le 7 janvier 2016.

LE WESTERN DE MALHEUR

Au fin fond de l'Oregon, une aire naturelle protégée devient le bastion de militants armés.

ROB KERR

Refuge faunique national de Malheur, États-Unis, 24 février 2016

Le comté de Harney, dans l'Oregon, fait à peu près la taille de Haïti, mais il ne compte que 7 000 âmes. Et la plupart de ces âmes aiment la solitude. Ce n'est pas souvent que les habitants de cette campagne perdue du nord-ouest des États-Unis participent à des réunions publiques. Et là, les voilà qui s'agglutinent dans une salle des fêtes bourrée de policiers dans l'espoir d'apprendre ce qui se passe dans un refuge faunique situé au milieu de nulle part, à 50 kilomètres de là...

Toute l'affaire tourne autour des terres.

Dans les États de l'ouest des États-Unis, la majorité des terres (53 % dans le cas de l'Oregon) appartiennent au gouvernement fédéral. Ce sont des terres publiques, et le gouvernement accorde à certains, comme les ranchers et les bûcherons, des droits de pâturage ou d'abattage. Souvent, les ranchers n'apprécient pas du tout ce contrôle gouvernemental. Travaillant sur ces terres, ils s'en estiment les légitimes propriétaires. Des conflits éclatent régulièrement.

C'est l'un de ces conflits qui a déclenché, le 2 janvier, une confrontation. Deux frères, Ammon et Ryan Bundy, fils d'un célèbre activiste antigouvernemental, accompagnés de plusieurs sympathisants, ont saisi leurs armes à feu et se sont retranchés dans le Refuge faunique national de Malheur, un parc naturel protégé dans le centre du comté de Harney. Ils entendaient protester contre la condamnation à des peines de prison ferme de deux éleveurs de la région reconnus coupables d'avoir incendié des terres fédérales.

Les deux éleveurs condamnés ont vite pris leurs distances avec les insurgés. Mais le mouvement n'a pas tardé à attirer plusieurs dizaines de partisans, « patriotes » autoproclamés, illuminés et paumés en tout genre, dont beaucoup d'anciens combattants d'Irak, communiant dans la haine des « feds » – l'État fédéral – sans autre point commun entre eux.

ROB KERR

LE SHÉRIF DU COMTÉ DE HARNEY, DAVID WARD, PREND LA PAROLE PENDANT UNE RÉUNION PUBLIQUE D'INFORMATION À BURNS, DANS L'OREGON, LE 6 JANVIER 2016.

Dans l'Oregon, le ressentiment à l'égard de Washington s'explique en grande partie par le déclin de l'industrie forestière, autrefois un des plus gros employeurs de l'État. À la fin des années 1990, l'abattage des arbres a été fortement réduit sur les terres fédérales dans le but de protéger des espèces menacées. Les collectivités affectées par cette mesure ont reçu des subventions temporaires pour compenser leurs pertes de revenus et les aider à reconvertir leur économie. Mais beaucoup n'avaient pas réussi à prendre un nouveau départ quand ces subventions ont pris fin, quelques années plus tard. Depuis, ils accusent les « feds » de leur avoir doublement coupé les vivres : d'abord en sacrifiant l'industrie forestière, puis en supprimant les subventions. Maintenant, beaucoup se sentent complètement démunis.

La plus grande confusion règne à Harney. Personne ne sait exactement combien de gens occupent les bureaux du refuge, ni qui ils sont, ni ce qu'ils veulent. Les écoles restent fermées pour des raisons de sécurité. L'hôpital local a renforcé ses effectifs, juste au cas où. La bourgade voisine est littéralement envahie par la police. Les habitants se terrent chez eux et ferment les volets.

Comme Internet n'est pas très répandu dans la région, assister à la réunion publique dans la salle des fêtes est pour beaucoup le seul moyen de savoir ce qui se passe. Pendant que j'essaie de garder l'équilibre sur la neige glissante, le parking commence à se remplir de pick-up, de voitures, de camions des médias et d'une demi-douzaine de véhicules du shérif venus des quatre coins de l'État. Un camion s'enlise dans la neige, et tout de suite un groupe de volontaires spontanés se précipite pour le dégager.

Pendant la réunion, j'aperçois plusieurs des occupants du refuge parmi la foule, au milieu des éleveurs, des petits commerçants et des policiers. Wow ! Ils peuvent donc entrer et sortir librement du parc naturel qu'ils ont envahi ? Pourquoi ne se font-ils pas arrêter ?

Je suis arrivé ici le lendemain du début de l'occupation, à la tombée de la nuit, un peu nerveux en roulant sur la route verglacée en direction du refuge. Je n'avais aucune idée de la façon dont ces hommes lourdement armés allaient accueillir un reporter venu les photographier.

Planté dans un paysage magnifique de bétail qui broute et de cerfs gambadant dans les marais gelés, le Refuge faunique de Malheur compte deux entrées. L'une est juste bloquée par une voiture disposée en travers. L'autre a été transformée en poste de contrôle par les protestataires. La zone contrôlée par les insurgés, à peine plus vaste qu'un terrain de basket-ball, pullule de journalistes.

Un militant proclame avec insistance que son action est soutenue par Dieu… Un autre arbore le drapeau américain sur le dos de sa veste en cuir et arpente le parc occupé monté sur son cheval, Hellboy.

L'affaire dure. Au bout de trois semaines, fin janvier, les frères Ammon et Ryan Bundy se font arrêter sur une autoroute à environ 80 kilomètres du refuge. Un troisième homme, Robert « LaVoy » Finicum, est tué au cours de la même opération par la police car, selon cette dernière, il refusait d'obtempérer et approchait ses mains d'une poche où se trouvait une arme chargée. Après cet incident, la présence des forces de l'ordre augmente fortement et je passe la plupart de mon temps à marcher, à manger et à parler avec des policiers. Privés de leurs leaders, beaucoup de protestataires jettent l'éponge et retournent à leur

ROB KERR

Ryan Bundy, un des occupants du refuge, parle au téléphone le 7 janvier 2016.

Barrage routier près du refuge, le 11 février 2016.

ROB KERR

vie antérieure.

Il ne reste plus que quatre irréductibles. Les agents du FBI cernent le refuge, bouclent toutes les routes d'accès et ordonnent aux médias de partir. Ils demandent aussi aux propriétaires des ranchs environnants de quitter leur domicile, si possible. Certains s'exécutent, d'autres refusent d'abandonner leurs troupeaux.

Un après-midi, je me retrouve à photographier un de ces barrages routiers. Après des semaines de temps vraiment glacial, le soleil brille et la brise est légère. Le barrage a été dressé sur une piste de gravier au milieu des herbes. Il me semble que toute activité humaine, surtout s'il s'agit de mouvements de véhicules, serait visible à des kilomètres à la ronde. Et pourtant, je tarde à me rendre compte qu'une demi-douzaine de grands pick-up sont en train de barrer la route juste derrière moi. Quand finalement je m'en aperçois, je suis incapable de déterminer à quel camp appartient la dizaine d'hommes qui se dirigent vers moi en brandissant des fusils d'assaut. Ils me visent, m'ordonnent de descendre de la voiture les mains en l'air.

Il s'avère finalement qu'ils sont du FBI. Après le premier moment de tension, mes nerfs et les leurs se calment. Ils me demandent ce que j'ai vu au cours des semaines précédentes. Je n'ai pas grand-chose à leur raconter.

L'occupation s'achève le 12 février de façon assez surréaliste. Le dernier insurgé s'appelle David Fry, il a 27 ans. Il se barricade dans le siège du refuge et, une heure durant, se livre en direct sur Internet à une diatribe dans laquelle il réclame une pizza, puis de la marijuana, invoque Jésus et l'État islamique, dénonce l'avortement et la politique étrangère des États-Unis tout en plaidant pour *« la liberté ou la mort »*. Après quoi il se rend.

ILS ME VISENT, M'ORDONNENT DE DESCENDRE DE LA VOITURE LES MAINS EN L'AIR.

Beaucoup d'habitants du coin détestent aussi le gouvernement fédéral avec ardeur. Mais ils en veulent aux miliciens, venus de tous les coins de l'Oregon, d'avoir mené leur action sur leur territoire. Ils leur reprochent aussi d'avoir pris le refuge pour cible, d'avoir laissé derrière eux des monceaux d'ordures et démoli des clôtures. Certes, le surcroît d'activité a profité au commerce local. Grâce à l'afflux massif de policiers et de journalistes, beaucoup de commerçants ont gagné en un mois ce qu'ils gagnent habituellement sur toute une saison. Mais le sentiment général, c'est le malaise.

Actuellement remis en état après des semaines de saccage, le parc sera prêt pour le printemps, quand l'arrivée des oiseaux migrateurs attirera ici des milliers d'amoureux de la nature. Dans l'Ouest américain, les opposants aux « feds » continueront à s'insurger, dans d'autres campagnes.

ROB KERR, photographe, est basé à Bend, dans l'Oregon.

SURFEURS POLAIRES

En Norvège, le surf existe depuis 1962. L'esprit est le même qu'à Hawaii. Dans une eau à 5 degrés.

Unnstad, Norvège, 16 mars 2016

J'ai grandi près de l'océan. J'ai commencé à surfer à 16 ans, puis je suis passé au windsurf. Je me suis intéressé à la prise de vues de surf grâce à une rencontre mémorable avec le triple champion du monde Tom Curren.

J'ai découvert le surf arctique lors d'un séjour dans les îles Lofoten, à 150 kilomètres au nord du cercle polaire. Maintenant, ça fait dix jours que j'y suis. J'habite dans une petite

OLIVIER MORIN

LE SURF EXISTE EN NORVÈGE DEPUIS LES ANNÉES 1960.

OLIVIER MORIN

Première leçon pour un groupe de surfeuses norvégiennes débutantes sur la plage d'Unnstad.

cabane de bois au milieu des montagnes. Le mercure, en cette saison, peut descendre jusqu'à −10 degrés quand le vent se met à souffler.

QUAND JE REGARDE AUTOUR DE MOI, J'AI L'IMPRESSION DE VOIR HAWAII SOUS LA NEIGE.

En Norvège, le surf existe au moins depuis 1962. Les pionniers se sont lancés sur des planches faites de polystyrène et de papier journal mouillé. Les vagues, de classe mondiale, ressemblent à celles qu'on peut trouver en Floride ou sur la côte atlantique française.

Je quitte ma cabane à 7 heures et me dirige vers mon premier spot dans l'espoir de tomber sur des surfeurs matinaux. Parfois, je n'en trouve qu'un. Si le vent n'est pas trop violent et que les vagues sont bonnes, j'attends l'arrivée d'autres surfeurs. Sinon, je vais sur un autre spot, et ainsi de suite. C'est comme ça que ma vie est rythmée. Je suis dépendant de la météo.

La mer commence à se remplir vers 16 ou 17 heures, quand les habitants du coin sortent du travail. Vers 19 heures, c'est l'heure de pointe. Le surf, ici, fait un peu partie de la culture.

Je porte une combinaison de plongée épaisse, conçue pour l'eau glaciale, avec une capuche intégrée. Je peux rester plusieurs heures avec unique-

OLIVIER MORIN

Une aurore boréale vue de la plage enneigée d'Unnstad.

ment mon visage qui émerge. Seules les crampes m'obligent à sortir.

Avant de me lancer dans l'océan, j'ai effectué tous mes réglages. Je n'ai plus qu'à me soucier du cadrage et de la lumière. Habituellement, je nage en emportant un seul appareil protégé par un boîtier étanche. Je suis à 50 ou 80 mètres du rivage. Je me laisse porter par les vagues, en essayant de m'approcher le plus possible des surfeurs. Parfois, je ne me trouve qu'à un mètre d'eux quand je prends ma photo. Je dois faire attention à ne pas les percuter, mais aussi à ne pas me faire emporter par le courant. Une fois, j'aperçois une belette qui surgit entre deux rochers couverts de neige.

Certains surfeurs viennent de Californie ou d'Australie. Quand je regarde autour de moi, j'ai l'impression que c'est Hawaii couverte de neige. À Hawaii aussi, il y a des montagnes et des falaises. Mais ici, on peut sortir de l'eau, parcourir quelques centaines de mètres et se faire une petite descente à skis. Ou tomber sur une aurore boréale. Comme si quelqu'un avait actionné la lumière dans la nuit.

OLIVIER MORIN, photographe, est basé à Milan.

POUR L'IVOIRE DE LA GARAMBA

Dans les années 1970, la Garamba, au Congo, comptait près de 22 000 éléphants. Ils ne sont plus que 1 300.

Parc national de la Garamba, République démocratique du Congo, 18 mars 2016

Ballotté par les vents brûlants, le monomoteur survole une immense savane parsemée de villages aux toits de chaume. Des collines pareilles à des dômes de roche émergent, d'étroites et sinueuses rivières se fraient un chemin dans la légère fumée des feux de brousse.

Je suis venu dans l'extrême nord-est de la République démocratique du Congo pour couvrir la guerre entre les rangers du parc national de la Garamba et les groupes armés de trafiquants d'ivoire. L'an dernier, victimes des braconniers, les éléphants de la Garamba ont frisé l'extermination, même si le nombre d'animaux tués a baissé par rapport à l'année précédente (114 contre 134).

TONY KARUMBA

UN POSTE AVANCÉ DE RANGERS DANS UN SECTEUR

Quand les braconniers débarquent, camouflés dans les herbes hautes et avançant contre le sens du vent, les éléphants n'ont aucune chance. Des familles entières se font massacrer pratiquement à bout portant au fusil d'assaut AK-47, à la mitrailleuse PKM et au lance-grenades. À coups

RECULÉ DE LA GARAMBA.

de hache, les trafiquants amputent les éléphants morts de leurs défenses et disparaissent en laissant derrière eux des mares de sang.

Dans les années 1970, on estimait la population d'éléphants de la Garamba à plus de 22 000, à quoi s'ajoutaient quelque 500 rhinocéros blancs du Nord et 350 girafes du Kordofan. Aujourd'hui les rhinocéros ont entièrement disparu, et il ne reste plus que 38 girafes et environ 1 300 éléphants.

De la Tanzanie à l'est jusqu'au Mali à l'ouest, on estime que quelque 20 000 éléphants ont été tués l'an

CARL DE SOUZA

DES DÉFENSES D'ÉLÉPHANTS TUÉS PAR DES BRACONNIERS SONT DÉTRUITES, DANS LE PARC NATIONAL

dernier pour leur ivoire. En Chine, à l'autre extrémité d'une chaîne d'approvisionnement clandestine contrôlée par des mafias internationales, la défense d'éléphant brute se négocie à près de 1 000 euros le kilo.

Au quartier général du parc de la Garamba, les défenses saisies aux trafiquants sont stockées dans une chambre forte. Certaines font à peine la longueur d'un bras de bébé. D'autres sont plus hautes que moi. La plus lourde pèse 32 kilos. À quelques mètres de là se dressent les ruines des anciens bureaux du parc, dévastés et incendiés au cours d'une attaque rebelle il y a sept ans.

Il y a une dizaine d'années, l'organisation sud-africaine de défense de la nature African Parks a commencé à cogérer le parc national avec les autorités congolaises. C'était juste avant que le dernier rhinocéros blanc du Nord encore à l'état sauvage

de Nairobi, au Kenya, en avril 2016.

tombe sous les balles des braconniers. Maintenant, cette organisation tente de faire de la « conservation » d'animaux.

L'année dernière, quatre rangers de la Garamba ont été tués au cours des vingt-huit affrontements armés avec les braconniers. Parmi les chasseurs illégaux, on trouve des déserteurs de l'armée congolaise, des combattants rebelles, des bandits en tout genre, des éleveurs armés. Un jour, un hélicoptère non identifié a été aperçu dans le Nord : huit éléphants ont été retrouvés morts, tués d'une balle au sommet du crâne. Personne n'a jamais su d'où venait cet hélicoptère, de même que personne n'a su d'où venaient les trois autres appareils signalés depuis 2012.

L'homme chargé de reconner un avenir à la Garamba s'appelle Erik Mararv. Je le rencontre dans le nouveau quartier général du parc national, sur la rive méridionale de la Dungu, un des innombrables affluents du fleuve Congo. Ce jeune Suédois, qui est né et a grandi en Centrafrique, a quitté l'école à 15 ans pour devenir guide de safari et chasseur professionnel. Il a croupi six mois dans une prison de Bangui sous de fausses accusations en 2012. Il a aussi été enlevé par l'Armée de résistance du Seigneur (LRA), un mouvement de rébellion ougandais qui sévit également en Centrafrique, au Soudan du Sud et en République démocratique du Congo.

La LRA continue à braconner dans la Garamba. C'est un acteur beaucoup moins puissant qu'il ne l'a été. Mais il bénéficie encore d'une attention publique indue grâce à ses exactions spectaculaires et au label de « terroriste » qui lui est fréquemment appliqué, et qui aide à entretenir le mythe selon lequel le trafic d'ivoire financerait les mouvements djihadistes armés en Afrique.

Selon Mararv, la plus grande menace pour les éléphants de la Garamba,

CARL DE SOUZA

Un troupeau d'éléphants, devant le mont Kilimandjaro, dans le parc d'Amboseli, le 3 novembre 2016.

L'hélico est piloté par les gardiens du parc d'Amboseli et utilisé par le Fonds international pour la protection des animaux, pour repérer, anesthésier et marquer les éléphants.

CARL DE SOUZA

ce n'est ni la LRA ni les mystérieux hélicoptères surgis de nulle part, mais les gangs venus du Soudan du Sud. La guerre civile du pays voisin déborde les frontières de façon de plus en plus incontrôlable. Les éléphants sont abattus pour leur viande ou pour leur ivoire.

Les rangers pratiquent un entraînement rigoureux au tir et à la survie dans la brousse. Répartis en « équipes Mamba », des petits groupes de choc composés de cinq hommes, ils sillonnent le parc national parfois des jours durant pour traquer les chasseurs clandestins.

Dès qu'un des cinq postes d'observation fixes répartis à travers le parc signale des coups de feu, une « équipe Mamba » peut être dépêchée en hélicoptère en dix à quinze minutes – ce qui est souvent suffisant pour empêcher les braconniers de s'enfuir avec les défenses des éléphants.

Le pilote de l'hélicoptère, un Sud-Africain de 60 ans, sait qu'il peut être appelé à toute heure. Frank Molteno est un civil aux manières martiales et sans compassion pour les braconniers. « *S'ils nous voient, ils nous tirent dessus, alors on leur tire dessus aussi. C'est la loi de la brousse.* »

En octobre dernier, au cœur d'un affrontement dans lequel deux rangers sont morts, Molteno a failli lui aussi y passer quand les balles des braconniers ont manqué de peu de sectionner l'arbre de transmission du rotor de queue de son hélicoptère en plein vol. Un centimètre de plus, et c'en était fait de l'appareil.

Dans la guerre de l'ivoire de la Garamba, on manque de beaucoup de choses : d'hommes, d'armes, de munitions, de matériel de communication, d'équipements pour suivre les animaux à distance. Mais la géographie est aussi un obstacle majeur, auquel tout l'argent du monde ne saurait remédier.

Quand il pleut – c'est-à-dire la moitié de l'année –, beaucoup de terres sont inondées, les rares pistes deviennent impraticables et les broussailles poussent jusqu'à devenir des murs pratiquement impénétrables. Avancer de seulement quelques centaines de mètres peut prendre des heures, avec une visibilité quasi nulle. Les fusillades entre rangers et braconniers éclatent à très courte distance.

Pendant la saison sèche, la savane se pare d'une beauté monotone, presque hypnotique, parsemée d'arbres et pratiquement vide de toute présence humaine. À un moment, nous tombons sur un petit troupeau d'éléphants au détour d'une route. En entendant le moteur de la voiture, ils s'arrêtent, lèvent la tête, puis s'enfuient rapidement dans la lumière dorée de la fin de l'après-midi. Ils savent la cruauté des hommes. Jusqu'à ce que ce ne soit plus le cas, ce savoir les aidera peut-être à rester en vie.

TRISTAN MCCONNELL, journaliste, est basé à Nairobi, au Kenya.

« JOURNALISTES, VOUS ÊTES LES GENS LES PLUS MALHONNÊTES DE LA TERRE ! »

En pleine campagne pour les primaires républicaines, Donald Trump fait de son bruyant mépris pour les médias l'une de ses marques de fabrique.

Youngstown, États-Unis, 22 mars 2016

Quelques secondes seulement après être monté sur scène à Cleveland, ancienne capitale industrielle de l'Ohio, Donald Trump incite déjà la foule à siffler et huer à l'unisson. Pas la démocrate Hillary Clinton, ou même ses rivaux dans la course à l'investiture républicaine qu'il insulte pourtant copieusement. Non ! L'objet de ce bruyant mépris, c'est la presse américaine.

Trois jours plus tard, cette fois à Miami, en Floride, Trump se lâche contre *« les reporters dégoûtants »* qui couvrent sa campagne.

Et ils sont nombreux. Depuis l'automne, et encore plus depuis qu'il a commencé à aligner les victoires dans les primaires, couvrir les meetings de Trump est l'une des missions les plus intéressantes et les plus étonnantes que puisse vous assigner votre rédacteur en chef.

Le milliardaire sait comme personne occuper le terrain médiatique, avec une déclaration à l'emporte-pièce, une attaque contre ses adversaires ou avec des insultes. Ses partisans semblent eux aussi laisser leurs inhibitions à la porte des arènes où Donald Trump rassemble des milliers de personnes à chaque fois.

Assister à un meeting du milliardaire comporte son lot d'incertitudes. Il n'hésite pas à dire tout haut tout le mal qu'il pense d'un journaliste dans la salle et encourage ses collaborateurs, et bien sûr ses partisans, à faire de même. La colère, la violence des invectives et celle des gestes atteignent des niveaux alarmants.

Le samedi 12 mars, je suis à Youngstown, dans l'Ohio, quand Trump s'en prend une nouvelle fois aux journalistes qui, même s'ils lui assurent une couverture permanente, sont *« les gens les plus malhonnêtes de la terre »*.

BRENDAN SMIALOWSKI

MEETING DE DONALD TRUMP À CLEVELAND, LE 12 MARS 2016.

Montrant du doigt les caméras de télévision dans la tribune de presse, il continue sur sa lancée : « *Les pires. C'est vrai. Si, c'est vrai.* »

C'est le signal qu'attend la foule, en grande majorité composée d'hommes blancs. Ils se tournent vers l'endroit où je me trouve avec mes collègues (une sorte d'enclos entouré de barrières de sécurité) et commencent à nous railler, à lever le poing et, pour les plus excités, à brandir vers les caméras des pancartes avec des insultes sexistes anti-Hillary.

Je jette un œil en direction de mes collègues autour de moi. Certains secouent la tête en guise de désapprobation. D'autres murmurent ce qu'ils pensent de tout ça. Mais la plupart continuent leur travail, stoïques, en apparence du moins, face à la foule.

Le milliardaire, dont la candidature avait été prise pour une blague en juin 2015 quand il avait annoncé

L.E. BASKOW

Donald Trump parle aux médias à Las Vegas, le 15 décembre 2015.

qu'il briguait l'investiture du parti républicain pour la Maison-Blanche, s'est depuis imposé comme l'homme à battre pour ses rivaux. Il est largement en tête dans les sondages et surtout omniprésent sur les chaînes de télévision dont il fait automatiquement grimper l'audience. Autant qu'un roi de l'immobilier, Trump est un homme de télévision, dont il connaît les codes sur le bout des doigts, grâce à son ancienne émission, *The Apprentice*.

Conséquence: une petite armée de journalistes le suit partout et le couvre en permanence, quasiment en temps réel.

Les insultes ne sont pas nouvelles. «*Tu es une salope!*», avait lancé un homme à des journalistes lors d'un meeting en février. Mais ces dernières semaines, les choses se sont nettement compliquées et tendues, surtout depuis les échauffourées entre ses partisans et ses opposants à Chicago. Michelle Fields, une journaliste qui travaillait jusqu'à récemment pour Breitbart, un site d'information très proche des idées républicaines, affirme que le directeur de campagne de Donald Trump, Corey Lewandowski, l'a violemment saisie

TASOS KATOPODIS

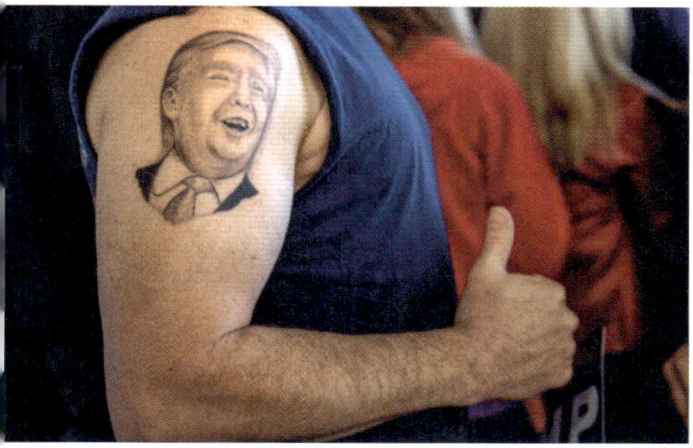

RHONA WISE

par le bras au point de provoquer des hématomes. Elle en a diffusé la photo sur Twitter devant les dénégations de M. Lewandowski, qui a assuré n'avoir jamais rencontré la journaliste.

Donald Trump lui-même adopte un ton virulent, voire violent, quand quelqu'un lui déplaît. Il s'en prend ainsi depuis des mois à la journaliste de Fox News, Megyn Kelly, mettant en doute ses qualités professionnelles, faisant des allusions à peine voilées à ses règles, ou affirmant carrément dans des tweets à répétition que c'est une *« folle »*. Des insultes devenues à ce point pressantes que Fox News – où Donald Trump a quasiment table ouverte avec les animateurs vedettes – s'est fendu d'un communiqué cinglant dans lequel il reproche au milliardaire son *« obsession maladive »* pour la journaliste.

Pourtant, les journalistes continuent à affluer pour tenter de couvrir, et peut-être comprendre, le phénomène politique le plus intéressant de la saison électorale 2016.

MICHAEL MATHES, journaliste, est basé à Washington.

OZAN KÖSE

Contrôle des passeports à l'aéroport Atatürk d'Istanbul, le 29 janvier 2015.

PASSAGER À PROBLÈMES

À l'aéroport d'Istanbul, j'ai été détenu dans la salle des indésirables sur le territoire turc.

Istanbul, Turquie, 29 mars 2016

L'administration a ses raisons que la raison ignore… La formule, un peu facile, résume la situation kafkaïenne de Mohammed K., un réfugié syrien interdit d'entrer en Turquie mais inexpulsable, et retenu depuis cinq mois à l'aéroport d'Istanbul.

En novembre 2015, il débarque dans la mégapole turque avec son épouse et des proches, en provenance d'Amman, en Jordanie. À la sortie de l'avion, *« tout le monde passe sans problème au contrôle des passeports, sauf moi!* », s'étonne encore le jeune homme de 28 ans aux yeux cernés.

Théoriquement en attente de son expulsion, Mohammed est depuis lors détenu dans une pièce grisâtre de l'aérogare, la salle dite des « passagers à problèmes », à deux pas des guichets de police, des comptoirs internationaux et des queues de touristes débarqués de la planète entière.

Arrivé en fin d'après-midi à Istanbul par un vol direct de Paris, je viens d'avoir le désagréable privilège de découvrir cette pièce méconnue de l'aéroport, les autorités turques considérant visiblement que j'appartiens moi aussi à la catégorie des « passagers à problèmes ».

Au contrôle des passeports, l'officier a froncé les sourcils en tapant mon nom sur son écran. L'un de ses collègues m'a amené au poste de police du terminal. Là, un fonctionnaire mutique a rempli toute une série de papiers, avant de simplement m'annoncer dans un anglais hésitant: *« Pas d'Istanbul, retour demain à Paris.* » « "Security reason" *[raison de sécurité], vous n'êtes pas autorisé à entrer en Turquie* », consent-il à peine à m'expliquer.

J'ai une vague idée de ce dont il s'agit... Pendant une dizaine de mois, de mi-2012 à 2013, j'ai couvert la guerre en Syrie, avec comme base arrière la ville d'Antakya, dans le sud de la Turquie. À chacun de mes passages en Syrie, il a fallu traverser la frontière, légalement via le poste-frontière de Bab al-Hawa, ou clandestinement sous les barbelés, comme le faisaient alors quotidiennement des centaines de réfugiés, combattants et volontaires du djihad. Au retour de l'une de mes équipées, j'avais été arrêté par la gendarmerie turque, détenu deux jours, menacé d'expulsion, puis finalement relâché après le paiement d'une amende et de nouveau autorisé à travailler... Je croyais l'affaire définitivement réglée. Manifestement, ce n'est pas le cas.

Après les attentats du groupe État islamique, certaines critiques internationales sur l'attitude trop « conciliante » de la Turquie vis-à-vis des djihadistes et la guerre qui fait rage dans le pays contre les rebelles kurdes du PKK ont amené les autorités turques, peut-on imaginer, à hausser leur niveau de sécurité. Et pour peu que leurs services de renseignements aient creusé mon dossier, ils auront également découvert que je suis allé en 2008 rencontrer les combattants du PKK dans leur fief des monts Qandil, dans le nord de l'Irak.

Me voici donc dans la salle des « passagers à problèmes » Téléphone, ordinateur, appareil photo, tous mes équipements électroniques ont été confisqués, ainsi que mon passeport. Sous l'œil permanent d'une caméra de surveillance de la police, l'endroit sert de salle d'attente comme de dortoir – et *de facto* de cellule – pour les indésirables sur le territoire turc, les malchanceux qui ont perdu leur passeport, se sont vu refuser un visa

ou sont expulsés pour « raisons de sécurité ».
Le confort y est des plus spartiates. Une rangée de chaises d'aéroport, une dizaine de banquettes, quelques-unes dépliées en lits individuels, parsemées de coussins aux taches suspectes. Aucune fenêtre sur l'extérieur, mais la salle est inondée quelle que soit l'heure du jour ou de la nuit par une éblouissante lumière artificielle au plafond.
Sur une table, les restes d'un repas. La porte est soigneusement fermée à clé par un vigile, posté en permanence à son bureau dans une pièce adjacente, pour éviter qu'un audacieux ne tente de disparaître dans la nature.

IL NE PEUT ÊTRE RENVOYÉ VERS LA JORDANIE, ENCORE MOINS VERS LA SYRIE EN GUERRE.

On reste là généralement quelques heures, parfois une ou deux nuits. Ce jour-là, on y trouve, assoupi sur une banquette, le visage enfoui sous une grande serviette, un Kurde irakien venu d'Erbil.
Arrive peu après un barbu bodybuildé à la mine patibulaire. Nationalité ? *« Turc, arrivé de Vienne »*, grogne le trentenaire, dont on comprend mal ce qu'il fait ici. Et qui s'affale aussitôt à son tour sur un canapé, s'empare de la zapette et s'installe, comme déjà hypnotisé, devant un quelconque télé-crochet à la turque qui braille dans la télévision.
Au milieu de ces campeurs d'un jour, Mohammed le Syrien est une anomalie. Cinq mois entre ces quatre murs ont fait de lui un pensionnaire de longue durée qui, *« inexplicablement »*, dit-il, reste enfermé dans le triste quotidien de la « salle des passagers à problèmes ».
« C'est complètement dingue ! Il y a près de 3 millions de réfugiés syriens en Turquie, et on refuse de me laisser entrer dans le pays », enrage-t-il. Il ne peut pas être renvoyé vers la Jordanie, encore moins vers la Syrie en guerre. Et évidemment pas question de l'expédier vers l'Europe, comme en rêve le jeune homme, dont l'épouse a pu se rendre en Allemagne après avoir traversé la Méditerranée dans le sillage de dizaines de milliers d'autres migrants.
Il s'emporte. *« Moi je leur dis de me renvoyer vers le Soudan [où les Syriens n'ont pas besoin de visa], la Somalie, n'importe où. Mais que je parte d'ici ! La police sait que je ne suis pas Daech, elle sait que je ne suis pas PKK ni un criminel. Pourquoi les Turcs ne m'acceptent pas comme n'importe quel autre réfugié ? »*
Son histoire ubuesque ressemble à s'y méprendre au scénario du film *Le Terminal*, réalisé en 2004 par Steven Spielberg, où Tom Hanks joue le rôle d'un touriste étranger coincé à l'aéroport JFK à New York par une révolution en cours dans son pays d'origine.
Début mars, Amnesty s'est publiquement émue de son cas, dénonçant une *« détention manifestement arbitraire »*. Dans la même situation, un autre réfugié syrien a été retenu ainsi

près d'un an dans l'autre aéroport stambouliote.

« Depuis cinq mois, je ne vois plus la lumière du jour. Je mange trois fois par jour la même chose. Je deviens fou ! »

Les sanitaires attenants lui donnent un semblant d'intimité, et un endroit pour aller fumer. Ses gardiens lui fournissent quelques cigarettes, et le laissent en possession de son portable – extrême privilège –, son seul véritable lien avec le monde extérieur dont il use jusqu'au bout de la nuit, en attendant de trouver le sommeil sous les néons.

Sans livres ni journaux, son quotidien n'est distrait que par le défilé des *personæ non gratæ* et expulsés du jour. *« Je vois pas mal de monde, un peu de tout »*, rigole-t-il. Avec sans doute quelques aspirants ou présumés djihadistes dans le lot, mais qui *« ne font pas de problèmes »* et se contentent généralement de faire leurs prières.

« Les vigiles sont généralement sympas. Les policiers sont corrects, sauf si, comme un jour un Koweïtien en a eu l'idée stupide, vous haussez le ton ou tapez sur la porte », se souvient-il, mimant, les poings fermés, la correction infligée au voyageur trop vindicatif.

Short long et tongs aux pieds, Mohammed dit avoir mené *« une grève de la faim pendant dix jours »* pour dénoncer son sort. Peine perdue. Son avocat turc n'est guère plus efficace. *« Je ne l'ai jamais rencontré. Il ne parle ni arabe ni anglais, et la seule chose qu'il sait me dire au téléphone, c'est* "please wait" *[s'il vous plaît, soyez patient]. »*

« C'est une histoire incroyable, un scandale international », veut croire Mohammed, évidemment obsédé par son sort, oubliant le fracas du monde. *« Je préfère en rire qu'en pleurer. J'en plaisante parfois avec les policiers, ils me disent que je vais rester jusqu'à la fin de la guerre en Syrie. Mais je suis coincé dans ce trou pour dix ans alors ! »*

Pour le journaliste que je suis, confiné le temps d'une nuit au côté de Mohammed, le sort est plus clément. Après une nuit de lecture, deux petites heures de sommeil volées sous les néons, un employé de l'aéroport vient me chercher en début de matinée pour me remettre sans un mot dans l'avion. Je récupère mon matériel et ma valise. Sous enveloppe scellée, mon passeport reste entre les mains du personnel de bord.

À l'arrivée à l'aéroport Roissy-Charles-de-Gaulle, le comité d'accueil m'attend dès la sortie de la cabine : deux policiers en uniforme qui vont *« procéder à des vérifications »*. L'ambiance est plus aimable. Quelques minutes plus tard, me voilà de nouveau libre sur le territoire français.

HERVÉ BAR, journaliste, est basé à Paris.

UN BILLET POUR LESBOS

En un an, je me suis rendu treize fois sur l'île grecque, porte d'entrée en Europe. Cette année-là, plus d'un million de réfugiés sont arrivés sur le Vieux Continent…

Lesbos, Grèce, 25 avril 2016

Je dois prendre un billet pour Lesbos. Ça ne peut plus attendre, c'est ma chef de bureau qui le dit. Nous sommes en avril 2015 et un navire vient d'accoster dans le port du Pirée avec 400 migrants en provenance de Lesbos. Il se passe quelque chose dans cette île près de la côte turque. Il faut aller voir. Tout de suite.

Le soleil n'est pas encore levé quand j'arrive sur cette magnifique île de la mer Égée. Sur le port, des dizaines de personnes dorment à la belle étoile. Des migrants afghans sont en train d'arriver, escortés par les garde-côtes grecs. Tous sont trempés, ils grelottent. Les garde-côtes leur tendent des couvertures de survie.

Qui sont ces gens ? Des migrants illégaux ? Des réfugiés ? Je vois des gens comme vous et moi.

Je dois prendre un billet pour Lesbos. C'est l'été, et des dizaines de canots pneumatiques, des centaines de réfugiés s'échouent tous les jours sur les plages du nord de l'île. Les volontaires des ONG, les citoyens ordinaires et les journalistes sont les premiers à les accueillir sur le rivage, à leur donner un coup de main si besoin. Les nouveaux arrivants sont désorientés. Ils demandent dans quelle direction marcher, comment arriver à la ville la plus proche pour se faire enregistrer.

J'ai le cœur brisé en leur répondant qu'ils vont devoir marcher 60 kilomètres jusqu'à Mytilène. Peut-être que je pourrais aider deux ou trois d'entre eux ? Mais leurs vêtements trempés vont laisser des traces de sel, les banquettes vont s'abîmer et le loueur de voitures va râler. Et puis je pourrais me faire arrêter, à cause de cette vieille loi grecque qui interdit de venir en aide à des migrants illégaux, sous peine d'être assimilé à un passeur.

Au diable tout ça ! Serrez-vous, tout le monde ! Je vais remplir cette voiture de passagers jusqu'à ce qu'il ne reste plus un centimètre cube d'espace. Comment un enfant, un vieillard, une femme enceinte pourraient-ils marcher 60 kilomètres ? Je finis par entasser huit personnes dans l'habitacle.

Je dois prendre un billet pour Lesbos. C'est le 1er octobre. Aujourd'hui, on enterre quatre migrants noyés en essayant de rejoindre l'île.

Dans des linceuls blancs, les quatre corps gisent sur le sol poussiéreux du

Des gilets de sauvetage laissés par les réfugiés après leur traversée depuis la Turquie.

cimetière de Mytilène. Nous ignorons qui ils étaient. Nous ignorons leurs noms. Nous ignorons d'où ils venaient. Parmi eux, il y a une petite fille. Le médecin légiste lui donne 7 ans. Comme il n'y a pas assez d'espace dans le cimetière, le bulldozer n'a creusé que trois tombes. La petite fille devra partager celle d'une des deux femmes qu'on enterre aujourd'hui.

Je me demande où peut bien être sa maman à l'heure qu'il est. Je n'arrive pas à croire que ce genre de pensée puisse me traverser l'esprit, mais j'espère qu'elle s'est noyée aussi. Je ne peux imaginer la mère, toujours vivante, en train de chercher sa fille en Grèce ou en Turquie, sans savoir qu'elle gît dans une fosse au côté d'une inconnue.

Je dois prendre un billet pour Lesbos. Nous sommes le 6 octobre et le Premier ministre grec, Aléxis Tsípras, va visiter l'île pour la première fois.

C'est une visite sans âme, glaciale. Tsípras se rend dans quelques camps d'hébergement bien préparés pour le recevoir. Ce n'est pas là que se joue le drame. Le drame, c'est sur les plages du nord de Lesbos, là où les réfugiés touchent terre. Le Premier ministre ne verra pas la réalité.

Je dois prendre un billet pour Lesbos. Octobre touche à sa fin, la météo s'est détériorée.

Une! Deux! Trois! Quatre! Cinq… Vingt-huit! Vingt-neuf! Trente! Deux

ARIS MESSINIS

Lesbos, en octobre 2015.

respirations. Allez mon gars, accroche-toi ! Ne meurs pas devant ma caméra ! C'est un vrai médecin qui s'occupe de toi, qui te fait une réanimation cardio-pulmonaire. Tout va bien se passer. Tout DOIT bien se passer.

OUI, JE VEUX VOUS CHOQUER ! MAIS SEULEMENT POUR VOUS FAIRE COMPRENDRE CE QUI SE PASSE ICI.

Il n'a pas l'air d'avoir 20 ans. Mais pourquoi est-ce que le médecin arrête ? A-t-il vraiment fait tout son possible ? Pourquoi est-ce qu'il s'en va ? Putain, qu'est-ce qui se passe ? C'est surréaliste, mais je ne peux pas me permettre de rester trop longtemps perdu dans mes pensées. Je dois monter ma vidéo, et l'envoyer à mes éditeurs à l'AFP à Londres.

Quand je vois la version finale de mon reportage, j'explose de rage. Les éditeurs ont coupé les images de la réanimation. Trop dur pour les clients. J'ai fait de mon mieux pour alterner les plans très éloignés et les plans très serrés, pour qu'on ne puisse pas identifier la victime. Je ne voulais pas qu'une mère puisse reconnaître son fils sur les images. Trop dur ? Mon cul ! Nous sommes des journalistes. Notre travail, c'est de montrer ce qui se passe. Et ce qui se passe à Lesbos, c'est ça. Pas seulement aujourd'hui. Tous les jours. Pourquoi empêcher le monde de le voir ? Oui, je veux vous choquer ! Mais seulement pour vous faire comprendre ce qui se passe ici.

J'ai la haine. Je suis encore tellement hors de moi le lendemain que je pars faire un tour sur la plage. Pendant que je marche, j'essaie d'imaginer cet endroit l'été précédent, une plage de carte postale, le rêve méditerranéen. Et maintenant des centaines de gilets de sauvetage abandonnés là jonchent le sol.

Quelque chose attire mon regard. On dirait un corps. Je m'approche. C'en est un. Un peu plus loin, j'en découvre un autre. Un garçon. Il ne doit pas avoir plus de 8 ans. Je m'arrête net. Un si petit corps… J'aperçois un troisième cadavre, celui d'un vieillard.

Quelques collègues arrivent. Où sont les autorités ? Au bout d'un moment, un croque-mort débarque à bord d'une camionnette rouge. Il dit qu'il va s'en occuper. Mais il ne va tout de même pas se charger de tous les corps à lui tout seul ! Alors nous, les journalistes, nous l'aidons à porter les cadavres jusqu'à la route.

Quelques jours plus tard, je regarde à nouveau les images que j'ai tournées pendant la tentative de réanimation. Les éditeurs avaient raison. C'était beaucoup trop dur.

Je dois prendre un billet pour Lesbos. Nous sommes début avril 2016 et les premières reconduites de réfugiés vers la Turquie vont commencer.

Cette crise des réfugiés est la pire à laquelle l'Europe ait à faire face depuis la Seconde Guerre mondiale, et les expulsions ont été décidées en vertu d'un accord très controversé entre l'Union européenne et la Turquie. Cette dernière a accepté de reprendre tous les migrants clandestins arrivés en Grèce à partir du 20 mars. En contrepartie, Bruxelles s'est engagée, pour chaque Syrien renvoyé vers la Turquie, à « réinstaller » un autre Syrien depuis la Turquie dans l'UE.

Le premier groupe d'expulsés n'est composé que d'hommes. Ils ont le visage fermé. Les médias sont là en nombre. L'opération a été bien préparée. Personne ne crie, personne ne résiste. Pour moi, la boucle est bouclée. Je les ai vus arriver. Maintenant je les vois partir. C'est étrange de les savoir sur ce bateau. Un vrai bateau digne de ce nom, pas comme les rafiots à bord desquels ils ont fait la traversée.

Je dois prendre un billet pour Lesbos. Nous sommes mi-avril et le pape va arriver.

Avant cette visite, l'espoir s'empare de l'île. Réfugiés et habitants de Lesbos sont aussi excités les uns que les autres. Le pape va attirer à nouveau l'attention du monde sur l'île, pensent-ils. Peut-être même que les frontières se rouvriront. Il a l'air bon et sincère, le pape. Mais je ne partage pas l'excitation ambiante. Je suis très sceptique. D'avril 2015 à avril 2016, je suis parti treize fois à Lesbos. Sans compter les innombrables reportages sur les réfugiés que j'ai réalisés sur d'autres îles et dans d'autres endroits. Le truc, avec l'histoire des réfugiés, c'est qu'elle se faufile jusque dans la moelle de vos os. Elle vous transforme. J'étais et je reste un proeuropéen convaincu. Mais ce n'est pas de cette Europe-là que je veux. J'ai vu trop de corps. J'ai entendu trop de cris.

Je dois prendre un billet pour Lesbos. Le jour où cet article est publié, la reine Rania de Jordanie arrive sur l'île…

WILL VASSILOPOULOS, reporter vidéo, vit à Athènes.

DANS L'ALLÉE DES TORNADES

Il existe une saison des tornades. Je suis parti les chasser dans les plaines du centre des États-Unis.

Wynnewood, Oklahoma, États-Unis, 13 mai 2016.

Ce que j'aime, c'est prendre des photos qui estomaquent les gens. J'ai déjà photographié des tremblements de terre, des feux de forêt, un volcan en éruption. Mais je n'avais encore jamais accompli mon rêve : voir une tornade. Voilà des années que je fantasme sur ce phénomène imprévisible.

Il existe une saison des tornades. Trois ou quatre mois dans l'année au cours desquels elles ont tendance à se former dans ce qu'on appelle la « Tornado Alley », dans les Grandes Plaines des États-Unis. Des voyagistes organisent des « chasses à la tornade » pour les touristes.

Mon choix se porte sur une compagnie du Colorado dont le propriétaire, Roger Hill, officie depuis trente ans. Il a vu plus de 630 tornades, ce qui lui vaut de figurer dans le Guinness des records. Dans le milieu des chasseurs de tornades, il est considéré comme le meilleur. Un dieu de la météo. Ses honoraires ne sont pas donnés (2 700 dollars pour un tour d'une semaine à dix jours). C'est ce qui, jusqu'à présent, m'a toujours dissuadé de chasser la tornade.

JOSH EDELSON

UNE TORNADE DANS L'OKLAHOMA.

Pour avoir une chance d'en voir une, il faut rouler, rouler et rouler encore. Nous sommes dix-huit à participer à cette expédition, à bord de trois minibus, du Wyoming au nord jusqu'à la frontière entre le Texas et le Mexique au sud. Un des participants fait le compte : au total, nous passerons soixante-dix-sept heures et quarante-cinq minutes sur la route, pour un parcours de 5 183 kilomètres. Le principe est simple : dès que la météo prévoit qu'un orage géant se développe quelque part, on y va.

Pendant sept jours, rien. Nous observons énormément d'orages supercel-

JOSH EDELSON

Un orage supercellulaire, pendant une alerte à la tornade.

lulaires, ça oui. Mais Roger nous a prévenus : il y a une chance sur cinq pour que nous n'apercevions aucune tornade durant le tour. Elle n'est que l'éventuelle cerise sur le gâteau.

Arrive le dernier jour du tour. Dans l'est du Colorado, un gigantesque orage se forme. Il y a du potentiel, mais beaucoup d'entre nous doivent prendre leur vol de retour le lendemain, nous avons déjà énormément roulé et Roger ne veut pas que ses chauffeurs prennent des risques. Donc nous rebroussons chemin.

Sur la route, nous croisons de nombreux autres chasseurs, des camionnettes équipées de radars Doppler, et même « The Dominator » – une célèbre voiture blindée capable de s'ancrer profondément au sol à l'aide de pieux et de rester au cœur même de la tornade. Tous foncent dans la direction opposée. Il se passe quelque chose.

Quarante minutes après que nous avons quitté la zone de l'orage, nous apprenons que de multiples tornades se sont formées à l'endroit exact où nous nous trouvions ! Les chasseurs les commentent en direct sur la fréquence radio. Ils jubilent. Selon eux, c'est la plus belle chasse à la tornade des dernières années. La lumière est parfaite.

À bord du minibus, l'ambiance est morose. Et dire que nous avons raté ça de justesse… Nous sommes sept à décider de rester. Le lendemain, une tornade est sur le point de se former. Mais finalement, toujours rien. Puis j'entends que le jour suivant, le lundi, les circonstances seront une fois de plus favorables. Sur la route, nous avons écrasé un serpent. Dans le folklore des chasseurs de tornades, ça porte bonheur. Je change à nouveau mon vol.

Nous nous trouvons à deux heures de route au sud d'Oklahoma City. Le point de rosée est élevé, la température de l'air optimale, plusieurs systèmes orageux se développent. Nous nous arrêtons à une station-service, et attendons.

SUR LA ROUTE, NOUS AVONS ÉCRASÉ UN SERPENT. DANS LE FOLKLORE DES CHASSEURS DE TORNADES, ÇA PORTE BONHEUR.

L'orage se met à grossir. Nous voici avec un monstre noir juste au-dessus de nos têtes. Soudain, Roger se met à hurler: *« Un crochet! Un crochet! »* Dans le jargon des chasseurs, un « crochet » désigne le moment où le système entame un mouvement de rotation qui a de fortes chances de dégénérer en tornade. Une tornade est le résultat d'une rencontre entre une masse d'air chaude et humide en provenance du golfe du Mexique et une masse d'air froide et sèche en provenance du Canada. Quand cette collision se produit, un vortex se crée, descendant d'un nuage d'orage. Un mouvement de vrille s'amplifie en une puissante colonne d'air tourbillonnante.

Cinq minutes plus tard, il fait très sombre. Roger crie: *« Tornade! Tornade! À droite! À droite! »* Elle est encore loin, et ressemble à une aiguille qui danse sur un disque vinyle. Soudain, elle se dirige droit sur nous. Nous sortons de la camionnette. Je coiffe le casque pour me protéger des grêlons de la taille de balles de golf qui s'abattent sur nos têtes, et je commence à prendre des photos.

Roger connaît les dangers. Trois ans plus tôt, son ami Tim Samaras, un célèbre chasseur, a été tué dans l'Oklahoma en même temps que son fils et une troisième personne. Le tourbillon qu'ils suivaient à distance a brusquement changé de direction et s'est abattu sur eux.

Le grondement se fait menaçant. À environ 500 mètres de nous, la tornade traverse une route. Un vent incroyablement violent souffle entre nos jambes: *« Ces débris que vous voyez voler dans le ciel, ce sont des restes de maisons »*, dit Roger.

On entend les arbres s'arracher du sol, leurs branches craquer. Il pleut des grêlons et des débris.

Je m'efforce de changer d'objectif, de varier les plans, de vérifier que mes photos sont nettes. J'essaie de capturer l'ampleur de ce phénomène monstrueux, presque extraterrestre. Puis, tout à coup, le sombre entonnoir se transforme en une toute petite trompe d'éléphant blanc qui danse à l'horizon. Elle se brise et disparaît dans un nuage. C'est fini. Le phénomène a duré une trentaine de minutes.

Dans cette région, il y a des sirènes d'alerte à la tornade partout. Les gens installent sur leurs smartphones et leurs ordinateurs des applications

Chasseurs de tornades.

spéciales. Mais cette tornade-là, personne ne l'avait vue venir. Les alarmes se sont déclenchées dix à quinze minutes trop tard. Deux personnes sont mortes.

À peine a-t-elle disparu qu'une autre tornade d'une force inouïe se forme. Le tourbillon est large de plus d'un kilomètre. Il y a des éclairs partout. C'est comme si Dieu avait envoyé un gigantesque aspirateur pour avaler la Terre. Une tornade se déplace à une vitesse de 16 à 32 kilomètres par heure.

Il pleut des trombes d'eau, des débris s'abattent sur notre véhicule, nous battons en retraite. Une tornade enveloppée de pluie est la pire des choses qui puissent arriver car on ne voit pas évoluer le tourbillon, on ne sait pas s'il est en train de s'éloigner ou bien de fondre droit sur vous.

Partout autour de nous, des gens sont perchés sur leur voiture, sur les toits des immeubles, et essaient de voir d'où vient le danger. Le vacarme des sirènes est assourdissant. Tout le monde est paralysé par la terreur. Je ne parviens pas à prendre de photos. Alors que nous rentrons, une troisième tornade surgit sur notre gauche. Elle s'approche d'une maison et tout à coup, hop, celle-ci disparaît comme par enchantement.

Il y avait des gens dans cette maison.

JOSH EDELSON, photographe, vit à San Francisco.

TASSO MARCELO

PENDANT UNE MANIFESTATION POUR LA DESTITUTION DE ROUSSEFF À RIO DE JANEIRO, LE 17 AVRIL 2016.

LA PENTE GLISSANTE VERS LA RÉPUBLIQUE BANANIÈRE

Le Brésil, qui vient de destituer sa présidente, Dilma Rousseff, s'enfonce dans une tragi-comédie politique.

Brasilia, Brésil, 23 mai 2016

Au beau milieu de la crise politique au Brésil survient un moment où tout se résume à un détail ridicule : que va-t-on faire

EVARISTO SA

Bagarre à la Chambre des députés pendant le débat sur la suspension de Rousseff, le 17 avril 2016.

des portraits de Dilma Rousseff, la présidente suspendue de ses fonctions ?

On ne peut pourtant pas dire que ce qui se passe en ce moment au Brésil soit minuscule. L'enjeu, c'est le pouvoir dans le plus vaste pays d'Amérique latine, dans l'une des plus puissantes économies du monde, là où l'on trouve la plus grande forêt pluviale de la planète et une grande partie des matières premières grâce auxquelles fonctionne l'industrie mondiale.

Mais à peine deux heures après le départ du palais présidentiel de Rousseff, suspendue pour six mois par le Parlement, la question cruciale à laquelle doit faire face le vice-président Michel Temer consiste à savoir s'il faut laisser ses portraits officiels accrochés dans les bureaux du gouvernement ou bien les mettre au placard. Et les nouveaux maîtres du pays, qui ont si brutalement chassé Rousseff du pouvoir à mi-parcours de son second mandat, ne semblent soudain plus savoir que faire.

D'abord, les portraits commencent à disparaître des murs. Un collègue assiste à une scène digne d'un film comique, au cours de laquelle un factotum croule sous un immense portrait de Rousseff souriante en écharpe présidentielle qu'il essaie de décrocher. Puis le vice-président Michel Temer, comme s'il n'avait pas d'autres priorités, intervient en personne et ordonne que les portraits soient remis en place.

Pour sentir l'ambiance au palais, je commence par rendre visite au service de presse, au premier étage. Conçu dans les années 1950 par Oscar Niemeyer, le palais présidentiel est un bâtiment remarquable, tout en angles aigus, en courbes voluptueuses, en verre et en marbre. Quand j'arrive là-haut, une attachée de presse m'assure de sa voix suave que les portraits n'ont jamais été en danger. Alors je descends jusque dans les entrailles du bâtiment administratif, où les fonctionnaires travaillent dans un dédale de bureaux minuscules.

Ici, l'atmosphère est plus nerveuse : le pays que servent ces employés fait face à un avenir complètement inconnu, à l'instar des photos officielles de la présidente au chômage. *« On nous a dit que quelqu'un allait passer les récupérer et les entreposer en lieu sûr, jusqu'à ce qu'on sache si elle revient ou non »*, me raconte une fonctionnaire.

« Si ça ne tenait qu'à moi, les portraits resteraient là où ils sont jusqu'en 2018, quand elle terminera son mandat », me raconte une autre. *« N'écrivez pas nos noms, ou ils nous enverront à la guillotine ! »*, ajoute-t-elle en riant.

Pour moi, cette affaire des portraits symbolise la rapidité hallucinante avec laquelle le Brésil s'est enfoncé dans cette tragi-comédie digne d'une république bananière. J'y trouve des points communs avec les pays de l'ex-Union soviétique dans lesquels j'ai travaillé de nombreuses années. Cela me rappelle par exemple l'Ukraine, qui malgré le courage des opposants prodémocratie reste un pays miné par la corruption des autorités, l'incompétence et la mainmise de l'oligarchie. *« Une république bananière, sans les bananes »*, comme le décrit le journal de langue anglaise pro-Kremlin *Russia Today*. Sans parler de la Russie de Vladimir Poutine et de son cocktail d'élections trafiquées, de capitalisme sauvage et de culte de la personnalité.

Je pensais qu'il y avait plus d'espoir au Brésil. Mais ça, c'était avant d'assister à cette séance du Sénat qui va durer toute la nuit, et qui est sur le point de précipiter le Brésil dans la tourmente.

Après le vote à l'Assemblée, les sénateurs doivent décider de suspendre ou non Rousseff de ses fonctions dans l'attente d'un procès. La présidente est accusée d'avoir contracté des prêts non autorisés pour boucher des trous dans le budget de l'État. Elle ne nie pas les faits. Mais elle soutient qu'il s'agit d'un simple tour de passe-passe comptable, une pratique courante, en tout cas pas un crime passible de destitution.

Dans la salle du Sénat, les références à l'histoire du Brésil ornent les murs; le drapeau national avec sa devise un peu curieuse, « Ordre et progrès », se dresse derrière les places d'honneur. Pour les journalistes et les spectateurs, veste et cravate sont obligatoires.

Quelques semaines plus tôt, des députés se battaient comme des chiffonniers, chantaient, agitaient des drapeaux, hurlaient et prenaient des selfies avec leurs femmes pendant les discours déchaînés contre Rousseff.

Au Sénat, les débats sont plus civilisés. Mais cette surface feutrée cache un autre scandale : environ 60 % de ces sénateurs sont ou ont été en délicatesse avec la justice, certains pour avoir accepté d'énormes pots-de-vin ou pour détournements de fonds.

Au cours de la séance, les moments bizarres ne manquent pas. Le vice-président Michel Temer, 75 ans, tombe endormi pendant les débats et ne se réveille en sursaut qu'à cause des pétards que les militants anti-Rousseff font claquer pour célébrer leur victoire.

À la fin, le président du Sénat, Renan Calheiros, qui traîne aussi son lot de casseroles judiciaires, donne une interview à la télévision. Tout à coup, un objet relativement grand et de couleur blanche tombe de sa bouche. Il continue à parler comme si de rien n'était. Un chewing-gum ? Une dent ? La vidéo devient virale, mais on ignore toujours la vérité.

L'impeachment de Rousseff n'est pas beaucoup plus clair. Même si les manipulations comptables qu'on lui reproche sont illégales, ce n'est probablement pas la seule raison pour laquelle elle se fait éjecter de son fauteuil.

Pour beaucoup, la présidente est destituée pour des motifs politiques, et non pas judiciaires. Elle est chassée pour incompétence, parce qu'elle n'a pas su enrayer le déclin de l'économie. Pour la majorité des Brésiliens, c'est suffisant. Mais dans une véritable démocratie, peut-on destituer un président parce qu'on ne l'aime pas ?

TOUT À COUP, UN OBJET RELATIVEMENT GRAND ET DE COULEUR BLANCHE TOMBE DE SA BOUCHE. UN CHEWING-GUM ? UNE DENT ?

Le Brésil a poussé son impopulaire présidente à l'écart du pouvoir. Il se réveille avec à sa tête un homme qu'il déteste tout autant. Michel Temer ne doit son poste de vice-président qu'au fait que son parti de centre droit est membre de la coalition menée par le Parti des travailleurs de Rousseff. Et voilà cet obscur politicien propulsé au firmament sans la moindre élection. Dans un pays qui vient d'avoir une femme à sa tête et dont plus de la moitié de la population est non blanche, il nomme un gouvernement exclusivement composé d'hommes blancs.

SEBASTIAN SMITH, **journaliste, est basé à Rio de Janeiro.**

FRANÇOIS LO PRESTI

LE DÉBLOCAGE DU DÉPÔT

Les manifestants tiennent le barrage à l'entrée du dépôt. Leur plan, c'est d'entasser des pneus sur la route et d'y mettre le feu.

Des policiers viennent déloger des manifestants postés devant un dépôt de carburant. Les images vous semblent violentes ? La réalité est tout autre.

Douchy-les-Mines, France, 25 mai 2016

Une photo ne raconte pas toute l'histoire. Prenez mes images du déblocage par les forces de l'ordre du dépôt de carburant de Douchy – Haulchin, dans le nord de la France, dont l'accès était verrouillé depuis le 19 mai par des opposants à la loi sur le travail. Elles suggèrent un affrontement violent, spectaculaire…
Dans la soirée du mardi 24 mai, l'information commence à circuler parmi les journalistes et les manifestants : une intervention pour dégager l'accès au dépôt aura lieu le lendemain à l'aube. Le gouvernement français a promis de « libérer » les quelques entrepôts de carburant bloqués par les protestataires à travers le pays. Dans le nord de la France, un cinquième des stations-service sont à sec, prises d'assaut par les automobilistes qui craignent une pénurie d'essence. Même dans la Belgique toute proche, les files d'attente pour faire le plein commencent à s'allonger.
Douchy est à une quinzaine de kilomètres de chez moi et je suis un des

premiers à arriver sur place, vers 4 heures du matin. Environ 80 manifestants tiennent le barrage à l'entrée du dépôt. Ils se relaient jour et nuit depuis six jours. Leur plan, c'est d'entasser des pneus sur la route et d'y mettre le feu dès que l'intervention policière commencera, puis de s'en aller sans chercher la bagarre.
Peu après 5 heures du matin, l'opération démarre. Les policiers sont venus en nombre, en tenue antiémeute et épaulés par un canon à eau. Mais il n'y a pas de casseurs ce matin. Juste une poignée de syndicalistes qui font ce qu'ils ont prévu de faire : un gigantesque brasier de pneus au milieu de la route.
Il fait très chaud près des flammes. Les CRS avancent lentement. Les manifestants reculent. Je n'ai aucune difficulté à passer d'un camp à l'autre : je suis de la région, je connais autant les policiers que les manifestants. Puis le canon à eau entre en action et tout le monde se disperse en quelques secondes.
Ailleurs en France, de nombreuses manifestations contre la loi sur le travail ont dégénéré, il y a eu des blessés graves parmi les policiers et les manifestants, et de gros dégâts matériels. Mais à Douchy, tout se résume finalement à une simple démonstration de force de part et d'autre. Même si mes photos peuvent suggérer tout le contraire.

FRANÇOIS LO PRESTI, photographe, est basé en France, dans le Nord.

FRANÇOIS LO PRESTI

À L'AUBE, LES FORCES DE L'ORDRE SE PRÉPARENT À

INTERVENIR POUR DÉMANTELER LE BARRAGE DEVANT LE DÉPÔT DE CARBURANT.

LE JOUR OÙ J'AI VU MON PAYS MOURIR

L'indépendance de la Slovénie, en juin 1991, marque le début du démantèlement de la Yougoslavie. Et d'une guerre qui va faire 130 000 morts en dix ans.

Belgrade, Serbie, 22 juin 2016

C'était hier, c'était il y a vingt-cinq ans. Ce 25 juin 1991, j'attends mes bagages à l'aéroport de Ljubljana, en compagnie de passagers en provenance de la capitale fédérale de Yougoslavie, Belgrade. Je viens couvrir la proclamation d'indépendance de la Slovénie, qui doit être annoncée le lendemain. La Slovénie, une des six républiques de la fédération yougoslave, mon pays, en voie de dissolution.

Comme les autres passagers, mes soucis sont terre à terre : j'attends mes valises sans savoir si elles déboucheront du côté des vols internationaux ou de celui des vols nationaux, à l'autre bout de cette bâtisse rectangulaire. Les voyageurs s'amusent de leur confusion. Mais les autorités aéroportuaires de Ljubljana n'ont pas encore acté l'indépendance slovène : les bagages apparaissent sur le tapis des vols nationaux. Personne, moi compris, ne croit à la fin imminente de cette fédération bâtie et dirigée jusqu'à sa mort, en 1980, par le maréchal communiste Josip Broz Tito.

Ljubljana est sereine, festive, joyeuse. Elle est déjà parée des drapeaux de la République de Slovénie. Les autorités indépendantistes ont pris de court Belgrade en proclamant l'indépendance un jour avant la date annoncée. La bière coule à flots, des rires résonnent dans les rues, l'avenir semble radieux. Cette liesse paraît aujourd'hui surréaliste : cette soirée est le premier acte d'une désintégration qui fera en moins d'une décennie plus de 130 000 morts.

Le lendemain de mon arrivée, je dois me rendre en Italie. Au poste-frontière de Sežana-Fernetti, les panneaux frappés de l'inscription SFRJ (République fédérale socialiste de Yougoslavie) ont disparu. De même que les drapeaux yougoslaves, avec leur étoile rouge au milieu des trois lignes horizontales bleu, blanc, rouge. En lieu et place, les drapeaux de la Slovénie indépendante et des panneaux « République de Slovénie ». Aucun signe de tension n'est perceptible.

L'ARMÉE FÉDÉRALE YOUGOSLAVE À LA FRONTIÈRE CROATO-SLOVÈNE, LE 3 JUILLET 1991.

Il est environ 10 heures quand j'arrive à Trieste. Sur une place italienne baignée de soleil, un homme m'interpelle en serbo-croate : *« On tire chez vous ! »* Je me précipite de nouveau vers la frontière où des colonnes de voitures sont déjà empêchées de passer par des policiers italiens paniqués, certains munis d'armes automatiques. Je dois trouver un deuxième poste, beaucoup moins connu. Au premier village slovène, en bord de route, un char de l'armée yougoslave, la JNA, est abandonné. Les habitants expliquent que les soldats, des appelés de 18 ans, ont simplement déserté leur blindé. Que je sois serbe n'entraîne aucune agressivité de leur part.

Ljubljana est déjà une autre ville. Les rues sont quasi désertes, des barricades de fortune sont installées aux carrefours stratégiques, on entend des tirs. Les incidents se multiplient sur le territoire de la petite république alpine. C'est bien une véritable guerre, une guerre que tout le monde voulait croire impossible, qui démarre.

L'armée yougoslave, la JNA, veut se déployer aux frontières, en prendre le contrôle pour assurer le maintien de l'intégrité territoriale de la fédéra-

JOËL ROBINE

Un soldat slovène prête son arme à une fillette devant un char T-55 de l'armée yougoslave, à Ljubljana, le 5 juillet 1991.

L'armée yougoslave cherche des mines dans un champ près de la frontière slovéno-croate, le 4 juillet 1991.

JOËL ROBINE

tion. Nous ne le savons pas encore, mais cette stratégie échouera face à la détermination des forces slovènes, et plus encore en raison de la discorde entre les dirigeants de Yougoslavie. La Croatie, elle aussi, a proclamé son indépendance.

La nuit est tendue. Les tirs retentissent. Le lendemain matin, la tension se renforce encore. Devant le centre de presse installé dans les sous-sols de la place centrale de Ljubljana, j'écoute les sirènes hurler pour annoncer les chasseurs-bombardiers de l'armée fédérale. La peur et la colère se lisent dans les yeux des civils qui fuient vers les refuges. À ce moment, je réalise que le point de non-retour a été atteint. La Yougoslavie, mon pays, va disparaître.

Je réussis à atteindre l'aéroport en fin d'après-midi. Le bâtiment est désert, à part un groupe d'une vingtaine de journalistes, locaux pour la plupart. Des Mig-21 le survolent à très basse altitude. Nous les regardons depuis la terrasse sur le toit. Nous apercevons aussi des troupes slovènes déployées aux environs.

Dans un bureau de l'aéroport, je trouve un téléphone en état de fonctionnement et j'appelle ma rédaction à Belgrade. Subitement, des feux nourris d'armes automatiques éclatent. Je tends l'écouteur par la fenêtre. Mes collègues à Belgrade réalisent la gravité de la situation.

Les tirs se poursuivent une bonne quarantaine de minutes. Puis tombe un silence de mort. Rien ne bouge, la nuit vient et, avec elle, une pluie battante. Nous sommes coincés.

Un groupe de confrères part inspecter les lieux, en quête de nourriture et de boissons. Nous établissons notre QG dans le bureau du patron de l'aéroport, d'où nous suivons les informations à la télévision. D'abord de basse intensité, le conflit se généralise.

Nous nous installons dans des fauteuils. À l'aube, à l'exception d'un autocar calciné, aucune trace des affrontements. Tout a l'air désert, les forces armées semblent s'être évanouies.

Après une soixantaine de morts et dix jours de conflit, les forces yougoslaves décident de se retirer de Slovénie. Cette guerre-là est finie. Mais ce n'est que le début du cauchemar yougoslave. Je prends la route pour la Croatie, peuplée d'une importante minorité serbe, orthodoxe, qui rejette l'indépendance voulue par la majorité croate catholique. Ce conflit-là fera quelque 20 000 morts jusqu'en 1995. En Bosnie, ce seront plus de 100 000 morts. Puis viendra, à la fin de la décennie, la guerre du Kosovo et le bombardement de ma ville, Belgrade, par les forces de l'Otan.

En Slovénie, j'ai vu le début de la dissolution dans le feu et le sang de la Yougoslavie, un pays qui fut imaginé comme un ensemble de peuples vivant en fraternité.

JOVAN MATIĆ, journaliste serbe, vit à Belgrade.

ROB STOTHARD - POOL

Des partisans du « Remain » pendant l'annonce des résultats, le 24 juin 2016.

SE RÉVEILLER AVEC LE BREXIT

Désormais, je ne suis plus européenne. Le référendum sur la sortie de l'Union a creusé un gouffre entre les générations de mon pays.

Paris, France, 25 juin 2016

Je me souviens d'une conversation avec mon frère, il y a quelques années, sur le fait d'être britannique. « *C'est évident*, ai-je dit, *être britannique, c'est d'abord être tolérant. On est un pays formé de diffé-*

rentes communautés. C'est quelque chose dont on est particulièrement fiers. »

Cette vision d'un Royaume-Uni multiculturel me paraît lointaine. La Grande-Bretagne vient de voter à 51,9 % son départ de l'Union européenne. La campagne électorale a essentiellement consisté à savoir quelle vision du pays s'imposerait et, finalement, nous avons décidé que le mieux était de tourner le dos à nos voisins.

Je peux comprendre certaines raisons qui ont poussé les gens à se prononcer pour le Brexit. Si j'étais un entrepreneur anglais du bâtiment et que je devais faire face à l'afflux de la concurrence polonaise, j'aurais probablement voté « Leave ».

Ce qui me dérange, c'est que le camp du Brexit doit largement sa victoire à une vision du Royaume-Uni qui ne correspond pas à la réalité pour une écrasante majorité de jeunes Britanniques, ouverts sur l'extérieur.

J'ai 28 ans, un diplôme universitaire, et je suis la fille d'une Anglaise et d'un immigré vietnamien. Comme journaliste, j'ai travaillé en Grande-Bretagne, à Hongkong, aux États-Unis et maintenant en France. Avant le Brexit, j'étais heureuse de profiter de mon droit de travailler sans restriction dans n'importe quel État de l'Union européenne.

Quand j'arrive au bureau de Paris ce jeudi soir, avec pour mission d'éditer les dépêches sur le référendum toute la nuit durant, je me sens prudemment optimiste. Après des jours de coude-à-coude dans les sondages, j'espère que les électeurs indécis feront pencher la balance en faveur du « Remain ».

Couvrir une élection est toujours délicat. En tant que journalistes d'une agence d'information mondiale, notre devoir est de coller aux faits. Mais pour une grande partie d'entre nous, les enjeux personnels sont énormes.

Je suis l'une des nombreuses Britanniques qui travaillent pour le service en anglais de l'AFP. Mon chef est arrivé en France après avoir travaillé à Bruxelles et à Berlin. Mes collègues à Madrid, à Rome, à Vienne et dans bien d'autres pays seront également affectés par le résultat. Au cours des derniers jours, la quasi-totalité d'entre nous exprimait avec ferveur l'espoir que le « Remain » l'emporterait. Deux instituts de sondage, YouGov et Ipsos Mori, donnent le « Remain » gagnant. Certes, lors des élections de l'an dernier, ils se sont prodigieusement trompés, mais il est impensable qu'ils répètent leurs erreurs, se dit-on.

POUR MOI, RESTER ATTACHÉ À L'EUROPE TOMBAIT SOUS LE SENS.

Vers 3 heures du matin, les chaînes de télévision lancent des rafales de résultats en faveur du « Leave ». Quand, à l'aube, tombent les résultats de Birmingham, c'est la douche froide : la deuxième ville du Royaume-Uni, qui compte une grosse population immigrée et dont les experts prédisaient qu'elle allait voter majoritairement

ROB STOTHARD - POOL

Les partisans du « Remain » apprennent leur défaite, le 24 juin à l'aube.

en faveur du « Remain », se prononce pour le « Leave » à une étroite majorité de 50,4 % contre 49,6 %. Voilà, c'est cuit, je pense. Au petit matin, il est clair que le « Leave » a gagné. Au bureau, tantôt nous racontons des blagues – le flegme britannique –, tantôt nous sombrons dans un grand désarroi.

Ce référendum a creusé un gouffre entre les générations. Si l'on en croit l'estimation de YouGov (à prendre avec des pincettes, donc !), les trois quarts des 18-25 ans ont voté pour le maintien dans l'UE. Seuls 36 % des plus de 65 ans ont fait de même. Dans la tranche la plus âgée de l'électorat, le « Leave » l'a emporté de façon écrasante.

Au Royaume-Uni, l'espérance de vie est de 81 ans. Une personne de mon âge devra vivre avec les conséquences de ce référendum pendant cinq décennies en moyenne. Nous ne voulions pas de cet avenir-là, mais il nous est imposé par une génération d'électeurs âgés, dont beaucoup sont aigris par la façon dont le pays a changé depuis leur jeunesse.

La campagne a été dominée par la peur de l'immigration et de ses prétendus effets néfastes sur la société britannique. Mon pays a voté pour *« reprendre le contrôle »* de son des-

Au quartier général des partisans du « Leave » à Londres, à l'aube du 24 juin.

tin face à un club de 28 pays accusé d'avoir volé notre souveraineté et rempli nos villes d'immigrants qui nous prennent nos emplois et parasitent nos services publics. Dans la dernière ligne droite de sa campagne électorale, une semaine avant le scrutin, le leader du parti europhobe Ukip, Nigel Farage, a dévoilé une affiche montrant une immense file de réfugiés, très distinctement non blancs, affluant vers l'Europe, avec la mention : *« point de rupture »*.

Nous avons voté pour une vision du Royaume-Uni étriquée, voire carrément xénophobe. Ce n'est pas la Grande-Bretagne qui a accueilli mon père vietnamien, lequel, trois décennies après son arrivée, ne manque pas un épisode de la série *East Enders* sur la BBC et aime parcourir les rayons des supermarchés à la recherche de plats britanniques aussi classiques que le poulet tikka masala.

J'ai grandi au-dessus du petit magasin de vélos que tenaient mes parents dans une ville de seconde zone dans l'Essex. Quand je regarde la Grande-Bretagne d'aujourd'hui, je ne vois que des divisions.

KATY LEE, journaliste au service anglais, est basée à Paris.

L'ÉTRANGETÉ DES DERNIERS PROCÈS NAZIS

Soixante-dix ans après la libération des camps, l'Allemagne juge d'anciens nazis devenus des vieillards. Des cérémonies plus que des procès ?

Detmold, Allemagne, 28 juin 2016

« *Un semblant de justice* » : les quatre mots me font sursauter, parce que c'est la première fois que j'entends un magistrat si humble face à son verdict. Mais la voix claire d'Anke Grudda a le ton de l'évidence. « *Il n'y a pas de sentence adéquate pour des faits d'une nature si atroce* », explique-t-elle, dans un silence lourd de 200 souffles retenus.

La chambre qu'elle préside à Detmold, dans l'ouest de l'Allemagne, vient de condamner Reinhold Hanning, 94 ans, à cinq ans de prison. En deux ans et demi à Auschwitz, l'ancien SS a contribué à tuer au moins 170 000 hommes, femmes et enfants. Arrivé debout en février, Hanning écoute le verdict en fauteuil roulant, après quatre mois de procès. Du soldat bombant le torse dans son uniforme à tête de mort, dont les archives allemandes conservent la photo, il ne reste qu'un visage impassible et une large veste trahissant la carrure d'autrefois. L'ancien nazi s'est tassé au fil des audiences, comme Oskar Gröning l'an dernier. Pour son rôle dans la mort de 300 000 Juifs hongrois, l'ex-comptable d'Auschwitz avait été condamné en juillet 2015 à quatre ans de prison.

À Lunebourg, pendant trois mois, on avait tendu de noir la salle des fêtes pour y loger la masse de témoins, spectateurs et journalistes, et masquer un décor plus propice aux mariages qu'à l'évocation de l'Holocauste. L'air était tiède et la ville avait cette allure d'Allemagne de conte de fées, intacte et pittoresque, si loin des cicatrices de Berlin.

Mais cinq minutes avaient suffi : s'adressant aux parties civiles, le président avait rappelé le nom de leurs proches défunts, leur date de naissance et celle de leur mort dans les chambres à gaz. En calculant la différence, j'avais imaginé les joues rondes, les pas hésitants, l'incompréhension puis la terreur : 12 ans, 71 ans, 4 ans, 8 ans, 18 mois…

Ces deux procès, sans doute les derniers du nazisme, ont un parfum

L'ancien officier SS et comptable d'Auschwitz Oskar Gröning, 94 ans, pendant son procès à Lunebourg en juillet 2015. Ronny Hartmann

contradictoire que je n'ai jamais su décrire. Dans le style impersonnel de l'AFP, comment mêler l'émotion extrême et la minceur des enjeux, l'histoire et le dérisoire ? À Lunebourg comme à Detmold, on prononce des peines qui ont peu de chances d'être purgées. On reconnaît la culpabilité des « rouages » de la machine nazie, quand presque tous ont disparu. On juge des vieillards, soixante-dix ans après la libération des camps, après avoir laissé leurs chefs en paix. Sur les 6 500 sentinelles d'Auschwitz qui ont survécu à la guerre, moins de 50 ont été condamnées. Un bilan famélique, que la justice allemande s'efforce tardivement de rattraper.

L'absence de débat sur le sujet, vu d'Allemagne, est frappante : c'est parce que les juges ont longtemps failli qu'il faut poursuivre « jusqu'au bout ». Mais ce zèle prend parfois des accents gênants : quand une cour décide l'an dernier que Hubert Zafke, 95 ans, n'est *« pas totalement*

BERND THISSEN

LEON SCHWARZBAUM, SURVIVANT D'AUSCHWITZ, AU PROCÈS DE REINHOLD HANNING À DETMOLD, LE 29 AVRIL 2016.

inapte à comparaître », étrange formule aux limites de l'acharnement, avant que le tribunal censé le juger ne traîne ostensiblement la patte. Quand Ernst Tremmel, 93 ans, meurt une semaine avant de se présenter devant un tribunal pour mineurs, qui n'a pas dû accueillir souvent des nonagénaires. Ou quand le « *procès du tournant* », celui de l'ex-gardien de Sobibor John Demjanjuk, jugé à Munich en 2011, laisse le souvenir d'un condamné mutique bavant sur sa chaise.

Même quand l'instruction accouche d'un accusé présentable, le peu que je croyais comprendre de la justice n'a plus cours. Il n'y a pas, au sens classique, de débat judiciaire. La défense n'a rien à contester. Depuis Demjanjuk, il suffit d'avoir servi dans un camp d'extermination, analysé comme une « usine de mort » impliquant chaque participant, pour s'en faire le complice.

L'audience est donc construite autour des récits des rescapés, les plus bouleversants que j'aie jamais entendus. Mais ils n'évoquent à aucun moment les accusés, parce qu'aucun témoin ne se souvient de les avoir croisés. Dans l'immensité d'Auschwitz-Birkenau, les SS restent cette forêt d'uniformes noirs ou vert-de-gris, pas des hommes qu'on dévisage pour les fixer dans sa mémoire. « *Avez-vous de bons souvenirs de certains SS ? Certains se comportaient-ils mieux que d'autres ?* », avait demandé la présidente au premier rescapé interrogé dans le procès Hanning, dans une tentative compréhensible – et si décalée – d'individualiser les rôles. *« Euh, je dois reconnaître que non. Je n'ai pas de souvenirs de ce type. Je vivais dans une peur constante »*, avait balbutié Leon Schwarzbaum, 95 ans, qui a perdu 35 membres de sa famille dans l'Holocauste.

Les victimes sont si nombreuses qu'on n'énumère pas leurs noms, mais l'accusation reste d'une minceur étonnante : au procès Gröning, l'anéantissement de 300 000 vies en deux mois reposait dans trois caisses de plastique. C'est moins qu'une affaire de banditisme jugée en correctionnelle, avec ses tomes replets qui aimantent les photographes. Pour juger un crime aussi immense et collectif, il a fallu le découper en parcelles et laisser hors champ la masse des responsables, mais l'artifice saute aux yeux. *« Nous ne pouvons condamner Reinhold Hanning pour l'entièreté du crime. Un tribunal s'occupe de culpabilité individuelle »*, insiste Anke Grudda ce vendredi 17 juin.

Peut-être faut-il y voir, comme le suggérait début 2015 le *New Yorker*, des *« cérémonies »* plus que des procès, des formes particulières de mémoire, avant la disparition des témoins vivants. Contrairement à ce qui se produisait pendant les premiers procès nazis, établir les faits n'est plus un enjeu : les historiens s'en sont chargés. Il n'y a pas l'ombre d'une discordance entre les récits des survivants et ceux des accusés. Gröning comme Hanning racontent l'horreur des sélections et la mort industrielle, masquée aux regards et révélée par la fumée des crématoires.

Mais chaque témoignage déborde du cadre pénal. Leur seul point commun, c'est la brutalité des adieux, la disparition en quelques secondes des parents, du grand-père ou d'une petite sœur, décidée d'un coup de menton par les médecins chargés de la sélection. Au paroxysme de l'extermination, aux premiers jours de l'été 1944, *« moins de 5 % des nouveaux arrivants étaient jugés aptes au travail »*, rappelait le procureur Andreas Brendel au procès Hanning, la voix vibrant d'une colère froide.

Il faut voir l'émotion que dégage Erna de Vries, la douceur de ses traits et le calme de sa voix. À 17 ans, l'élève infirmière, qui aurait rêvé d'être médecin, a été prise dans une rafle. Relâchée parce que « mi-juive », elle est rentrée boucler sa valise pour accompagner volontairement sa mère à Auschwitz. Malade et enfermée dans le « bloc de la mort » (celui qui destinait aux chambres à gaz les déportées trop faibles), elle en a réchappé par miracle et a promis à sa mère de *« survivre pour raconter »*. Elle l'a fait à Detmold pour la première fois, face à sa famille, la main discrètement posée sur celle de sa petite-fille.

Ressuscitant un monde englouti, l'espace d'une heure, Leon Schwarzbaum a raconté la communauté yiddish de Pologne décimée par l'Holocauste. Adolescent épris de jazz, il a d'abord écouté son père, si admiratif des Allemands qu'il refusait de craindre *« ce peuple de poètes et de philosophes »*. Mais 50 kilomètres séparaient Auschwitz du ghetto de Bendzin, où circulaient les récits des quelques évadés. Lorsqu'il a été déporté en août 1943, *« on avait déjà une idée de ce qui se passait. Certains parents essayaient de jeter leurs enfants hors du train »*.

De ce foisonnement de récits, le plus dérangeant reste de découvrir Auschwitz à hauteur de SS : la pire scène de crime de l'histoire devient ce lieu de travail où l'on s'accommode de tout. Rien n'égalera la fascination qu'ont suscitée les récits des dirigeants nazis et des commandants des camps, les Adolf Eichmann, Franz Stangl ou Rudolf Höss. Pourtant, peu de simples gardiens ont décrit leur quotidien. Ceux qu'on a jugés il y a trente ans avaient encore tout à perdre : leur liberté, leur statut social, l'estime de leurs proches. Ce n'est plus le cas aujourd'hui, et ce n'est pas le moindre apport de ces procès tardifs.

GRÖNING AVALE SA BOUTEILLE D'EAU D'UN TRAIT : « COMME LA VODKA À AUSCHWITZ ! »

Après soixante et onze ans de silence, Hanning a fini par livrer une confession écrite de 25 pages, lue à l'audience par ses avocats. Son texte laisse une impression étrange, parce qu'il mêle l'odeur des crématoires et le *« manque de camaraderie »* entre soldats, déploré à deux reprises. L'un l'a-t-il au moins gêné plus que l'autre ? C'est difficile à savoir, parce qu'il se positionne en *« observateur distant »*, laissant aux kapos le contact direct avec les déportés. Il se décrit seulement dans deux scènes de compassion, brumeuses et invérifiables.

La démarche de Gröning est très différente. Hanté par Auschwitz depuis sa retraite, il y a trente ans, il n'a pas attendu que la justice le rattrape. Atterré par une conversation avec un membre de son club de philatélie, qui lui avait tendu un ouvrage négationniste, il a rédigé un mémoire pour ses deux fils, participé à un documentaire de la BBC et à un livre de Laurence Rees, enduré insultes et menaces, et ouvrait encore sa porte aux journalistes quelques mois avant son procès.

« Prêt à répondre ? », lui avait demandé le président du tribunal, rappelant son droit de garder le silence. *« Aussi longtemps que je le pourrai. »*

Incroyablement précis, Gröning s'est immergé dans ses souvenirs au point de plaisanter, après avoir avalé sa bouteille d'eau d'un trait : *« Comme la vodka à Auschwitz ! »*

Son récit était tour à tour prosaïque et terrifiant, marqué par un repentir sincère et encore imprégné de pensée nazie. Comme tant d'accusés avant lui, il aurait pu invoquer l'impossibilité de désobéir dans une dictature.

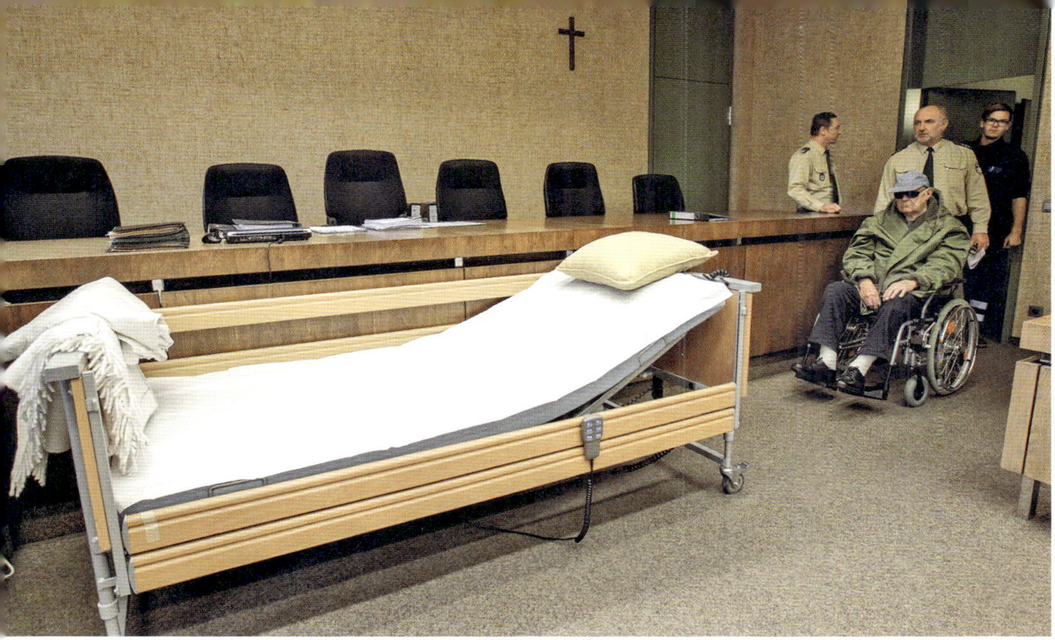

L'ancien gardien du camp de Sobibor, John Demjanjuk, arrive au tribunal de Munich le 17 mars 2011.

Mais Gröning n'a pas caché son *« euphorie »* aux premières heures de la guerre, puis son adhésion au projet de tuer *« les ennemis du peuple allemand »*. Il faut l'avoir entendu parler d'*« effort de guerre »* pour désigner l'Holocauste, ou qualifier de *« routine »* les préparatifs de l'extermination des Juifs hongrois, pour mesurer la force de son endoctrinement. Venu d'un homme tourmenté par sa conscience, allergique à la violence au point de n'avoir *« jamais donné une gifle de sa vie »*, ce n'est pas un témoignage qu'on oublie facilement.

À quoi sert, quand tant de chercheurs ont disséqué l'Holocauste, de raconter encore ces récits ? *« À comprendre qu'Auschwitz ne s'est pas déroulé sur Mars »*, m'explique Andrej Umansky, historien, juriste. Cette *« connexion personnelle*, dit-il, *enlève le côté abstrait, et l'idée que ça ne pourra jamais se reproduire »*. Je ne suis pas sûre que la force de ces audiences résiste à la froideur des articles de presse. Mais je garde l'image des bancs du public, complets pendant des mois quand ceux des médias se vidaient. Il y avait des proches des parties civiles et de simples citoyens, hommes et femmes à parts égales, beaucoup d'étudiants et de lycéens. À leurs visages tendus, aux yeux rougis de certains, il me semble qu'eux aussi s'en souviendront.

CORALIE FEBVRE, journaliste, vit à Berlin.

RIEN NE SERA COMME AVANT

ARIS MESSINIS

Des partisans du président Erdogan, place Taksim, à Istanbul, après la tentative de coup d'État.

La nuit du coup d'État du 15 au 16 juillet a changé à jamais la Turquie, notre pays.

Istanbul, Turquie, 20 juillet 2016

Vendredi soir, nous prenions tous deux des photos d'une cérémonie à Istanbul quand nous avons reçu des appels nous disant qu'il se passait quelque chose sur le pont du Bosphore. En filant sur place, nous étions loin d'imaginer que dans l'heure suivante nous allions couvrir la première tentative ratée de putsch en Turquie.

Très vite, cela a été la confusion totale, ça tirait de partout, des hélicoptères volaient, les gens couraient en tous sens.

Notre pays a déjà connu trois coups d'État, en 1971, 1980 et 1993. Cette fois, les putschistes ont voulu renverser le président Erdoğan, élu pour cinq ans le 10 août 2014, après avoir été Premier ministre de 2003 à 2014. Durant cette longue nuit dans les rues d'Istanbul, nous l'avons échappé belle : Bülent a été agressé par la foule, Ozan s'est retrouvé pris entre les feux croisés de soldats et de policiers. Des centaines de personnes sont mortes. Et le président s'est maintenu au pouvoir. Depuis, les autorités turques ont entrepris une série d'arrestations et de renvois au sein des forces armées et de police. Mais la purge touche aussi des magistrats, des enseignants, des journalistes... L'état d'urgence a été décrété. La Turquie a franchi un cap. Nous le sentons, rien ne sera comme avant.

BÜLENT KILIÇ et OZAN KÖSE, photographes, sont basés à Istanbul.

GURCAN OZTURK

Des habitants d'Istanbul s'en prennent à un char militaire.

Scène de liesse après la prise du pont du Bosphore, le 16 juillet 2016.

BÜLENT KILIÇ

Des soldats turcs place Taksim, alors que des gens protestent contre le coup d'État.

Des agents de sécurité détiennent des civils sur le pont du Bosphore.

AUX PHILIPPINES, DANS LA « GUERRE CONTRE LE CRIME »

Notre nouveau président, Rodrigo Duterte, a décidé de « nettoyer » le pays de ses criminels. Des milliers de personnes sont jetées en prison, des milliers d'autres assassinées.

Manille, Philippines, 5 août 2016

Parfois il faut attendre les premières lueurs de l'aube. Parfois les cadavres surgissent de bonne heure. Ce qui est certain, c'est que les policiers de service de nuit à Manille et les journalistes qui les suivent peuvent désormais affirmer sans exagérer qu'ils font l'horaire de la mort.

Peu après l'élection présidentielle du 9 mai, en plus de mon travail de jour au bureau de l'AFP, j'ai commencé à passer mes nuits à rôder

NOËL CELIS

CONSTRUITE POUR 800 PRISONNIERS, LA PRISON DU QUARTI

Quezon, à Manille, en accueille 3 800. Dans la cour, les détenus doivent dormir à même le sol, les uns sur les autres.

NOËL CELIS

Une femme étreint le corps de son compagnon, tué par balle par des motards à Manille.

NOËL CELIS

Pour faire croire à des règlements de comptes, la police des Philippines fabrique des preuves de toutes pièces. De plus en plus d'armes flambant neuves sont retrouvées près des cadavres.

NOËL CELIS

Un homme soupçonné d'être un dealer gît dans une rue de Manille, le 27 juillet 2016.

autour des principaux commissariats de la capitale. Rodrigo Duterte a été élu grâce à sa promesse de tuer des milliers de criminels. Ce programme électoral musclé s'appuyait sur son bilan dans la ville de Davao, dans le sud du pays, qu'il a gouvernée pendant deux décennies avec une politique brutale de maintien de l'ordre. Il a été accusé d'avoir mis en place ou toléré des escadrons de la mort. Je tenais à être dans la rue quand il mettrait sa promesse à exécution à Manille.

Quelques jours après le scrutin, la police a commencé à faire respecter strictement les couvre-feux et à embarquer les ivrognes, les enfants non accompagnés et les gens qui se promenaient sans chemise dans la nuit moite. Nous n'avions jamais vu cela auparavant. Ce n'est que quelques semaines plus tard que les cas de morts violentes ont commencé à grimper en flèche.

Pour me tenir informé de ce qui se passe dans la ville, j'écoute la radio. Elle est tout le temps allumée, même quand je dors.

Dans la nuit du 25 juin, la radio m'alerte d'une tuerie dans les environs de mon appartement. La police a effectué une descente dans un quartier musulman du nord de Manille et a tué trois personnes suspectées de trafic de drogue.

Pour accéder aux lieux du crime, je me glisse avec mes 18 kilos de matériel à travers un trou dans un mur de béton qui débouche sur une longue et sombre allée boueuse. Je suis un peu angoissé. Que m'arrivera-t-il si je fais une mauvaise rencontre ici ? Pour seule arme, je n'ai qu'une lampe torche. Et je me balade avec deux boîtiers et trois objectifs, dont deux, équipés de grandes ouvertures permettant de photographier par faible lumière, sont hors de prix. Sur les lieux, je me retrouve au milieu d'une nuée d'équipes de télévision et d'autres photographes.

« ARRÊTEZ DE PRENDRE DES PHOTOS ! AIDEZ-NOUS PLUTÔT ! »

Le crime le plus marquant qu'il m'ait été donné de couvrir survient dans la nuit du 22 au 23 juillet. Un chauffeur de rickshaw vient d'être abattu à un carrefour très fréquenté. Une femme franchit le cordon de police et, désespérée, serre dans ses bras le corps ensanglanté en appelant à l'aide. C'est sa petite amie. La photo de cette scène, qui rappelle étrangement la *Pietà*, la célèbre sculpture de Michel-Ange, deviendra virale sur Internet. Soudain, la femme éplorée se met à nous crier : *« Arrêtez de prendre des photos ! Aidez-nous plutôt ! »*

Cette supplique nous fait à tous l'effet d'un coup de poing dans l'estomac. Certains obtempèrent, s'arrêtent de photographier. Nous sommes nombreux à nous demander tout à coup pourquoi nous sommes là. Nous nous sentons comme des vautours. Aucun d'entre nous ne sera capable de dîner plus tard ce soir-là.

Dans la voiture qui nous ramène en ville, personne ne parle. Nous nous sentons coupables. Quelques jours plus tard, j'apprends qu'un photographe d'un journal local a décidé d'arrêter définitivement de couvrir les affaires criminelles la nuit.
Dans la guerre contre la drogue aux Philippines, la mort peut arriver par trois chemins.
La première façon de mourir, ce sont les opérations coups de poing menées par des policiers en civil se faisant passer pour des acheteurs de drogue.

SI UNE MUTINERIE ÉCLATE MAINTENANT, JE SUIS MORT, JE PENSE.

Presque toujours, on retrouve le corps du dealer présumé avec une balle sous l'œil, sa main touchant une arme de poing.
Au tout début de cette vague de tueries, les mains des cadavres des suspects tenaient de vieux pistolets rouillés. Mais de plus en plus, on retrouve des armes flambant neuves. Cela fait des années que la police des Philippines est accusée de fabriquer des preuves de toutes pièces.
La deuxième façon de mourir, c'est d'être pris pour cible par les « anges de la mort » qui hantent les rues sous la forme d'un duo de motards armés. Selon les témoins et les images des caméras de surveillance, ils dissimulent toujours leurs visages sous des casques et des foulards. Le premier tueur reste au guidon de la moto. Le deuxième se dirige vers la cible, lui tire dessus et enfourche rapidement la moto qui prend la fuite.
Ce sont des tueurs à moto qui ont assassiné le conducteur de rickshaw sur l'image qui ressemble à la *Pietà*. Ils signent toujours leurs crimes, en laissant un morceau de carton avec une phrase en tagalog qui dit : « *Je suis un dealer, c'est toi le prochain* », ou encore : « *Je suis un dealer, ne deviens pas comme moi.* » Quelquefois, ils dessinent même le symbole de Batman.
La troisième façon de mourir, c'est d'être victime des tueurs de l'ombre. On ne les voit jamais. On ne retrouve que leurs victimes, abandonnées dans des ruelles sombres et isolées ou dans des terrains vagues, le corps criblé de balles ou lardé de coups de couteau. Leurs visages, et même parfois la totalité de leurs corps, sont enveloppés dans du ruban adhésif, comme s'il s'agissait de momies égyptiennes. Là aussi, une pancarte en carton les accuse de s'être adonnées au narcotrafic.
Certaines nuits, on dénombre jusqu'à dix-huit meurtres. C'est matériellement impossible de tous les couvrir.
Pour illustrer l'ampleur de la « guerre » anticriminalité du président Duterte, le bureau de l'AFP à Manille décide d'aller à la rencontre des personnes arrêtées au cours de la campagne électorale.
La prison du quartier de Quezon à Manille, construite pour 800 détenus, en héberge actuellement près de 4 000. Après des semaines d'attente, l'administration m'autorise à couvrir un concours de danse dans

la cour de la prison. Un gardien me raconte que la nuit les prisonniers dorment par terre les uns sur les autres dans cette même cour. Je me dis : c'est ça, la photo !

Ce que je vois me bouleverse. Les détenus sont entassés comme des sardines. Dans les cellules bondées, il m'est pratiquement impossible d'avancer entre les lits fabriqués de bric et de broc et les hamacs. Je dois demander à certains prisonniers allongés de bien vouloir se lever pour me laisser passer.

Si une mutinerie éclate maintenant, je suis mort. Et s'ils décidaient de me prendre en otage ?

D'autres prisonniers dorment sur les marches dans un escalier. Cette vision me rappelle les vieux tableaux représentant l'Enfer de Dante.

Pendant les dix premières années de ma carrière de photographe de presse, les nuits étaient différentes. Seules les radios locales traitaient les faits divers. Les journalistes parlaient des incendies dans des bidonvilles, des accidents de la circulation dans les rues mal éclairées ou encore des attaques à main armée subies par des passagers de « jeepneys », ces camions reconvertis en minibus qui constituent le moyen de transport collectif le plus populaire à Manille.

Maintenant, les journalistes couvrant les affaires criminelles tard le soir sont beaucoup plus nombreux. On croise même des correspondants étrangers et des présentateurs de télévision sur leur trente et un.

Au cours des longues heures d'attente, les journalistes tuent le temps en mangeant des plats graisseux au boui-boui du coin et en racontant leurs vieilles histoires du métier. Dès qu'un corps est découvert, c'est le branle-bas de combat. Les reporters foncent en meutes jusque sur les lieux du crime en partageant leurs véhicules.

Accéder à la scène du crime peut s'avérer frustrant. Certains policiers refusent avec mauvaise humeur de laisser passer les photographes. Dans certains secteurs, toute prise de vue est même strictement interdite. Dans d'autres, les agents laissent travailler librement les journalistes au moins jusqu'à l'arrivée de la Soco, l'unité des scènes de crime de la police scientifique. C'est donc une course de vitesse entre la Soco et nous pour accéder en premier sur les lieux du crime. Il arrive aussi que des policiers de la Soco nous laissent travailler jusqu'à l'enlèvement des corps par les services funéraires, à condition que nous ne marchions pas sur les douilles ou sur les flaques de sang à l'intérieur du périmètre sécurisé.

Notre travail, en tant que journalistes chargés de couvrir la « guerre contre le crime » aux Philippines, a le pouvoir de choquer l'opinion publique. Mais j'espère que cela ira plus loin, que cela permettra de changer les choses.

NOËL CELIS, photographe, est basé à Manille.

LES AUTRES

En Syrie, photographier des enfants blessés ou morts est devenu la routine.

Douma, Syrie, 30 août 2016

J'habite à Douma, une banlieue de Damas tenue par la rébellion. Au cours des trois dernières années, j'ai photographié des milliers de blessés, et un nombre sidérant d'entre eux étaient des enfants. Prendre des photos de gens qui portent des enfants blessés ou morts dans les décombres après un raid aérien, c'est la routine. Ça vous choque ? C'est pourtant ce que c'est devenu : une routine.

Y a-t-il des images d'enfants blessés qui m'ont marqué l'esprit plus que

ABD DOUMANY

UNE PETITE FILLE BLESSÉE LORS D'UN RAID AÉRIEN

SUR LA VILLE DE DOUMA ATTEND D'ÊTRE SOIGNÉE, DANS UN HÔPITAL DE FORTUNE.

d'autres ? Si vous m'aviez posé la question il y a deux ans, j'aurais probablement pu vous répondre. Mais aujourd'hui, après avoir assisté à un nombre aussi gigantesque de massacres, c'est très difficile de penser à l'un ou l'autre d'entre eux en particulier. Le massacre est devenu un fait quotidien.

Maintenant, les images restent dans ma mémoire pendant un petit moment avant d'aller rejoindre les autres dans le néant. C'est un peu comme mon cimetière personnel…

CETTE GUERRE RISQUE D'ENGENDRER UNE « GÉNÉRATION PERDUE ».

Prenez la semaine dernière, par exemple. Cela se passe quelques jours après ces photos du petit Omran dans une ambulance d'Alep qui ont bouleversé le monde entier. Ce jour-là, un missile tiré par un chasseur Mig frappe un immeuble rempli de familles vers 8 h 30 du matin. La plupart des gens dorment encore. Plus de dix enfants sont blessés dans l'attaque. Cinq minutes plus tard, un second raid vise le même immeuble, avec le même résultat : énormément de femmes et d'enfants blessés. Est-ce l'œuvre des forces gouvernementales ou des Russes ? Impossible de savoir.

En arrivant à l'hôpital, je trouve une dizaine d'enfants. L'une d'entre elles s'appelle Noor. Elle a 8 ans et son cœur a cessé de battre. Son père l'accompagne. Les médecins font tout ce qu'ils peuvent pour la sauver. Son père pleure et lui embrasse les pieds pendant qu'on lui pratique une réanimation cardio-respiratoire.

Au bout de quinze minutes, les médecins renoncent à sauver Noor. Ils déclarent qu'elle est morte et arrêtent leurs efforts. Mais le père ne l'accepte pas. En larmes, il continue à pratiquer le massage cardio-respiratoire lui-même en hurlant le nom de sa fille. *« Noor ! Noor ! Noooooor ! »* Après dix minutes de vains efforts, il s'effondre sur le sol en sanglots.

Cette scène restera dans ma mémoire pendant un certain temps. Mais elle aussi disparaîtra, remplacée par une nouvelle. La nouvelle scène sera tout aussi insoutenable. Mais elle disparaîtra également, remplacée par une nouvelle. Et cela continuera. Encore et encore.

Quand je vois le père de Noor s'effondrer par terre, je suis incapable de continuer à prendre des photos. C'en est trop pour moi. Je quitte l'hôpital, et je me rends à l'endroit de la ville où l'on rassemble les corps avant de les enterrer. Là-bas, d'autres scènes épouvantables m'attendent. Des parents en larmes qui regardent leurs enfants morts.

Un des enfants tués dans un des raids aériens de ce jour-là s'appelle Emad. Il avait 5 ans. Il y a un an presque jour pour jour, il avait perdu son père dans un bombardement similaire, dans le même quartier.

Les enfants sont les principales victimes de cette guerre. Ce sont les vies des enfants qui sont le plus bouleversées par le conflit. Ils

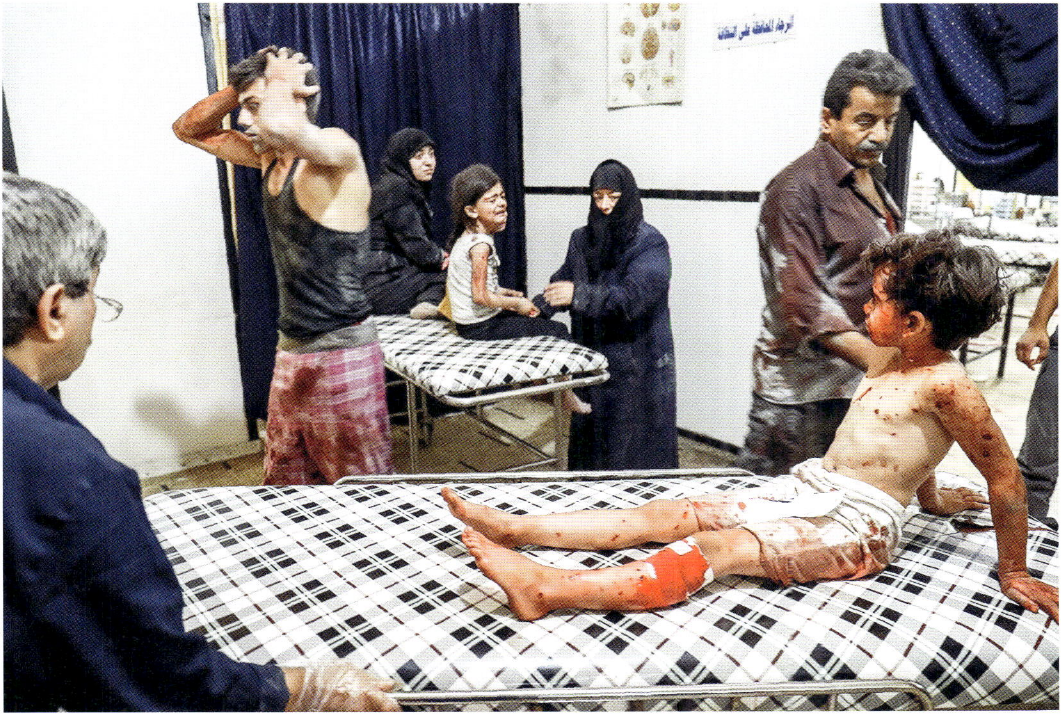

Les enfants paient un lourd tribut à la guerre qui ravage la Syrie.

risquent de mourir dans les bombardements, ils n'ont pas accès à des soins appropriés, ni à l'éducation. Ils n'ont pas droit à une vie digne de ce nom. Cette guerre dont personne ne voit l'issue risque d'engendrer une « génération perdue » dont le seul tort est d'être née au mauvais endroit, au mauvais moment.

Quand je photographie des enfants, je me comporte différemment. J'essaie toujours de trouver un moyen, même dérisoire, d'alléger leur souffrance. Je leur raconte des blagues, je leur montre les images que je viens de prendre d'eux, je leur prête mon appareil pour qu'ils prennent des photos eux-mêmes…

J'ai photographié un nombre infini d'enfants en sang, enveloppés dans des bandages, d'innombrables petits corps drapés dans des linceuls, l'air endormi. J'ai fait de mon mieux pour vous montrer leur douleur à travers mon objectif. Maintenant, à vous de faire de votre mieux pour les sauver.

ABD DOUMANY, **photographe, est basé à Douma, en Syrie.**

L'IMPORTANCE D'Y ÊTRE

Peu de médias ont envoyé des reporters couvrir l'élection présidentielle au Gabon. Encore une histoire de violence en Afrique ? Peut-être. Mais comment le savoir à distance ?

MARCO LONGARI

Des partisans du leader d'opposition Jean Ping

Libreville, Gabon, 6 septembre 2016

Le Gabon, ex-colonie française, constitue l'une des plus importantes réserves forestières et pétrolières d'Afrique. Quand j'y arrive pour couvrir l'élection présidentielle, fin août, je réalise que je suis le seul photographe d'un grand média international sur place. Dans les rédactions des pays du Nord, les gens ont dû se dire : encore une élection et encore des troubles dans un pays africain ? À quoi bon ? Pourtant, c'est ici que l'histoire récente de l'Afrique est en marche.

FONT FACE AUX FORCES DE L'ORDRE DEVANT LA COMMISSION ÉLECTORALE.

Quand on couvre une histoire pareille, être à plusieurs photographes est toujours mieux. On partage nos informations, nos contacts, nos repas, nos journées et les dangers. Tout le monde y trouve son compte.

Être seul présente quelques points positifs. Par exemple, je n'ai pas à me préoccuper d'éviter les caméras et les autres photographes. Cela peut paraître cocasse, mais c'est une chose qu'il faut avoir en tête : veiller à ne pas se retrouver par

Le président Ali Bongo Ondimba se fait maquiller avant un débat télévisé préélectoral.

accident sur les images des uns et des autres.

À l'AFP, je suis le responsable photo pour 47 pays africains (c'est-à-dire tout le continent, à l'exception des pays arabophones du Nord). Mon métier m'oblige à faire des choix dans les couvertures. Gouverné par Omar Bongo pendant plus de quarante ans, le Gabon a déjà connu une élection contestée en 2009, celle du fils, Ali Bongo. Sept ans plus tard, tous les ingrédients sont réunis pour une nouvelle crise.

Le travail d'enquête commence avant d'arriver dans le pays. Puis, dès qu'on atterrit, il faut tisser son réseau de contacts. Cela peut sembler ringard, mais le point de départ, c'est votre chauffeur de taxi. Il faut vous assurer d'en trouver un bon. Comment distinguer un bon chauffeur de taxi d'un mauvais ? Je ne saurais l'expliquer, chacun a ses petits critères.

J'arrive à Libreville une semaine avant l'élection. Je rends visite aux principaux partis politiques. Je me présente, je me fais connaître, je laisse mon numéro de téléphone. En fonction de l'intuition que j'ai quant à la façon dont l'histoire pourrait évoluer, je me rends dans tel quar-

MARCO LONGARI

Funérailles d'un habitant de Libreville tué pendant les affrontements.

MARCO LONGARI

Une femme se met à l'abri pendant des affrontements à Libreville.

MARCO LONGARI

Affrontements à Libreville, le 31 août 2016.

tier, tel magasin, tel café, je bavarde, je note les numéros de téléphone des gens. De cette façon, quand les événements se déclencheront, je pourrai les appeler pour savoir ce qui se passe dans la ville.

Mais j'ai beau faire toutes les recherches possibles, compter sur le soutien des journalistes du bureau permanent de l'AFP à Libreville, je suis pris de court par la soudaine explosion de rage. Le 31 août 2016, la commission électorale annonce qu'Ali Bongo, le président sortant, remporte le scrutin à 5 000 voix près. L'opposition dénonce immédiatement ces résultats. La colère des Gabonais est violente et instantanée. En l'espace de vingt-quatre heures, tout s'accélère, les destructions, les incendies, les affrontements. Un beau matin, Libreville se réveille sous le choc, avec des barricades un peu partout et les magasins fermés.

JE SUIS PRIS DE COURT PAR LA SOUDAINE EXPLOSION DE RAGE.

Ce qui nous ramène à l'importance d'être ici. Oui, c'est encore une histoire de violence dans un pays africain. Le comportement de la population – cette soudaine explosion de colère – en dit long sur l'état du pays. Le comportement des forces de sécurité – qui laissent un photographe couvrir les événements librement – en dit long aussi. Comme si un certain sens de la démocratie commençait à s'installer…

MARCO LONGARI est le responsable photo pour l'Afrique.

HENNY RAY ABRAMS

Après avoir été percutée par le Boeing kamikaze, la tour commence à s'effondrer.

ON NOUS SIGNALE UN INCENDIE

Le 11 septembre 2001, de la fumée s'échappe du World Trade Center, à New York. Les tours et l'Amérique vacillent.

Paris, France, 9 septembre 2016

8 h 40, ce 11 septembre 2001. Belle matinée d'été indien sur New York. La vue est splendide depuis les fenêtres du bureau de l'AFP, au 34e étage d'une tour de bureau de Midtown à Manhattan : les gargouilles du sommet du Chrysler Building, lavées par des acrobates du ciel la semaine dernière, brillent dans le ciel bleu dur. Ah oui, renvoyer un fax pour demander l'autorisation de monter les voir, faire un papier, cela fait plus d'un an que j'essaie, sans succès.

Je pose mon casque sur la moquette, allume la télé : apparaît le sigle bleu et blanc de New York One, la chaîne d'info en continu qui couvre en direct les cinq quartiers de la ville-monde.

« On nous signale un incendie en hauteur dans l'une des tours du World Trade Center », annonce le présentateur, au moment où la chaîne bascule en direct sur les images fournies par l'une des caméras automatiques qui, depuis les toits des plus hauts gratte-ciel, couvrent en permanence l'île au sud de Central Park.

Je suis depuis deux ans correspondant de l'agence à New York : assez pour avoir appris que quand le moindre événement concerne ce qu'on appelle un « landmark », un de ces lieux symboliques de la ville, comme l'Empire State Building, le pont de Brooklyn, la statue de la Liberté ou les tours jumelles du WTC, il ne faut pas hésiter et faire une dépêche.

LE TROU BÉANT PROVOQUÉ PAR LE BOEING DANS LA FAÇADE EST CACHÉ PAR LA FUMÉE.

Sur la foi des images – nous n'avons pas de vue directe sur les tours, à la pointe sud de l'île de Manhattan –, je commence à rédiger une dépêche simple, un « factuel » dans le vocabulaire des agenciers. Titre : « Incendie au sommet de l'une des tours du World Trade Center ». Premier paragraphe, deuxième. Le trou béant provoqué par le Boeing dans la façade est caché par la fumée ; filmé de si loin, cela ressemble vraiment à un incendie. Le journaliste de NY1 indique que *« certains témoins rencontrés par [leur] équipe arrivée sur place évoquent le choc d'un avion contre la tour »*. Je pense : « Un avion ? Comment un pilote peut-il se fracasser sur les Twin Towers, avec toute la place qu'il y a autour ? Un malaise ? » quand le téléphone sonne. AFP Washington, ligne directe. Francis Kohn, rédacteur en chef.

« Michel ? Tu regardes CNN ?

— Non, New York One.

— Mets CNN. »

La caméra de New York One filmait du nord vers le sud. Elle n'avait pas enregistré les images du vol 11 d'American Airlines pénétrant dans la tour nord.

Premier bulletin sur le fil AFP à 8 h 58, heure de New York : *« Un avion s'est écrasé mardi matin au sommet de l'une des tours du World Trade Center à New York, ont indiqué les chaînes de télévision américaines. »*

Un avion de ligne ? Je pense à « l'opération Bojinka », un complot monté en 1995 par les islamistes radicaux Ramzi Yousef et Khaled Cheikh Mohammed qui avaient imaginé détourner des avions de ligne américains au-dessus du Pacifique pour les fracasser contre des bâtiments. Ce projet d'attentat avait alors été contré par la police philippine. Quelques mois plus tôt, j'avais couvert devant la justice new-yorkaise le premier procès des *« USA versus Osama bin Laden »*, celui de lampistes accusés d'avoir participé aux attentats contre les ambassades américaines au Kenya et en Tanzanie en 1998, au cours duquel l'utilisation de Boeing comme missiles avait été évoquée.

9 h 03 : en direct sur CNN, le vol 175

de la United Airlines s'encastre dans les étages supérieurs de la tour nord. Nom de Dieu, c'est bien ça… La journée va être longue, la nuit aussi. Washington décide d'envoyer sur les lieux nos deux correspondants au siège des Nations unies, qui sautent dans le dernier métro avant l'arrêt du trafic. Les yeux rivés à la télé, la rédaction en chef au téléphone, j'enchaîne les dépêches. Premier lead: *« Deux avions s'encastrent dans les deux tours du World Trade Center. »*
Une minute avant 10 heures, après avoir brûlé pendant cinquante-six minutes, la tour sud vacille légèrement puis s'effondre sur elle-même, comme au ralenti, laissant dans le ciel son fantôme de poussière. Ahurissant. Je mets trente secondes à comprendre ce que je vois et à envoyer le « bulletin ». Vingt-huit minutes plus tard, la tour nord disparaît à son tour. J'aurais dû m'y attendre, m'y préparer… mais comme tout le monde, je suis pétrifié, incrédule, glacé d'effroi.
URGENT : *« La deuxième tour du World Trade Center, attaquée par un avion, s'est désintégrée et s'est effondrée mardi, une demi-heure après la première, selon des images apocalyptiques diffusées en direct par les chaînes de télévision américaines. »*
Au bureau, nous collectons les informations, les témoignages, que nous envoyons à Washington où les « papiers généraux » sont rédigés. Washington où, à 9 h 37, un autre avion de ligne s'écrase sur le Pentagone.
Combien d'appareils détournés sont encore dans le ciel ? Combien de cibles ? La Maison-Blanche ? Le Capitole ? Le siège de l'ONU à trois rues d'ici ? Combien d'autres morts ? Je me souviens que le projet Bojinka envisageait le détournement de onze avions de ligne…
Les auteurs du complot ont réussi leur coup, sans doute au-delà de leurs plus folles espérances. Sur l'île, les métros sont arrêtés, la circulation cesse ou presque. Obéissant aux consignes du maire Rudy Giuliani, la population de la pointe, au sud de Canal Street, commence à remonter vers le nord. Une foule silencieuse, hébétée, parfois recouverte d'une épaisse couche de poussière grise, s'est mise en marche.

JE METS TRENTE SECONDES À COMPRENDRE CE QUE JE VOIS ET À ENVOYER LE BULLETIN.

Le réseau cellulaire est saturé, plus moyen de joindre nos confrères sur le terrain. Leurs épouses appellent régulièrement, je ne sais que leur dire, incapable de leur assurer que, non, ils n'étaient pas à l'intérieur des tours quand elles se sont effondrées. Ils mettront plusieurs heures à remonter, à pied eux aussi, la 46e Rue jusqu'au bureau de l'agence. Ils commencent à rédiger leurs reportages.
Ils sont là, je prends la relève sur le terrain. En arrivant aux États-Unis, j'ai dû repasser mon permis, payer de ma poche un parking hors de prix, mais être l'un des rares motards de Manhattan ne m'a jamais semblé si

appréciable. Seuls quelques véhicules de pompiers ou de police, sirènes hurlantes, descendent la 3e Avenue. De rares taxis foncent vers Harlem, sans répondre aux appels. Les trottoirs sont bondés de piétons. Terminus Canal Street : un policier me braque avec son arme pour me forcer à m'arrêter. « *Personne au sud de Canal !* » Dans un pays qui ignore la carte de presse, celle attribuée par la police de New York est un sésame efficace.

« Si je me gare là, dans la station-service, et que je descends à pied, c'est OK ?

— OK, soyez prudent.»

Dans un silence de cathédrale, qu'on ne connaît à New York que les jours de blizzard, je marche vers le nuage noir et les reflets d'incendie, qu'on devine droit devant, au-dessus des toits. Ce n'est pas de la neige qui commence à s'accumuler sur la chaussée et les trottoirs, mais une étrange matière, un mélange de cendres, de poussière et de feuilles de papier. Au coin de Greenwich et Harrison, la couche s'épaissit, recouvre tout. La rue, les voitures, les panneaux, les boîtes aux lettres, bouches d'incendie, poubelles, boîtes à journaux, feux rouges, échafaudages, un chien qui devait être brun et s'ébroue sans succès, tout disparaît sous 15 centimètres de talc grisâtre, d'où émergent des millions de feuilles. Le manteau blanc étouffe les sons, les pas. Seules les sirènes de police et des pompiers résonnent au loin. Partout des chaussures, surtout

HENNY RAY ABRAMS

DES PASSANTS ÉVACUENT MANHATTAN EN TRAVERSANT

Le pont de Brooklyn, avant l'effondrement des tours.

de femmes, hauts talons abandonnés pour courir plus vite.

Au centre de Barclay Street, un agent de police transformé en spectre blafard avance à pas minuscules. Il regarde devant lui mais semble ne plus rien voir, les épaules tombantes, le pas traînant, bouche ouverte, mains le long du corps. Le holster de son arme est vide, sa matraque pend à l'envers dans son dos. Je lui demande si ça va, s'il veut un peu d'eau, si je peux continuer à descendre vers le WTC. Il tourne la tête, son regard me transperce, il ne répond pas. S'assied sur quelque chose, peut-être une caisse, enlève sa casquette qu'il tape contre sa cuisse, éclate en sanglots silencieux.

Le grondement rauque d'avions à réaction déchire l'air du soir. Deux points lumineux fusent au-dessus de ma tête, des jets de l'armée. « *Nom de Dieu, j'espère que ce sont bien les nôtres* », murmure un policier que je n'ai pas entendu s'approcher derrière moi. Il vérifie ma carte du NYPD, me laisse passer. Je le vois donner une bouteille à son collègue assis sur la caisse. Celui-ci la boit d'un trait, lui met la main sur l'épaule pour le remercier.

Je tourne à droite dans West Broadway. Et là, au bout de l'avenue, des deux tours de 110 étages que l'on voyait de tous les coins de New York, qui servaient de repère quand je me perdais au fin fond du Bronx ou dans une zone industrielle du New Jersey, qui, éclairées la nuit, étaient comme des vigies les soirs de brume, il ne reste que ça. Un chaos fumant, dont j'ai du mal à discerner les contours.

Les éclairages d'urgence illuminent par en dessous d'immenses colonnes de fumée. Des flammes s'échappent de l'enchevêtrement de métal, poutres tordues, pans de murs effondrés, structures broyées, monceaux de gravats. Ça fait quelle hauteur ? Je compte les étages d'un immeuble adjacent, étrangement intact. Quatre, cinq, six... Cent dix étages compactés sur six. Les feux sortent de partout, explosent et disparaissent. Les jets d'eau géants des pompiers tombent en pluie, certains installés sur les toits de petits immeubles. Sur la droite, un camion rouge a été aplati, transformé en crêpe de métal de 90 centimètres d'épaisseur. À côté, des voitures de police ont comme fondu.

« *Hé, vous, vous n'allez pas plus loin. Carte du NYPD ? Rien à foutre. Dégagez, vous ne voyez pas que c'est dangereux ? Regardez, on installe des barrières. Éloignez-vous tout de suite ou je vous coffre !* »

Les renforts de police arrivent, font peu à peu reculer les reporters, cameramen et photographes. Nous sommes tous partagés entre l'effroi d'assister à de telles scènes et la jubilation, que certains pourront trouver malsaine mais qui fait partie du métier, d'être là, à ce qui sera par la suite dénommé « Ground Zero », le « point zéro » de cette journée. Nous savons qu'elle

DANS LA NUIT QUI SUIT L'ATTAQUE, LES POMPIERS DE NEW YORK SONT TOUJOURS À PIED D'ŒUVRE.

entrera dans l'histoire. Pour un reporter, c'est là qu'il faut être.

Une heure à tourner autour du site, à croiser des pompiers hagards, des policiers sous le choc, des volontaires de la Croix-Rouge désemparés devant l'absence de blessés à secourir. Je regarde ma montre, c'est l'heure de rentrer au bureau, pour avoir le temps de rédiger, d'accrocher les deadlines européennes.

Je retrouve la Suzuki sous l'auvent de la station-service, gardée par un jeune policier au triste sourire. Je fais un détour par la place de la mairie, déserte, par Union Square où on allume les premières bougies, où des inconnus s'étreignent, où montent les premiers accords de guitare, par l'entrée du Brooklyn Bridge où la foule des piétons commence à s'éclaircir. Au bureau, où toutes les télés sont allumées et où règne une ambiance grave, tendue mais sereine, mes amis et collègues sont soulagés de me voir arriver.

Inutile de relire mes notes. *« Blessée, bouleversée, hébétée, New York s'apprête à vivre mardi soir, au terme d'une journée d'épouvante, la pire nuit de son histoire. »*

MICHEL MOUTOT, journaliste spécialisé dans les affaires de terrorisme, est basé à Paris.

ED JONES

OUVRIR UN BUREAU À PYONGYANG

L'AFP est la troisième agence mondiale à inaugurer un bureau dans l'hermétique Corée du Nord.

Une troupe de danse s'apprête à se produire sur une place de Pyongyang, dans le cadre d'une campagne de deux cents jours pour le lancement d'un nouveau plan économique, en juillet 2016.

Pyongyang, Corée du Nord,
13 septembre 2016

Qu'est-ce qu'une agence mondiale d'information va faire dans l'un des pays les plus hermétiques au monde ? La réponse est dans la question. C'est justement parce que les images de Corée du Nord sont rarissimes, que l'information distillée y est entièrement et minutieusement contrôlée par le régime, qu'elles sont précieuses.

Pour nous qui savons peu de la République populaire démocratique de Corée (RPDC), si ce n'est qu'elle est la seule dynastie communiste du monde, tout est information : les chants patriotiques diffusés sur les écrans des avions d'Air Koryo, les grandes avenues immaculées et fleuries, les jeunes femmes agents de police, au garde-à-vous, casquette et socquettes blanches, réglant une circulation pourtant minimale.

Et bien sûr, les portraits omniprésents à l'effigie de Kim Il-sung et de son fils Kim Jong-il, père de l'actuel dirigeant suprême Kim Jong-un, les chauffeurs qui ralentissent devant les statues géantes des deux leaders historiques, les affiches exaltant la doctrine officielle du Juche (prononcez Tsutsè) qui prône l'autosuffisance et une voie autonome vers le socialisme.

Il faut voir et montrer cette propagande de tous les instants : les groupes de femmes « volontaires », postés à différents carrefours de la capitale, qui dansent en brandissant des drapeaux rouges ou entonnent des hymnes glorifiant le père de la nation,

ED JONES

AU SECOND PLAN, LES PORTRAITS DE KIM IL-SUNG ET DE KIM JONG-IL.

UNE FEMME AGENT DE POLICE À PYONGYANG, EN AVRIL 2012.

PEDRO UGARTE

ED JONES

Selfie à Pyongyang.

les adultes – hommes ou femmes – qui portent tous sans exception un pin's à l'effigie de Kim Il-sung, la télévision qui passe et repasse les documentaires sur la guerre de Corée, dans l'un des pays les plus militarisés au monde.

Il faut montrer aussi tout ce qu'il nous sera donné de voir, sur la vie quotidienne, et pas seulement dans la capitale. Capter tout ce qui peut nous aider à comprendre une nation résumée à quelques clichés. Observer les mutations en cours.

Lorsque la Corée du Nord a effectué, le 9 septembre, un cinquième essai nucléaire, condamné à la fois par Washington, Moscou, Pékin et Paris, nos deux correspondants photo et vidéo ont pu rapidement fournir des images de la place de la gare, où un écran géant montrait la présentatrice vedette de la télévision nord-coréenne, vêtue de sa robe traditionnelle rose et noir, annoncer la nouvelle, sourire aux lèvres.

L'AFP n'est pas la première agence mondiale à s'installer à Pyongyang. Elle démarre avec un simple bureau d'une pièce, dans les locaux de l'Agence centrale de presse nord-coréenne. Cette dernière accueille également les bureaux de Kyodo et Associated Press (AP), agences venues de deux pays – le Japon et les États-Unis – qui, comme la France, n'ont pas reconnu la République populaire démocratique de Corée.

Nous savons bien l'intérêt que Pyongyang peut tirer de l'ouverture de ces bureaux dans un pays paria, frappé par de sévères sanctions internationales. La « délégation » de l'AFP a d'ailleurs eu par deux fois les honneurs du quotidien nord-coréen *Rodong Sinmun*. Nul lecteur ne peut ignorer que nous avons visité la maison natale de Kim Il-sung à Mangyongdae, près de Pyongyang, où nous avons « *écouté avec attention les explications sur l'histoire révolutionnaire glorieuse du président et sur la vie patriotique des membres de sa famille* ».

Le lecteur de ce journal ne sait pas en revanche que le livre de Philippe Pons sur la Corée du Nord que je transportais dans ma valise a été confisqué à mon arrivée. Explication du douanier : « *Aucun ouvrage ayant trait à la RPDC ne peut pénétrer dans le pays.* » Gageons qu'à l'inverse l'ouverture d'un bureau à Pyongyang permettra, modestement, à l'information de traverser les frontières dans l'autre sens.

MICHÈLE LÉRIDON est la directrice de l'information de l'agence.

À KABOUL, LE TEMPS DE L'ANGOISSE

Depuis le retour des taliban dans la capitale afghane, l'insécurité est permanente. Après la fête s'est installée la peur.

Kaboul, Afghanistan, 14 octobre 2016

Quand j'y repense, la fuite des taliban face aux Américains en 2001 représentait un immense espoir. Des années en or. Nous allions enfin pouvoir vivre normalement. Mais aujourd'hui, cet espoir a disparu. La fête est finie et les taliban sont à nos portes.

J'ai commencé à travailler pour l'AFP à Kaboul comme chauffeur en 1995. Et puis, à partir de 1998, je me suis essayé à la photo. Les taliban détestaient les journalistes et j'avais intérêt à rester discret : toujours vêtu du *shawal kharmiz* (la longue chemise traditionnelle sur un pantalon flottant), je travaillais avec un petit reflex caché dans une écharpe enroulée autour de la main…

Il était par exemple interdit de photographier les êtres vivants, les hommes comme les animaux. C'était contre leur conception de l'islam. Je me souviens d'un jour où je photographiais les files d'attente devant les boulangeries : la vie était rude, les gens sans travail, les prix explosaient… Des taliban se sont approchés : « *Que fais-tu ?*

— *Rien ! Je photographie juste les pains…* » Heureusement c'était avant l'ère du numérique, ils ne pouvaient pas vérifier sur l'écran de contrôle.

On se rendait régulièrement sur la ligne de front dans la plaine de Chomali, au nord de Kaboul, où l'Alliance du Nord affrontait encore les taliban. À part la BBC, il ne restait plus que les trois agences : AFP, AP et Reuters… Puis, en 2000, tous les étrangers ont été chassés. Je me suis retrouvé à tenir le bureau, depuis lequel je transmettais des informations à celui d'Islamabad, au Pakistan, avec un téléphone satellite.

Le 11 septembre 2001, j'ai vu sur la BBC les avions s'encastrer dans les tours jumelles à New York, sans imaginer une seconde les répercussions possibles sur l'Afghanistan.

Un soir, le bureau d'Islamabad me prévient : « *Des rumeurs disent que les Américains vont attaquer.* » De notre côté, rien ne bougeait.

Après une attaque au camion piégé dans un marché de Kaboul, en août 2015.

Les premières bombes sont tombées sur l'aéroport de Kaboul. Le lendemain matin, près de l'aéroport, des dizaines de taliban en noir étaient réunis. L'un d'eux s'est approché et m'a dit : « *Écoute, je suis sympa aujourd'hui, je ne te tue pas mais tu dégages tout de suite.* »
J'ai fait demi-tour, laissé ma voiture au bureau. La ville était déserte. Et je suis revenu près de l'aéroport à vélo, comme un type ordinaire, un châle enroulé sur ma main droite, sur le guidon, pour cacher mon appareil : j'ai pris ainsi six photos, pas une de plus ! Sans savoir si on pourrait en tirer quelque chose. Finalement j'en ai envoyé deux. Juste deux.
Puis, un matin, tous les taliban ont disparu, et les forces de l'Alliance du Nord sont entrées dans Kaboul en libératrices. Les Américains, avec leurs bombardements et leurs forces spéciales, avaient rempli leur mission. Les rues étaient pleines de monde, les gens ressortaient, ils revivaient. J'en ai vu qui pillaient l'ambassade du Pakistan.
Alors les hélicoptères ont commencé à affluer, bourrés de confrères. Le bureau ne désemplissait pas. Kaboul était en fête, c'est devenu le « Journalistan ».
Je donnais des coups de main à tout le monde : trouver un logement, une voiture, un fixeur, renseigner sur les routes. Mon meilleur ami m'a pro-

ALEXANDRE NEMENOV

Des jeunes de Kaboul célèbrent le départ des taliban le 13 novembre 2001.

posé de nous associer pour ouvrir la Sultan Guesthouse, la première de Kaboul : j'aurais dû le suivre, il a fait fortune !

C'était incroyable de voir autant d'étrangers après toutes ces années, ils arrivaient de partout dans le sillage des Américains, les jeunes gens couraient au-devant d'eux dans les rues. Je me souviens d'un jeune homme qui n'en revenait pas : *« C'est le premier dollar que j'ai en main ! »*, répétait-il. Tout redevenait possible, même les choses les plus simples, comme d'aller chez le coiffeur se faire raser la barbe. Aucun combat en ville, des troupes britanniques, françaises, allemandes, canadiennes, italiennes, turques… des soldats qui patrouillaient à pied dans les rues : on se présentait, je pouvais les photographier, détendus, souriants. On pouvait voyager comme on voulait dans le Helmand – une province du sud du pays, royaume du pavot, aujourd'hui infestée d'insurgés –, dans l'Est, dans l'Ouest.

Et puis, en 2004, les taliban sont revenus, d'abord par la province de Ghazni (au sud-est). Ensuite, à partir de 2005 et 2006, ils se sont étendus comme un virus, et dans Kaboul les attentats ont commencé, visant en particulier les lieux fréquentés par les étrangers… La fête était terminée. Aujourd'hui, les taliban sont de nouveau partout, et nous, nous sommes la plupart du temps coincés à Kaboul. Depuis trois ans, les T-Walls (des pans

ALEXANDRE NEMENOV

DES FEMMES AFGHANES MARCHENT DANS KABOUL LE 14 NOVEMBRE 2001, SANS ÊTRE ACCOMPAGNÉES PAR UN HOMME DE LEUR FAMILLE COMME AUPARAVANT.

de béton érigés tout droit) poussent à travers la ville pour se protéger des camions et voitures piégés. Je n'ai plus grand-chose à montrer. Les gens ne sont plus aussi amicaux avec l'appareil photo : ils sont même agressifs parfois, plus personne ne se fait confiance, surtout quand tu travailles pour une agence étrangère. Ils se demandent si tu es un espion.

Bien sûr, la ville a changé après 2001, avec la construction d'immeubles tout neufs, l'ouverture de grandes avenues à la place des petites rues. Les stigmates de la guerre ont disparu : Darulaman, l'ancien palais royal, est la seule ruine. Les boutiques sont pleines et on y trouve de tout.

Mais il n'y a plus d'espoir. La vie me paraît même plus dure que sous les taliban. Chaque matin pour venir au bureau, chaque soir en rentrant, je pense à la voiture piégée, au kamikaze qui va peut-être surgir de la foule. Je ne peux pas prendre ce risque pour mes cinq enfants. Alors on ne sort pas. Ils passent la journée à la maison.

Je garde toujours en mémoire le souvenir de Sardar, mon ami du bureau tué avec sa femme et deux de ses enfants à l'hôtel Serena. Seul son petit garçon a survécu.

C'est le temps de l'angoisse.

SHAH MARAI, photographe afghan, est basé à Kaboul.

LA VIE EN GRIS

Chaque année, la capitale de l'Inde connaît de nouveaux pics de pollution. Mais les autorités restent inactives.

New Delhi, Inde, 18 novembre 2016

Depuis la fin octobre, un brouillard d'un gris opaque emprisonne régulièrement la capitale indienne. La fumée est si dense, certaines matinées, qu'on croit presque pouvoir la palper de la main. Les bâtiments disparaissent. Les voitures surgissent de routes invisibles. Sous les portes, par les fentes des fenêtres, la fumée s'insinue jusque dans les appartements. L'oxygène y semble raréfié, obligeant à prendre de profondes inspirations.

À l'extérieur, une odeur de brûlé attaque les narines. Des maux de tête récurrents lancinent le crâne. Les yeux picotent.

Chaque automne, la pollution revient en force à Delhi. D'année en année, elle empire, sans que rien ne semble fait pour la contrer.

Il faut reconnaître que les éléments conspirent contre cette mégapole de plus de 17 millions d'habitants, sertie au cœur des gigantesques plaines du sous-continent. Avec l'arrivée du froid, les polluants restent piégés au sol. En quelques jours à peine, la ville s'asphyxie à cause des émissions crachées par les millions de véhicules sur ses routes, des panaches des usines de sa périphérie et des fumées des brûlis des terres agricoles des États voisins. Une conjonction hautement toxique que plusieurs responsables sont allés jusqu'à comparer à une « chambre à gaz ».

Être en poste à Delhi, c'est découvrir, et apprivoiser, un vocabulaire scientifique nouveau. Des sigles : PM10, PM2,5. Une unité de mesure : µg/m^3 (microgramme par mètre cube).

Les particules en suspension (PM pour *particulate matter* en anglais) sont l'indicateur de choix pour analyser la pollution atmosphérique. Matières microscopiques, d'un diamètre de quelques microns, ce sont les plus nocives pour la santé. Les plus fines, de 2,5 microns ou moins (PM2,5), sont particulièrement vicieuses. De par leur petite taille – environ un trentième du diamètre d'un cheveu humain –, elles s'infiltrent dans l'organisme en allant se loger dans les poumons. Elles accentuent les risques de maladies cardio-vasculaires et de cancer des poumons.

Pour limiter les impacts sur l'organisme, l'OMS recommande de ne pas dépasser une moyenne journalière de particules de 25 µg/m^3. Or, sur

Le Fort rouge, dans le vieux Delhi, 3 novembre 2016.

deux semaines, Delhi a plusieurs fois dépassé la barre des 1000. En fait, 999, parce qu'au-delà les capteurs bloquent. Ils ne sont pas calibrés pour dépasser cette valeur. Certains jours, les « bons » jours, un souffle de vent se lève, et nous retombons vers les 300-400.

En comparaison, Paris déclenche l'alerte rouge lorsque la concentration de particules PM10 en suspension dépasse 80 µg/m³. Pour le dire autrement, que l'on soit dans la fleur de l'âge, nourrisson ou personne âgée, respirer l'air vicié de Delhi ces jours-ci revient à fumer autour de deux paquets de cigarettes quotidiens.

La situation est telle que même les Indiens, dont la capacité à relativiser est pourtant légendaire, commencent à s'en inquiéter. Les médias parlent en boucle d'« *airpocalypse* ».

Pour la première fois, j'ai pu voir des

DOMINIQUE FAGET

DANS UN VIEUX QUARTIER DE DELHI, LE 3 NOVEMBRE 2016.

piétons arborer un masque antipollution. Les quelques magasins qui en vendent se sont vus dévalisés.

Les pharmacies ont été prises d'assaut par des personnes à la recherche même d'un simple masque chirurgical – guère utile en la circonstance.

Face à la pollution, tout le monde n'est pas égal. Les petites mains de Delhi, le cœur battant de la cité, tous ces conducteurs de rickshaws, vendeurs de rue, ouvriers, n'ont pas les moyens de se protéger. Alors ils s'accrochent à des petits gestes, dérisoires.

Un gardien d'immeuble, l'air soucieux, se plaque un chiffon sur la bouche en scrutant ce ciel dont on a oublié qu'il pouvait être bleu. Une station de métro a installé des plantes vertes, dans le vain espoir d'oxygéner ses galeries enfumées.

Ceux qui le peuvent restent calfeutrés chez eux, à faire tourner leurs onéreux purificateurs d'air à plein régime. Les bureaux de l'AFP s'en sont équipés l'hiver dernier.

Il y a une espèce de joie tout enfantine à réceptionner un purificateur d'air chez soi. On s'installe à ses côtés, avec un bon livre, comme au coin d'un feu de cheminée. On l'écoute ronronner. On se surprend à consulter toutes les cinq minutes son compteur de PM2,5, et à s'extasier lorsqu'il descend à des paliers à peu près raisonnables pour la santé.

Comme souvent en Inde, alors que le problème est sous les yeux de tous, flagrant, rien n'est fait pour y remédier. Chaque année la même rengaine. Les décideurs semblent tomber des nues et découvrir que la capitale est polluée. Il aura ainsi fallu huit jours de smog, et de

SAJJAD HUSSAIN

EXERCICE MATINAL, NEW DELHI, 7 NOVEMBRE 2016.

bronca, pour décréter des fermetures d'écoles.

En raison de la complexe structure de gouvernance de la capitale, chaque autorité rejette la faute sur l'autre. Pour finir personne n'agit, et Delhi suffoque.

Lorsque des « mesurettes » sont annoncées, on les dirait parfois tout droit sorties d'un roman de Kafka. Le gouvernement local a ainsi tenu une conférence de presse pour annoncer en fanfare qu'il prévoyait d'installer cinq purificateurs d'air. Cinq purificateurs d'air pour toute la ville. En extérieur. Ainsi qu'un brumisateur. Autant vider une bouteille d'eau dans la mer pour la rendre moins salée.

Nous avons aussi été gratifiés d'images d'employés municipaux aspergeant au tuyau d'arrosage une avenue de Delhi pour y dissiper les particules en suspension. Et nous avons entendu le *« Don't get panic »* (*sic* !) du gouvernement local, qui recommande notamment de faire des gargarismes avec de l'eau chaude pour les gorges irritées. Sans oublier de manger des oranges.

Face à l'inaction des autorités, même la Cour suprême indienne s'est énervée. Lors d'une audience sur le sujet, le président de la plus haute juridiction leur avait adressé ce reproche, cinglant : *« Vous restez assis là et vous attendez que les gens meurent ! »*

La cour a donné deux jours au gouvernement fédéral pour présenter un plan de lutte contre la pollution. Le délai est passé, on attend encore le plan.

ALEXANDRE MARCHAND,
journaliste, est basé à Delhi.

DEVANT L'ASCENSEUR DORÉ DE DONALD TRUMP

DES AGENTS DU SECRET SERVICE ET DE LA POLICE PATROUI

Suivre le président américain est une expérience frustrante pour un reporter. Surtout quand il faut poireauter dans la tour qui porte son nom…

New York, États-Unis, 23 novembre 2016

J'ai passé ma journée du jeudi 17 novembre dans l'endroit doré et marbré où Donald Trump habite. La tour qui porte son nom, au cœur de Manhattan, est aussi son quartier général de transition. Non seulement je ne l'ai jamais vu, mais son entourage ne livre que des miettes aux journalistes.

8 heures – Mon sac à dos passe dans l'une des deux machines à rayons X installées dans le hall d'entrée, gardé par cinq policiers casqués et armés, en tenue d'assaut. Le « pool » de journalistes dont je fais partie s'installe sur deux bancs noirs en métal, en face des quatre ascenseurs que nous scruterons pendant les douze prochaines heures. Ce sont les portes d'entrée du QG du milliardaire.

9 heures – Donald Jr. puis Eric Trump arrivent. Leur père nommera-t-il de nouveaux membres de son équipe gouvernementale ? *« On verra »*, lance le premier. Le second ne dit rien mais lève un pouce.

DANT QUE LE PRÉSIDENT ÉLU TIENT SES RÉUNIONS DANS LES ÉTAGES, LE 21 NOVEMBRE 2016.

9 h 25 – Une jeune femme étrange se présente à la presse, distribue des cartes de visite et raconte qu'elle chantera à la cérémonie d'investiture de Donald Trump à Washington le 20 janvier. Elle explique qu'artistiquement elle peut être comparée à Beyoncé ou Rihanna. Elle dit s'appeler Ftema. Elle est refoulée par la sécurité lorsqu'elle demande à monter.

Peu de gens le savent, mais le rez-de-chaussée de la tour est ouvert au public, en vertu du permis de construire accordé par la ville de New York. Un magasin Nike occupe une partie du rez-de-chaussée.

Des curieux osent braver les impressionnantes barrières en métal de la police à l'extérieur pour se rendre au Starbucks du deuxième étage ou au Trump Grill en contrebas de l'atrium.

Il y a même des terrasses publiques au 4e étage, dont peu de monde semble connaître l'existence.

10 h 10 – Donald Trump affirme travailler dix-huit heures par jour, mais ses équipes ne sont visiblement pas sujettes au même rythme. Elles arrivent petit à petit à partir de 9 heures, certaines vers 10 heures, et la plupart repartiront vers 19 heures. Voilà Rudy Giuliani, l'ancien maire de New York, qui affiche un sourire constant. Il est sur les rangs pour le poste de chef de la diplomatie. Sera-t-il choisi ? *« Je vais me reposer »*, lâche-t-il seulement.

11 heures – Le général Michael Flynn, qui sera nommé le lendemain conseiller à la sécurité nationale, prend l'ascenseur. Il fait le V de la victoire de sa main droite et répète le message du jour : *« Ça va vraiment bien, c'est une superbe transition, et le président élu contrôle pleinement la situation, croyez-moi. »*

13 h 07 – C'est vrai que l'atmosphère d'improvisation des premiers jours s'est dissipée. L'équipe de presse de Donald Trump a instauré un coup de fil quotidien avec la presse, et la liste des rendez-vous nous est donnée la veille.

Mais le milliardaire n'a toujours pas donné de conférence de presse, et nous restons tenus à distance. À l'inverse, Hillary Clinton nous faisait voyager dans son avion, où ses lieutenants venaient nous parler plusieurs fois par jour, officiellement ou en « off ».

Par exemple, c'est par un communiqué que nous apprenons que Donald Trump a déjà rencontré Henry Kissinger, quelques étages au-dessus de nous, sans que nous ayons vu l'ancien conseiller et secrétaire d'État de Richard Nixon.

De la même façon, on nous fait savoir que la presse restera au rez-de-chaussée tout à l'heure, quand le Premier ministre japonais Shinzo Abe rendra visite à Donald Trump.

14 h 05 – J'arrache une rare information concrète : le directeur des déplacements, George Gigicos, lâche que le premier voyage du président élu, sa « tournée de victoire », aura lieu après les fêtes de Thanksgiving, le jeudi 24 novembre. Maigre butin.

15 h 45 – Nous en sommes réduits à analyser en permanence l'air radieux des uns et sombre des autres, ainsi que la durée de leurs visites.

Voilà le général à la retraite Jack Keane, le visage bourru, qui ignore complètement nos questions et reste seulement cinquante-six minutes. On apprendra dimanche que le poste de secrétaire à la Défense lui a été proposé, mais qu'il a refusé pour des raisons personnelles.

Puis, un sourire jusqu'aux oreilles, voici le sénateur anti-immigration de l'Alabama, Jeff Sessions, un habitué des lieux. Lui s'approche du cordon rouge qui nous encercle. Veut-il le portefeuille de la Justice ? *« Je ne souhaite pas parler de moi. Je serais heureux de rester au Sénat »*, répond-il vaguement.

La directrice de campagne du président élu, Kellyanne Conway, parle aux médias, le 17 novembre 2016.

Robert John Burck, le « Cow-boy nu », se produit devant les journalistes dans l'atrium, le 18 novembre 2016.

TIMOTHY A. CLARY

« Rendre sa grandeur à l'Amérique » était déjà le slogan de Ronald Reagan.

Il sera nommé le lendemain ministre de la Justice – via un communiqué de presse.

16 h 54 – Un homme à l'allure de skater court sur le marbre et fait une pirouette, en criant: « *Wu Tang!* » Un officier de sécurité furieux le prend par le bras et l'expulse sur le trottoir.

16 h 55 – C'est par l'e-mail d'un confrère d'un média japonais que nous apprenons que Shinzo Abe, Premier ministre du Japon, est arrivé et a entamé son rendez-vous avec Donald Trump, là-haut dans la tour.

Il existe au moins deux autres entrées dans la Trump Tower : l'une par le garage, l'autre par les ascenseurs qui desservent les trente-neuf étages supérieurs, au sommet desquels se trouve le triplex de Donald et Melania Trump.

C'est dans son salon doré que le président des États-Unis a reçu Shinzo Abe. Comment l'avons-nous appris ? Grâce aux photos de l'entretien diffusées ensuite par le gouvernement japonais.

20 h 09 – Les policiers du Secret Service ferment les accès au hall de la tour, un rideau de fer se baisse, les touristes sont maintenus à distance.

Nous frémissons. Allons-nous enfin voir Donald Trump, qui va peut-être dîner en ville, comme deux jours auparavant ? Les portes de l'ascenseur s'ouvrent. C'est Mike Pence.

20 h 38 – Les derniers journalistes décampent. Jusqu'au lendemain.

IVAN COURONNE, journaliste, est basé à Washington.

MAURICIO LIMA

UNE SALLE DE BOURSE À SÃO PAULO, BRÉSIL, LE 23 OCTOBRE 2008.

LE FAUX VINCI OU L'ÉLOGE DE LA PRUDENCE

Mieux vaut avoir raison avec du retard qu'être premier avec une fausse nouvelle. Surtout quand elle peut couler un titre en Bourse.

Paris, France, 1er décembre 2016

Mardi 22 novembre, 16 h 12, au pool central du « reportage économique » : un communiqué de Vinci tombe dans la messagerie électronique du service, et fait sursauter plusieurs d'entre nous.

À première vue, il a tout de la communication habituelle du groupe de BTP et concessions autoroutières. Mais son contenu est explosif. On y parle de *« révision des comptes consolidés »*, de *« transferts irréguliers »* pour plus de 3 milliards d'euros, du licenciement du directeur financier, et d'un PDG évoquant une *« équipe de direction très choquée »*.

Pire, ce groupe aux résultats florissants, titre phare de la Bourse de Paris, se dit plombé par *« une perte nette pour 2015 et pour le premier semestre 2016 »*.

Bref, il y a une énorme annonce dans ce communiqué. De celle qui fait bouger tout un marché. Le pool central est en émoi !

Ce pool central, c'est un peu la tour de guet du « reportage économique ». Elle voit passer jusqu'à 500 communiqués par jour. Cinq reporters, des vigies toujours sur le qui-vive, y alternent les permanences de 7 heures à 21 heures. Ils sont encadrés par un chef, chargé de décider quels événements suivre, et de relire les articles de la trentaine de reporters spécialisés.

Au pool central de trier, décortiquer et traiter les communiqués, au besoin en appelant les communicants qui les ont rédigés pour obtenir des précisions. Tout cela quand les rubricards (des reporters organisés en pools de trois ou quatre personnes, spécialisés dans les transports, les technologies, l'agriculture, la Bourse, la finance, le commerce/distribution, l'hôtellerie/restauration/tourisme/luxe, l'industrie et l'énergie, et bien sûr la macroéconomie, etc.) ne sont pas là ou sont trop occupés pour s'en charger.

Le communiqué Vinci, donc. Avec l'un de mes adjoints, nous essayons, en faisant de grands signes, d'attirer l'attention de la rubricarde immobilier/construction, qui est plongée dans une interview visiblement longue et compliquée.

Une reporter du pool Bourse annonce alors que la cotation du titre Vinci est suspendue, après un plongeon de plus de 18 % : 6 milliards d'euros de capitalisation boursière viennent de s'évaporer en quelques minutes. Tout cela est virtuel, et Vinci n'a rien perdu dans l'histoire. Mais les inves-

tisseurs qui détenaient des titres et les ont vendus pendant cette chute éclair vont se retrouver avec de gros trous dans leurs caisses.
Le problème, c'est que nous avons toujours le communiqué en main, alors que ses informations sont déjà reprises par des comptes Twitter spécialisés dans l'information financière. Pire, la reporter du pool Bourse constate sur la console de l'agence Bloomberg, une référence mondiale en matière d'informations financières, que cette dernière a envoyé une série d'alertes reprenant ces mêmes informations.

CES MINUTES D'ATTENTE NOUS PARAISSENT INTERMINABLES.

Si elles sont vraies, alors nous accusons un vrai retard. L'adrénaline monte vite. Vinci est un géant du CAC 40, l'indice boursier des quarante plus grandes entreprises cotées à Paris. Il y pèse plus de 30 milliards d'euros, et nos clients comptent sur notre réactivité si une société de cette taille révise son bilan comptable.
Un passage du communiqué me titille : on parle de fonds qui seraient passés *« des dépenses d'exploitation vers le bilan »*. Sans être férue de comptabilité, je trouve cela bizarre. Pour dissiper de tels doutes, les rédacteurs du communiqué précisent que les opérations ont été effectuées *« en dehors de tous principes comptables reconnus »*.
Frédéric, mon adjoint, partage mes interrogations. Il trouve quant à lui les phrases très alambiquées. Comment formuler tout cela dans une « alerte », le type de dépêche urgente qui tient en une phrase ?
Et puis il y a l'adresse électronique de l'expéditeur, « vinci.group », qui nous fait douter.
La conclusion s'impose : la rubricarde, qui suit l'actualité du groupe Vinci et connaît sa façon de communiquer, doit tirer l'affaire au clair.
Elle cherche à joindre le porte-parole de Vinci, avec le numéro qu'elle utilise habituellement. Le communiqué porte ce même nom, mais avec un autre numéro de portable.
Ces minutes d'attente nous paraissent interminables. Un peu plus de huit seulement se sont écoulées depuis que nous avons reçu le communiqué. Il doit être 16 h 20 et des poussières, et la rubricarde crie : *« Ils ont été hackés, c'est le porte-parole qui me le dit. »*
Presque au même moment, le pool Bourse, alerté via la messagerie interne par un de nos correspondants économiques à Londres, signale que Bloomberg tweete les corrections de ses alertes Vinci.
Nous poussons tous un grand soupir de soulagement…
Pendant qu'une journaliste contacte l'Autorité des marchés financiers – le gendarme de la Bourse –, notre première dépêche sur le faux communiqué est diffusée dans la foulée, sans attendre le démenti officiel que nous promet Vinci et qui ne nous parviendra qu'à 17 heures passées.

À Times Square, à New York, un bandeau annonce la chute des marchés, le 7 octobre 2008.

TIMOTHY A. CLARY

Frédéric s'apercevra ensuite que le site internet de Vinci vers lequel renvoyait le faux communiqué ressemblait fort au vrai, sans lui être identique.
La page web restera consultable toute la soirée. Comme un pied de nez aux investisseurs et journalistes, mais aussi aux robots automatisés de certains sites d'information qui ont repris telles quelles ses fausses informations.
Le lendemain, mercredi, nous revenons sur l'affaire dans un papier d'analyse, après avoir interrogé des experts et une série d'entreprises du CAC 40. Une telle fraude semble imparable : ses auteurs n'ont eu qu'à déposer un nom de domaine (vinci.group), créer un site et une adresse

La Bourse de New York, à l'heure de la clôture, le 6 octobre 2008.

électronique, et doter un complice d'un téléphone portable. Car selon d'autres médias, une personne se faisant passer pour le porte-parole répondait aux appels sur le numéro figurant au bas du faux communiqué.

Pour tous les experts, les coupables n'ont rien de hackers de haut vol. Ils n'ont visé aucun système de leur cible. Ce sont plutôt des « faussaires aux méthodes artisanales ».

« Un e-mail, un numéro de portable, Photoshop, et le tour est joué », nous dira le porte-parole d'un grand groupe.

Nous apprendrons le lendemain que la chance nous a aussi souri, parce que le faux communiqué est arrivé chez bon nombre de concurrents, dont Bloomberg, à 16 h 05, soit sept minutes avant que nous ne le recevions.

Les motivations du canular restent un mystère : le parquet national financier a ouvert une enquête préliminaire sur des soupçons de *« diffusion d'informations fausses ou trompeuses de nature à agir sur les cours »*. Des escrocs auraient pu, par exemple, en tirer profit en jouant le titre à la baisse. Autre piste, celle de groupes cherchant à dénoncer la responsabilité environnementale ou sociétale de grands groupes – en utilisant par exemple de faux aveux de leurs dirigeants.

Si une affaire d'une telle ampleur est inédite en France, Vinci n'est pas la première entreprise à subir ce genre de mésaventure. Aux États-Unis, les Yes Men, une organisation spécialisée dans la production de fausses nouvelles, a ciblé des multinationales, en particulier pétrolières.

En 2010, le géant américain Chevron a été victime d'un canular très sophistiqué, avec une campagne publicitaire détournée faisant croire qu'il endossait la responsabilité de plusieurs catastrophes environnementales.

LES COUPABLES N'ONT RIEN DE HACKERS DE HAUT VOL.

En 2011, c'était au tour du conglomérat industriel américain GE, accusé à l'époque de bénéficier de faveurs fiscales indues, d'être visé par un faux communiqué des Yes Men, annonçant qu'il allait restituer 3,2 milliards de dollars au fisc.

Ces derniers étaient allés jusqu'à organiser une fausse conférence de presse à Washington, en se faisant passer pour des représentants de la Chambre de commerce annonçant l'adhésion de l'organisme à la loi Obama visant à lutter contre le réchauffement climatique, jusqu'à ce qu'un membre de la vraie Chambre débarque et dévoile la supercherie.

La mésaventure de Vinci nous a conduits à renforcer nos procédures pour éviter de tels pièges. L'information n'est pas une course de vitesse.

FRANÇOISE KADRI, **chef du « Reportage économique », est basée à Paris.**

MON CŒUR SAIGNE

La guerre au Yémen, qui a fait plus de 7000 morts et des millions de déplacés, est passée sous silence.

La salle de la cérémonie funèbre après une

Sanaa, Yémen, 2 décembre 2016

Parfois, quand on photographie la guerre, on tombe sur une scène qui vous extrait du monde des hommes, une chose qui vous transporte dans une autre dimension. C'est ce qui m'est arrivé avec le massacre intervenu lors d'une cérémonie funèbre.

Imaginez que vous pénétriez, jambes flageolantes, dans un abattoir humain. À l'intérieur, vos yeux distinguent des corps se consumer, d'autres carbonisés, des têtes coupées, des membres amputés. Imaginez aussi que parmi les morts vous retrouviez des amis, des collègues.

J'ai été le témoin de beaucoup de drames depuis 2014, quand les

FRAPPE AÉRIENNE, LE 8 OCTOBRE 2016.

rebelles houthis, soutenus par l'Iran, ont conquis l'essentiel du Yémen, avant qu'une coalition menée par l'Arabie saoudite ne lance une offensive pour les en déloger en mars 2015. Depuis, le conflit a fait plus de 7000 morts, 37000 blessés, un nombre incalculable de déplacés et des millions de personnes dépendant de l'aide alimentaire. On meurt de faim dans certains endroits du pays.

MOHAMMED HUWAIS

Une parade à Sanaa, en mai 2016, comme un intermède dans la guerre.

Un partisan houthi, pendant un rassemblement de combattants, dans les faubourgs de Sanaa, le 1er novembre 2016.

Malheureusement, pour la communauté internationale, ce conflit passe bien après celui de la Syrie voisine. Leurs acteurs régionaux et internationaux sont les mêmes ou presque. Mais toute solution de la crise au Yémen paraît conditionnée par le règlement du conflit syrien.

La photo est toute ma vie. Quand il se passe quelque chose, je suis rapidement mis au courant. Ce jour du 8 octobre, je reçois un appel de mon neveu me disant qu'une salle accueillant une cérémonie funèbre a apparemment été touchée par une attaque aérienne.

J'arrive environ trente minutes après la deuxième frappe. Nous avons pris l'habitude de ne jamais nous rendre immédiatement sur le lieu d'une attaque. Souvent la première frappe est suivie d'une deuxième, qui vise les secours médicaux et les gens venus aider les victimes. C'est une tactique courante dans tous les conflits.

D'abord, je vois de la fumée. L'aviation saoudienne a-t-elle vraiment pu viser une cérémonie funèbre ? Ça paraît incroyable. Les ambulances évacuent les morts et les blessés. Il y a tellement de victimes que même des voitures de civils se chargent de les emporter.

Je pense : ô Dieu, donne-moi la force. Près de l'entrée, un homme coincé sous une voiture m'appelle à l'aide. Je pose mon appareil photo et enlève les débris pour le dégager. D'autres personnes m'aident. Nous le sortons de là.

Je ne sais pas où pointer mon objectif. Partout, des corps fument. Et j'ai peur. Je me souviens du 10 mai 2015. Il était 11 heures du matin. Je prenais des photos après une frappe aérienne de la coalition saoudienne sur le domicile de l'ex-président Ali Abdallah Saleh quand un missile a frappé la maison d'à côté. Pendant que je courais me mettre à l'abri, un nouveau missile a atteint l'endroit exact que je venais de quitter. J'ai remercié Dieu d'être toujours en vie.

La frappe sur la salle des funérailles a causé la mort de 140 personnes et fait plus de 500 blessés. Les Nations unies l'ont condamnée comme une violation du droit humanitaire international. Mais ce ne sera sans doute pas la dernière.

Mon père a été l'un des premiers photojournalistes du Yémen, au début des années 1970. C'est lui qui m'a appris la photo. Quand j'ai débuté, le pays était stable. L'essentiel de mon travail consistait à photographier les événements sportifs et la vie de la rue. Je n'aurais jamais pu imaginer qu'un jour mon objectif, qui ne capturait que des instants de beauté, serait braqué sur ces scènes à vous glacer le sang.

Je ne ressens pas de colère, mais je suis immensément triste de voir où nous en sommes rendus : ces destructions, ces morts, ces réfugiés, l'extermination de toute beauté.

Le cœur de notre pays saigne. Mais il bat toujours.

MOHAMMED HUWAIS est photographe au Yémen.

LES MILICES FACEBOOK

En Libye, les réseaux sociaux sont devenus la première source d'information. Difficile de démêler le vrai du faux dans le chaos.

Tripoli, Libye, 4 janvier 2017

Couvrir la situation en Libye est un véritable casse-tête: deux gouvernements et des dizaines de milices se disputent la légitimité du pouvoir; tous communiquent via les réseaux sociaux, particulièrement Facebook, sans que l'on puisse jamais être certain que leurs déclarations reflètent une quelconque réalité.

La première difficulté est d'identifier les responsables du moment. La Libye repose sur un gouvernement soutenu par la communauté internationale dans la capitale, Tripoli, à l'ouest, et sur un autre aux ordres du général Haftar, soutenu par des pays voisins, à l'est. Chacun gère sa propre agence de presse, mais toutes deux portent le même nom, Lana, et publient à la fois des communiqués et des informations cherchant à discréditer l'autre…

Pour démêler le vrai du faux, il reste à multiplier les sources, cinq à six idéalement. C'est une activité essentiellement nocturne. Les Libyens se lèvent et se couchent très tard. La plupart des informations tombent le soir. Ce qui est problématique pour celui à qui il prendrait l'envie de se rendre sur le lieu d'un événement, affrontement ou autre. Il y a trop de check-points, et trop de risques de se faire braquer ou attaquer…

Les réseaux sociaux sont devenus le premier moyen d'accès à l'information. Tout le monde a un portable. Mais ce n'est pas la garantie d'être bien informé. Les responsables n'hésitent pas à démentir auprès d'un média la déclaration qu'ils ont faite à un autre un peu avant. Sur Facebook tout se mélange, le vrai, le faux et le reste… J'en suis venu à penser que la situation pourrait s'améliorer en coupant l'accès à Internet, et donc aux rumeurs, qui représentent 90 % des informations. Il suffit que la page Facebook d'une milice affirme qu'une raffinerie a des problèmes pour que des queues d'automobilistes se forment aux stations-service.

Le système n'a pas que des inconvénients. Chaque milice ou presque a sa page sur les réseaux sociaux, ainsi que bon nombre d'institutions. À Syrte, par exemple, on trouve la liste quotidienne des victimes du conflit

De jeunes combattants à un check-point à Syrte, le 21 septembre 2016.

avec l'EI sur la page Facebook de l'hôpital.

Le plus étonnant réside dans le mélange de pratiques classiques et d'outils modernes. Quand des milices ennemies publient sur les réseaux un communiqué commun, elles joignent la photo du document portant signatures et tampons de chacune, censés garantir son authenticité.

La Libye n'a pas de sécurité étatique. Les milices, payées par le gouvernement, contrôlent chacune un quartier ou un territoire. Et quand quelque chose se passe chez elles, elles n'ont pas forcément envie d'en parler. Se risquer sur le terrain est de plus en plus dangereux, même pour un étranger « du coin », si je peux me qualifier ainsi. Je suis tunisien et porte un nom qu'on trouve aussi en Libye. Mais les zones de contrôle des milices sont mouvantes, les checkpoints multiples, et les accusations d'espionnage pleuvent facilement.

ABDULLAH DOMA

COMBAT ENTRE LES FORCES LOYALES AU GOUVERNEMENT DE L'EST ET DES DJIHADISTES, AU SUD DE BENGHAZI,

Le moindre détail compte, et change selon les endroits. À Syrte, par exemple, il vaut mieux travailler avec un appareil photo qu'avec un carnet de notes. Les milices n'arrivent pas à comprendre ce que je peux faire avec mon seul crayon. Donc, pour elles, je ne peux être qu'un espion. C'était pareil sous Kadhafi, où j'ai une fois échappé au pire grâce à l'appareil photo que j'avais en bandoulière. À Tripoli, c'est l'inverse. Il ne faut surtout pas sortir un boîtier.

Je suis toujours plus attentif quand la situation est calme. Parce que ça veut dire que les choses peuvent mal tourner. Il suffit de tomber sur le mauvais check-point. Autant dire que la vie sociale est réduite au minimum. J'ai un ami, étranger, que je vois le week-end. Sinon le risque est trop grand. Il n'y a pas d'ambassades, ni d'ONG ou si peu. Celles de l'Union européenne ont décidé de revenir, mais ce n'est pas fait. Les étrangers sont particulièrement menacés par la hausse de la criminalité. Les voleurs

LE 30 NOVEMBRE 2016.

ne se risquent généralement pas dans les maisons des locaux, car tout le monde est armé. Ils peuvent tomber sur quelqu'un équipé d'un lance-roquettes…

Quand j'ai ouvert le bureau de l'AFP en 2008, nous étions la première agence occidentale à nous installer ici. Nous avons été seuls pour couvrir les débuts de la révolution en février 2011. Je me suis caché durant une dizaine de jours dans la maison de notre photographe dans un quartier rebelle de la banlieue de Tripoli. À l'époque, nous étions les bienvenus partout. C'est oublié.

Beaucoup de collègues libyens et étrangers ont quitté le pays. La plupart des télévisions privées émettent depuis l'étranger. Les conditions de travail sont aussi compliquées par les coupures d'électricité quotidiennes et les perturbations du réseau de téléphonie.

Ma seule peur, c'est que l'aéroport, contrôlé par une milice, ferme. Un peu gênant s'il faut partir rapidement. En fait, à part l'épisode de la révolution, on se retrouve comme à l'époque de Kadhafi, avec le règne de l'arbitraire, mais la sécurité en moins.

Certaines milices gagnent beaucoup avec la traite d'êtres humains. Elles jouent le rôle de garde-côtes, mais supervisent en même temps les traversées de la Méditerranée. De temps à autre, elles font semblant d'arrêter des passeurs, et demandent de l'argent au gouvernement pour continuer leur « travail ».

Ici, la tribu passe avant la région, qui passe avant la patrie. Et les Libyens ont une culture d'indépendance farouche, ils ne s'inclinent devant aucune pression. C'était le cas sous Kadhafi, ça l'est resté avec les chefs des milices. La société ressemble en fait à un immense réseau, comme celui qu'elle utilise aujourd'hui pour communiquer.

IMED LAMLOUM est directeur du bureau de Tripoli.

QUAND L'HISTOIRE NE VOUS LÂCHE PAS

À Berlin, les murmures du passé se glissent dans les interstices de la capitale.

JOHN MACDOUGALL

LE MÉMORIAL DE L'HOLOCAUSTE DE BERLIN, CONÇU PAR P

Berlin, Allemagne, 1er février 2017

À cinq portes de la mienne, il y a un centre communautaire avec un escalier dont la rampe de bois rouge n'a pas une hauteur normale. Elle m'arrive à peine aux genoux. L'explication se trouve sur un panneau du palier. L'endroit était une maison d'accueil pour les enfants juifs, qui agrippaient cette rampe pour monter et descendre. Jusqu'à ce que les nazis envoient la plupart d'entre eux à la mort, avec les quelque 56 000 Juifs de Berlin.

Née aux États-Unis, je vis dans le cœur paisible et prospère de l'Allemagne depuis plus de vingt ans. Mais je ne suis toujours pas à l'abri des coups de poignard du passé. Personne n'égale les Allemands pour les mémoriaux, qui vous interpellent quotidiennement dans la rue. À Berlin, le passé n'est jamais du passé, même si la ville fait preuve d'un talent indéniable pour se réinventer sans cesse. Les sites inscrits dans les guides de tourisme ne sont pas forcément ceux qui ont le plus d'impact. J'ai suivi, de sa conception jusqu'à son inauguration en 2005, les travaux du Mémorial de l'Holocauste de Berlin, conçu par

NMAN, A FÊTÉ SES 10 ANS LE 30 AVRIL 2015.

Peter Eisenman. Un labyrinthe géant de stèles rappelant des pierres tombales. Son étendue et son emplacement privilégié sont une déclaration forte. Mais moi, ce qui me touche, ce sont plutôt les murmures de la mémoire, les petites traces d'histoire disséminées dans la ville.
Sur le trottoir devant mon immeuble se trouvent deux *Stolpersteine* : littéralement des « pierres sur lesquelles on trébuche ». Ces carrés discrets de 10 cm sur 10 cm, recouverts d'une mince plaque de laiton, indiquent juste des noms et des destinations finales. Taube Ibermann, 50 ans, et Lotte, 19 ans. En emménageant, j'ai cherché leurs noms sur Internet, et trouvé une photo de famille en noir et blanc : Taube, la couturière,

JOHN MACDOUGALL

LES DEUX *STOLPERSTEINE*, LITTÉRALEMENT « PIERRES SUR LESQUELLES ON TRÉBUCHE », DEVANT MON IMMEUBLE.

avec ses enfants souriants, en tenue de marin. Les deux plus jeunes ont échappé à la rafle de la population juive grâce à une opération humanitaire de la Grande-Bretagne, juste avant la guerre. Mais l'aînée et sa mère, veuve, sont restées. Elles ont été déportées à Łódź, le 29 octobre 1941.

Leur petit appartement, sur jardin, est occupé aujourd'hui par une Américaine et son compagnon allemand, tous deux universitaires. Le fait de connaître cette histoire n'est pas sans conséquence. Elle nous oblige. Mes voisins et moi polissons la plaque à tour de rôle, et déposons des roses blanches à la mémoire de Taube et Lotte, tous les 9 novembre, jour de commémoration de la Nuit de cristal.

Quand je sors de chez moi pour me rendre au bureau de l'AFP, dans le centre, je descends une colline ponctuée de dizaines de *Stolpersteine*. J'emprunte ensuite une rue tranquille avec une petite école, remontant à l'époque de Berlin-Est, sur un terrain rasé par les bombardements de la Seconde Guerre mondiale. Avant, c'était une synagogue. Un artiste de rue en a créé une représentation fantomatique, à coups de grandes taches noires sur le mur blanc.

Je passe ensuite par Rosenstrasse, où des femmes se sont soulevées contre les nazis en février et mars 1943 en exigeant la libération de leurs maris juifs. Les Mémoires de Goebbels mentionnent la rafle de ces hommes, théoriquement protégés par la loi nazie parce que mariés à des « Aryennes ». Après une semaine de veillée, nuit et jour, par des centaines de femmes, un miracle survint. Les portes s'ouvrirent, les gardes s'écartèrent et les hommes retrouvèrent leurs épouses. Un mémorial de l'époque communiste décrit ce moment.

Quand j'aborde le centre historique de la ville, je traverse ce qui fut l'ancienne Bourse du quartier des finances. En 1941, la Gestapo s'y installa, avec son département des affaires juives, pour organiser la déportation. Aujourd'hui, l'endroit est occupé par un terne immeuble de bureaux, avec une petite plaque illisible rappelant l'histoire des lieux.

En traversant le pont vers l'île, un lieu attirant des touristes du monde entier, je m'attarde chaque fois sur les impacts de balles sur les colonnes menant au Nouveau Musée du XIXe siècle. Témoins de la violence des combats entre soldats nazis et soviétiques aux derniers jours du conflit, elles ont été conservées en l'état au cours de la spectaculaire rénovation des lieux par l'architecte britannique David Chipperfield, achevée en 2009.

Dernier tournant, vers Unter den Linden, avec la porte de Brandebourg en ligne de mire. Le lieu des parades à la torche des Chemises brunes dans les années 1930, et des décennies plus tard, de scènes de liesse à la chute du mur de Berlin.

Les mémoriaux servent-ils à quelque chose ? Eisenman, le concepteur du Mémorial de l'Holocauste, s'est montré pessimiste dans une récente interview à l'hebdomadaire *Die Zeit*. Il doute qu'un tel monument puisse être construit par les temps qui courent, avec la montée de l'extrémisme et d'un populisme rétif à toute expression de contrition nationale. Mais quand un politicien de droite s'est risqué à critiquer son mémorial comme étant un « *monument de honte dans le cœur de la capitale* », la réaction a été rapide et brutale.

« *Notre culture de la mémoire est la meilleure chose qui ait pu arriver à l'Allemagne* », a défendu le grand quotidien *Süddeutsche Zeitung*, en arguant qu'elle a aidé le pays à faire la paix avec lui-même et le monde.

De nombreux Allemands se hérissent à l'idée, souvent avancée par les médias étrangers, que la décision de leur gouvernement d'accueillir plus d'un million de demandeurs d'asile depuis 2015 est une tentative de se racheter de leur passé nazi. Même si cette explication me paraît trop simpliste, je pense tout de même que de nombreux Allemands sont peut-être plus disposés que d'autres à se montrer secourables.

Le rejet de la généreuse politique d'accueil d'Angela Merkel va croissant. Malgré cela, 3 millions à 4 millions d'Allemands sont volontaires pour aider les réfugiés.

Le centre communautaire dans ma rue, avec sa rampe d'escalier rouge à hauteur d'enfant, en est un bon exemple. Son personnel collecte jouets, vêtements et livres pour les familles qui ont fui la Syrie, l'Irak ou l'Afghanistan pour commencer une nouvelle vie dans la capitale allemande.

DEBORAH COLE, **journaliste, vit à Berlin.**

DON EMMERT

La statuette de eronze plaquée d'or 24 carats est réalisée selon un savoir-faire artisanal.

FIERS COMME OSCAR

Le célèbre trophée de cinéma, décerné depuis 1929, est fabriqué avec un soin artisanal, presque maniaque.

Rock Tavern, États-Unis, 12 février 2017

Je sais à quoi servent les Oscars, j'ai même couvert la cérémonie une année, mais je ne m'étais jamais vraiment intéressé à la statuette elle-même.

C'est une pièce magnifique, une sorte de chevalier, tenant une grande épée, juché sur une bobine de film à cinq rayons, symbolisant chacun les métiers originaux de l'Académie des arts et des sciences du cinéma:

acteurs, réalisateurs, producteurs, techniciens et scénaristes.
Oscar mesure 34,29 centimètres et pèse 3,6 kilos, un beau bébé. À ce jour, 3 048 exemplaires ont été attribués, depuis le premier, en 1929, décerné à l'acteur Emil Jannings pour ses premiers rôles dans *Crépuscule de gloire* (*The Last Command*, 1928) et *Quand la chair succombe* (*The Way of All Flesh*, 1927).
À l'origine, la statuette était faite en bronze plaqué d'or. Trente-trois ans durant, jusqu'en 2015, elle a été fabriquée par un producteur de trophées de Chicago, dans un alliage appelé « britannium », et plaquée d'or. Depuis, l'Académie en a confié la réalisation à Polich Tallix, une fonderie d'art basée dans le haut de la vallée de l'Hudson, dans l'État de New York.
C'est là que j'ai pu approcher les cinquante statuettes en préparation pour la cérémonie de cette année. La fonderie partage l'espace d'un immense entrepôt avec d'autres ateliers pour artistes. Elle produit toutes sortes de pièces, comme une grande œuvre de l'artiste Jeff Koons.
Neuf ou dix personnes travaillent sur les statuettes. Cela leur prend environ trois mois. Quand la fonderie a été choisie par l'Académie, elle a revu le procédé de fabrication et la forme d'Oscar. Elle a décidé de revenir au bronze et à un aspect plus fidèle à la statuette d'origine. Les artisans ont fait un scan de celle de 1928, l'ont comparée à celle de 2015, et ont produit un objet entre les deux.
Pour tout dire, je serais bien en peine de distinguer les différentes versions d'Oscar. Mais les fondeurs le font sans hésitation. Cet objet est comme leur bébé.
La première étape, c'est la conception numérique en 3D. L'imprimante 3D sort un modèle grandeur nature en cire. Cette statuette de cire permet de fabriquer un moule en silicone, et ensuite un moule en céramique. Ce dernier est alors empli de bronze en fusion. Une fois refroidies, les statuettes sont polies avant d'être poinçonnées avec un numéro de série. Elles sont alors expédiées à Brooklyn pour y être plaquées d'or 24 carats.
Pour chaque étape, il y a un seul responsable, d'un perfectionnisme absolu. Le gars qui polit les statuettes me fait un véritable cours sur les produits utilisés : pour enlever une rayure c'est celui-ci, pour la patine c'est celui-là…
Son collègue chargé du poinçonnage n'est pas moins passionné. Il ne s'agit pas de placer la marque comme si on travaillait à la chaîne, dit-il. Il y a une façon de le faire, bien particulière. Comme un artiste.
Mon reportage se termine comme tous les bons sujets de magazines le devraient. Avec le sentiment du travail bien fait, que communiquent ces artisans fiers de leur travail.

DON EMMERT, directeur photo, est basé à New York.

ZAKARIA ABDELKAFI

Lors de la manifestation du 1er Mai, des membres du Black Bloc s'en prennent aux policiers.

EN FEU

Pour moi, photographe syrien, voir un policier français se faire agresser par des manifestants est un choc.

Paris, France, 2 mai 2017

La photo que j'ai faite de ce policier m'a vraiment touché. Parce que j'avais sous les yeux un homme pris dans les flammes. À Paris. Sans avoir rien fait pour mériter ça. Je suis originaire de Syrie, un pays où la police n'est pas là pour te protéger mais tire à balles réelles sur les manifestants.

J'ai pris cette photo pendant les manifestations de la fête du Travail, le 1er Mai, à Paris. J'y habite depuis un peu plus d'un an maintenant. J'ai dû quitter ma ville natale d'Alep, en Syrie, après y avoir perdu un œil, en couvrant des combats.

Je travaille comme photographe pigiste depuis mon arrivée en France. Je couvre beaucoup de manifestations. C'est comme ça que je me suis retrouvé lundi, vers midi, entre les places de la République et de la Bastille.

J'ai vite repéré les types qui sont toujours en noir, et cachent leur visage avec des foulards, les Black Blocs. Je les suis à toutes les manifestations parce que je sais par expérience qu'ils causent des problèmes.

Ils sont très violents. Ils m'ont pris à partie plusieurs fois, poussé par terre et même frappé. Ce lundi, je les prenais en photo pendant qu'ils étaient en train de détruire des choses quand l'un d'eux m'a collé une cigarette sur l'objectif. En ce qui me concerne, ils sont juste gênants. Je suis syrien. Et leurs petites bagarres ne sont rien par rapport à ce à quoi j'ai assisté dans mon pays.

Je me trouvais entre eux et la police, sur un côté. En prenant des photos, je me suis dit que l'histoire était celle de l'agression contre la police. Les types en noir leur lançaient des pierres, des bouteilles en verre, tout ce qui leur tombait sous la main. Et la police se contentait de répliquer par des tirs de lacrymogène. Autant dire rien.

Quand je photographie, quand j'ai l'œil sur le viseur, j'oublie tout le reste. Je n'ai pas vu le cocktail Molotov partir. J'ai juste vu le policier enveloppé par les flammes, et j'ai déclenché en rafale. Le policier était en train d'éloigner une cartouche de gaz lacrymogène du pied quand le cocktail Molotov l'a frappé. Je l'ai entendu crier. Et puis ceux qui l'entouraient se sont aussi mis à crier. Je l'ai photographié jusqu'à ce qu'il soit emmené par les secours.

J'aimerais aller le voir à l'hôpital, pour lui apporter des fleurs. Pour moi, c'était avant tout un être humain qui brûlait, sous mes yeux. Et les manifestants s'en fichaient complètement. Ils continuaient à balancer des trucs sur les policiers. Un peu après, ils ont enflammé un chariot de supermarché avant de le lancer vers la police.

Je me suis demandé s'il avait été touché au visage, et s'il en serait marqué. Je pensais à sa famille en continuant à travailler. Beaucoup de mes amis ont été défigurés par des brûlures dans des bombardements. Je sais à quoi ça ressemble.

J'ai pourtant vu beaucoup de gens mourir. Beaucoup d'autres blessés. Mais cette scène m'a remué. Parce que je sais ce qu'est une mauvaise police, celle qui tire sur les gens. En France, elle est là pour les protéger. Je dis ça en connaissance de cause. J'ai déjà reçu des coups de la police

1ᴱᴿ MAI 2017, PRÈS DE LA PLACE DE LA BASTILLE.

ici. Je me trouvais au milieu des rangs de manifestants. Et franchement, si j'étais policier, j'aurais fait la même chose.

Cette fois, je me suis tenu un peu à l'écart. J'ai contacté l'AFP et leur ai proposé mes photos. Comme elles les intéressaient, je suis passé à l'agence. Puis je suis retourné à la manifestation avec de l'équipement et un casque qui laissait voir l'autocollant AFP. L'attitude de la police a complètement changé. J'ai eu droit à un *« s'il vous plaît, monsieur »*.

Je suis arrivé à Paris en décembre 2015. J'ai perdu mon œil à Alep. J'essayais de faire des images de rebelles qui tentaient de briser le siège de la ville. Je me trouvais dans l'encadrement d'une porte. J'ai mis un genou à terre, et c'est à ce moment que la balle d'un *sniper* m'a frappé. Elle a ricoché sur la porte avant de me percer l'œil.

Heureusement, le *sniper* se trouvait en hauteur, et la balle allait vers le bas. Sinon, c'est ma tête qu'elle aurait traversée. Mon œil droit a été touché. Depuis, je photographie avec le gauche.

On m'a tellement demandé si je continuerais à être photographe que j'ai une réponse toute prête : *« Bien sûr, un photographe n'a besoin que d'un œil. »*

Je ne suis pas amer. En Syrie, mes amis et moi nous disions toujours que nous finirions soit morts, soit blessés. Et ainsi je suis devenu le photographe qui a perdu un œil. Je l'accepte et je continue de vivre.

Les trois premiers mois à Paris n'ont pas été faciles. J'étais déprimé. Je faisais des allers-retours à l'hôpital pour mon œil. Maintenant ? J'ai des amis. J'aime Paris. Ça me rappelle Alep. Et quand je voyage en France, je rêve de revenir dans la capitale. Après avoir participé à une émission de télévision, on m'a même reconnu dans le métro : *« Oh, c'est vous, Zakaria. »* Ça fait du bien. J'ai l'impression d'être chez moi.

J'ai commencé une nouvelle vie. Mon dossier de réfugié a été accepté. J'ai fait une demande pour que ma femme et mes enfants, une fille de 6 ans et un garçon de 3, me rejoignent avec ma mère. Ils sont en Turquie pour l'instant. La Syrie me manque. C'est mon pays, mais il n'existe plus. Ma Syrie est morte. C'est pourquoi je commence une nouvelle vie.

ZAKARIA ABDELKAFI, photographe, vit à Paris.

TABLE DES MATIÈRES

REMERCIEMENTS

Avec tous nos remerciements aux journalistes de l'AFP qui contribuent au blog Making-of et particulièrement à son fondateur Roland de Courson et à son coordinateur Pierre Célérier, sans oublier Yana Dlugy, coordinatrice du blog en anglais Correspondent.

L'EXEMPLAIRE QUE VOUS TENEZ EN MAIN A ÉTÉ RENDU POSSIBLE GRÂCE AU TRAVAIL DE TOUTE UNE ÉQUIPE.

Mise en page, couverture et conception graphique : **Alain Blaise**
Photogravure : **Point 11**
Révision : **Sarah Ahnou, Ève Sorin**
Fabrication : **Marie Baird-Smith**

Commercial : **Pierre Bottura**
Communication : **Isabelle Mazzaschi** et **Jérôme Lambert**, avec **Adèle Hybre**
Relations libraires : **Jean-Baptiste Noailhat**

Rue Jacob diffusion : **Élise Lacaze** (direction), **Katia Berry** (Grand Sud-Est), **François-Marie Bironneau** (Nord et Est), **Charlotte Knibiehly** (Paris et région parisienne), **Christelle Guilleminot** (Grand Sud-Ouest), **Laure Sagot** (Grand Ouest) et **Diane Maretheu** (coordination), avec **Christine Lagarde** (Pro Livre), **Béatrice Cousin et Laurence Demurger** (équipe Enseignes), **Fabienne Audinet et Benoît Lemaire** (LDS), **Bernadette Gildemyn** et **Richard Van Overbroeck** (Belgique), **Nathalie Laroche** et **Alodie Auderset** (Suisse), **Kamel Yahia** et **Kimly Ear** (Grand Export).

Distribution : **Hachette**

Droits France et juridique : **Geoffroy Fauchier-Magnan**
Droits étrangers : **Sophie Langlais**
Envois aux journalistes et libraires : **Patrick Darchy**
Librairie du 27 rue Jacob : **Laurence Zarra**
Animation du 27 rue Jacob : **Perrine Daubas**
Comptabilité et droits d'auteur : **Christelle Lemonnier** avec **Camille Breynaert**
Services généraux : **Isadora Monteiro Dos Reis**

Achevé d'imprimer en Italie par Lego, à Vicenze, en juillet 2017.

ISBN : 978-2-35204-639-4
Dépôt légal : septembre 2017